历史、格局与竞争
——伊比利亚美洲西语国家的国际传播

主编 尹晓通 康秋洁

中国国际广播出版社

图书在版编目（CIP）数据

历史、格局与竞争：伊比利亚美洲西语国家的国际传播 / 尹晓通，康秋洁主编. —北京：中国国际广播出版社，2020.12
ISBN 978-7-5078-4810-6

Ⅰ. ①历… Ⅱ. ①尹… ②康… Ⅲ. ①中外关系－新闻学－传播学－研究－伊比利亚半岛 Ⅳ. ①G219.26

中国版本图书馆CIP数据核字（2020）第244262号

历史、格局与竞争
——伊比利亚美洲西语国家的国际传播

主　　编	尹晓通　康秋洁	
责任编辑	张娟平	
校　　对	张　娜	
设　　计	赵冰波	
出版发行	中国国际广播出版社［010-83139469　010-83139489（传真）］	
社　　址	北京市西城区天宁寺前街2号北院A座一层	
	邮编：100055	
印　　刷	河北文盛印刷有限公司	
开　　本	710×1000　1/16	
字　　数	200千字	
印　　张	17.25	
版　　次	2020年12月　北京第一版	
印　　次	2020年12月　第一次印刷	
定　　价	48.00元	

版权所有　盗版必究

主　编

尹晓通　康秋洁

编　委

陈　宇　刘　沙　于海涛　殷楚冬　黎江宇
席寒婷　朱　贺　王鹤霏　周诗原　朱一达
曲直圆

目　录

跨越山海 / 001
　　——作为传播对象的伊比利亚美洲

　　第一节　研究目的 / 001
　　第二节　核心概念 / 003
　　第三节　研究内容 / 006

第一章　伊比利亚美洲与世界传播体系 / 009

　　第一节　全球化的中国视野与伊比利亚美洲 / 009
　　第二节　世界传播大格局中的伊比利亚美洲 / 018
　　第三节　传播全球化背景下的世界传播体系 / 027
　　第四节　中国对外传播理论衍进与策略变化 / 040

第二章　伊比利亚美洲主要西语国家的新闻传播 / 061

　　第一节　墨西哥的新闻传播 / 062
　　第二节　阿根廷的新闻传播 / 084
　　第三节　智利的新闻传播 / 114
　　第四节　秘鲁的新闻传播 / 122

第三章 伊比利亚美洲主要西语国家传媒市场调查 / 130

  第一节 调研方案 / 131
  第二节 调研数据 / 133

第四章 伊比利亚美洲的国际传媒市场竞争 / 158

  第一节 殖民传统延续：西班牙传媒对伊比利亚美洲国际传播 / 159
  第二节 强势近邻影响：美国传媒对伊比利亚美洲国际传播 / 186
  第三节 地区大国辐射：伊比利亚美洲大型传媒集团跨国传播 / 200

第五章 中国对伊比利亚美洲的国际传播 / 226

  第一节 中国对伊比利亚美洲传播历程 / 226
  第二节 中国对伊比利亚美洲传播现状 / 234

结语：提升中国对伊比利亚美洲传播力 / 244

参考文献 / 253

跨越山海

——作为传播对象的伊比利亚美洲

伊比利亚美洲是拉丁美洲的主要组成部分，是"一带一路"倡议深入推进的重要领域。自十八大以来，习近平总书记已经于2013年、2014年和2016年先后三次出访拉美地区多个国家，双方共同推动建立了以中拉论坛为核心的中拉整体合作机制。2018年1月召开的中拉论坛第二届部长级会议通过了《圣地亚哥宣言》、《"一带一路"特别声明》和《中国与拉美和加勒比国家合作（优先领域）共同行动计划（2019—2021）》，正式将这一地区纳入"一带一路"合作共建范围。在深入推进"一带一路"合作的大背景下，以中拉关系全方位发展为基点，通过立体加强对拉美以及伊比利亚美洲的新闻传播，进一步提升中国的国际传播能力建设，实质性推进中国与伊比利亚美洲国家之间的互通互联和深层次交流协作，已经成为中国国际传播媒体机构务须考量的重点战略部署。

第一节 研究目的

近年来，伊比利亚美洲众多西语国家在人口比重、发展势头和市场潜力等方面都远超西班牙,已成为整个西语世界的核心驱动力量。尤其是自2008年以来,伊比利亚美洲主要国家作为新兴发展中经济体,正日益成为世界经济增长的主要动力。2017年,普华永道会计师事务所发布的《2050年的世界:全球经济秩序如何改变》预测称,到2050年时,世界经济的重心将从发达国家转向新兴经济体,其中伊比利亚美洲的两个主要国家巴西和墨西哥将上升进入世界最大的七个经济体之中。而在伊比利亚美洲内部,以墨西哥、阿根廷等为主的几个地区大国也将成为整个西语世界发展的核心中轴。就新闻传播领域来说,伊比利亚美洲也在整个世界的传媒发展梯队中处于较好的位置。

在世界媒体地图上,如果说北美是世界媒体的高峰,欧洲是高原,亚洲是山谷,非洲是洼地,伊比利亚美洲所在的拉丁美洲就是世界媒体的丘陵地带。近年来,中拉关系日益紧密。正如一位阿根廷学者所说:"中国崛起并作为一个重要大国出现在拉丁美洲,是21世纪初拉美地区的重大事态发展之一。"① 要促进中国与这一地区关系的进一步深入发展,必须了解伊比利亚美洲,研究伊比利亚美洲。

从历史层面来看,中国与伊比利亚美洲之间的传播交往渊源深矣,最早可以追溯到16世纪后半期。随着中国与墨西哥之间"太平洋丝绸之路"的航运线路开辟,中国与伊比利亚美洲之间的信息传播和文化交流开始建立联系。进入20世纪,大批侨居当地的华人华侨在伊比利亚美洲国家开办华文媒体,包括巴西《南美侨报》、阿根廷《新大陆周刊》等至今仍在刊行,在整个伊比利亚美洲地区都有很大影响力,在很长一段时间内作为中国对伊比利亚美洲传播的桥头堡存在。新中国成立以后,随着中国对外传播事业的逐步开展,对伊比利亚美洲的传播事业也日益凸显其重要地位。以1956年9月3日中国国际广播电台西班牙语广播正式开播为先声,次

---

① Gonzalo Sebastián Paz. Cambio y contitnuidad en las relaciones de China con América Latina a principios del siglo XXI [J]. Revisa Iberoamericana de Estudios de Asia Oriental, 2007 (1): 2.

年12月17日面向伊比利亚美洲的西语广播正式开通，中国媒体建立起了对伊比利亚美洲国际传播的正式渠道。

60多年过去了，中国媒体对伊比利亚美洲国际传播已形成了一个较为全面的立体传播矩阵。其中，既包括了由报刊（《今日中国》）、通讯社（新华社）、中央广播电视总台和网络媒体（新闻网站和社交媒体）共同组成的全业态传播覆盖，也实现了由建站设点、频道落地到传播本土化的全品牌传播建设。如今，随着网络技术和新媒体传播技术的不断迭代演进，面对国际传播竞争日趋激烈的新形势，中国媒体面临着转变话语方式、传播思想，"讲好中国故事、传播好中国声音"，建立对外传播话语体系、增强国际话语权的全新任务。如何在新的时代趋势和技术背景下，实现对伊比利亚美洲国际传播能力的全面提升，是中国媒体面临的迫切问题。

本研究意在为此做出一定的努力，通过对伊比利亚美洲新闻传播的媒体发展历程和产业格局、西方国家对伊比利亚美洲的传播渗透，以及我国在伊比利亚美洲的国际传播概况的描述和分析，来探讨伊比利亚美洲地区国际传播格局与国际话语权的分配及变迁，从而对我国在伊比利亚美洲地区的传播战略和传媒策略提出理论思考和实操建议，以期最终对我国整体的国际传播能力建设和国际话语权提升提供一定的参考借鉴意义。

第二节　核心概念

在本书的论述中，贯穿始终的核心概念即为"伊比利亚美洲"。这一核心概念既界定了本研究的研究对象，从文化上勘定了研究对象的本质属性，同时也给出了本研究的外延范围，在地理上划定了研究所涵括的国家地区边界。

在世界范围内，伊比利亚美洲是一个重要的文化地理概念，尤其是在国际传播范畴内，伊比利亚美洲的意义更为凸显。根据江苏师范大学伊比利亚美洲研究中心朱伦教授的界定，"伊比利亚美洲"是一个横跨大西洋的文化认同共同体，包括狭义的拉丁美洲国家（西语和葡语国家）和欧洲的伊比利亚半岛，总人口超过6亿。[①] 关于这一文化共同体的形成，可以回溯到1492年地理大发现之后西班牙和葡萄牙的殖民活动。自19世纪初拉美独立运动兴起，西班牙和葡萄牙的殖民势力逐步退出新大陆，但其语言文化连同世代移民则留了下来，成为伊比利亚美洲众多民族-国家建构的基本因素和主导力量。目前，在世界范围内共有21个以西班牙语为官方语言的国家，其中19个都在伊比利亚美洲（除了欧洲本土的西班牙和非洲国家赤道几内亚）。换句话说，整个西语世界的主要文化传播力量以及最为广大的新闻传播市场都集中在伊比利亚美洲。不论是国家地理概念还是人口数量比重上，抑或是基于殖民传统、政治经济一体化而形成的聚合力量，伊比利亚美洲无疑已经成了整个西语世界的文化传播中心。

在西语学者的阐述中，"伊比利亚美洲"（Iberoamérica）这一概念在很大程度上强调的是不同国家以主体身份在语言和文化层面的认同以及在此基础上的一体化和政治经济文化合作。与此前常用的南美洲（América del Sur 或 Sudamérica）、西语美洲（Hispanic América）和拉丁美洲（Latinoamérica 或 América Latina）等术语不同，这些概念则更加侧重地理方位的表述（南美洲即指巴拿马地峡以南的南美地区），或者欧洲国家（包括西班牙、葡萄牙和法国等）与美洲各国之间由于殖民历史和语言传统而形成的联系。从20世纪90年代开始，伊比利亚美洲国家普遍对"伊比利亚美洲"这一概念给予了更多的认可和广泛使用。正如墨西哥国宝级作家、西语世界最知名的当代作家之一卡洛斯·富恩特斯（Carlos Fuentes Macías），就曾在作品中表露，"我相信伊比利亚美洲。对于我来说，大西洋不是深渊，而是桥梁。地中海之水从博斯普鲁斯海峡和安达卢西亚流向安的列斯群岛和墨

[①] 朱伦."伊比利亚美洲研究"专栏主持人语［J］.江苏师范大学学报（哲学社会科学版），2015，5（3）：90.

西哥湾,这是一片文化碰撞之海。"①

同时,本书在对很多资料论著的使用中,还涉及"拉丁美洲"这一相近概念。"拉丁美洲"(Latinoamérica 或 América Latina)由拉丁语"拉丁的"和"美洲"两个词语合成,是基于地理、政治、语言、文化和种族等诸方面之综合,与撒克逊美洲相对而出现的概念。②1874年,波多黎各的欧亨尼奥·马里亚·奥斯托斯(Eugenio María de Hostos)发表了一篇题为《拉丁美洲》(La América Latina)的文章,将"拉丁美洲"作为一个专有名词使用,并且提出要以这个词作为南美洲、中美洲、墨西哥和安的列斯群岛地区的统称。此后,众多国际组织和世界联合机构开始广泛使用这一名词,将其固定为这一地区的指代统称。根据联合国拉美及加勒比经济事务委员会(ECLAC)的界定,该地区目前有33个国家和地区,主要官方语言包括西班牙语、葡萄牙语、英语、法语及荷兰语。其中,西班牙语是整个拉美地区使用最多、覆盖区域最广的语言。以西班牙语为官方语言的19个拉美国家构成了伊比利亚美洲的主体,总面积超过1150万平方公里。综合政治、经济、文化和社会各方面的发展情况来说,伊比利亚美洲国家是拉美各国中最为发达、领先的国家。

对比来看,"拉丁美洲"在文化概念和地理外延上都要大于"伊比利亚美洲",是统摄整个墨西哥以南美洲地区的一个集成概念,而伊比利亚美洲则更多侧重强调基于共同语言文化而形成的认同共同体。就以传播为核心的讨论主题来看,相对于地理范围上的拉丁美洲,基于语言文化等传播基本要素形成的伊比利亚美洲,更加符合本研究的研究目的,更为适宜于作为本书的核心概念。与此同时,鉴于相关研究资料和论文著述大多采用拉丁美洲概念来指代相应地区及文化共同体,本书在对相关论述的引用、借鉴过程中,仍会大量采用涉及整个拉丁美洲的相关数据和研究成果,作

---

① 富恩特斯.我相信[M].张伟劼,李易非,译.南京:译林出版社,2007:96.
② 郝名玮,徐世澄.拉丁美洲文明[M].福州:福建教育出版社,2008:7.

为讨论伊比利亚美洲的背景信息和参考范畴。在此予以阐释说明，下文如无特别说明，涉及"拉丁美洲"概念时均指以伊比利亚美洲为核心的地理文化复合共同体。

第三节　研究内容

在收获如潮好评的加勒比地区历史研究著作《帝国的十字路口：从哥伦布到今天的加勒比史》一书中，英国学者卡丽·吉布森（Carrie Gibson）对于研究加勒比群岛历史面临的难度和从事相关研究的重要意义给出了概括性的描述，同样适用于对更为广泛的伊比利亚美洲的探索，"这些国家（岛屿）面积广大，它们的发展脉络有时候重叠，有时候分开。这意味着，我们无法在精力上平等对待所有国家"，因此在对这一地区的研究中，只能"竭力将一大堆形形色色的'拼图块'拼在一起"，尝试通过这样一种"马赛克式拼合法"（mosaic approach）来发掘这一地区不同国家之间相似的经历与差异的道路，以及在此基础上共同构成的这一地区的总貌。[①]

在本研究的推进过程中，主要采用的研究方法包括文献研究法、案例研究法、比较研究法，以及问卷调查法和访谈法。其中，对于国际传播环境的探析，对于伊比利亚美洲国家新闻传播发展历程的梳理，需要通过大量的历史文献、行业报告、产业数据等展开系统化的分析探讨。依照上文界定，伊比利亚美洲是一个基于语言文化认同的复合概念，地理上包括多个国家，在自然环境、社会结构和思想文化等各方面不一而足。对于这样一个复杂多元的地区，采用任何一种单一的研究进路都很难探其究竟。本研究尝试通过选取其中最具有典型性、代表性的国家、媒体机构作为突

---

① 吉布森.帝国的十字路口：从哥伦布到今天的加勒比史［M］.扈喜林，译.北京：社会科学文献出版社，2018：12-13.

出案例，并且在不同国家之间建立起一个横向共时的比较分析体系，以期能够帮助我们对伊比利亚美洲地区的新闻传播体系形成一个较为立体的认识。

与此同时，长期以来我们对伊比利亚美洲新闻传播的认识和探讨，主要基于以文献资料为核心的远程研究。尽管近些年来，基于国内媒体业界与伊比利亚美洲媒体同行之间的交流合作日益频繁，开始有部分源自参观互访的介绍性、经验性文章著述陆续发表，但是大多以具体国家甚或媒体机构为核心，缺乏对于伊比利亚美洲国家新闻传播体系及其传媒市场的系统研究和一手的在地调查研究。为了对此空白有所弥补，本研究特委托专业的海外调研机构，以伊比利亚美洲西语国家为主开展国际民调，以获取对伊比利亚美洲传媒市场、受众习惯的直接数据和调研资料。同时，在研究中还结合对伊比利亚美洲研究、新闻传播及国际传播等相关领域专家学者的深度访谈，试图为中国国际传播媒体对伊比利亚美洲的传播策略切脉定穴，提出切实推动国际传播能力建设和国际话语权提升的建议参考。

本研究由原中国国际广播电台发起，参与到相关工作中的人员包括：时任中国国际广播电台西欧拉美中心主任朱博英、现任中央广播电视总台欧洲拉美地区语言节目中心西班牙语部主任尹晓通，以及西班牙语部编辑记者陈宇、刘沙。其中，尹晓通、陈宇和刘沙三位直接参与了本书的研究和撰稿工作，为本书提供了诸多重要的研究资料和数万字文稿。本项目的研究工作主要由中国传媒大学传播研究院国际新闻研究所承担，其中刘笑盈教授负责研究的整体统筹，康秋洁担任研究的具体工作，包括研究设计、调研实施和统筹撰稿等。参与到此次调研和研究工作的团队成员，主要是中国传媒大学传播研究院国际新闻学专业的硕士研究生，包括朱贺、席寒婷、于海涛、黎江宇、王鹤霏、朱一达、周诗原、殷楚冬和曲直圆。各章主体内容安排如下：第一章为绪论，主要阐述本研究开展的大背景，梳理全球化世界格局中的世界传播体系新变化，以及中国对外传播在理念和实践层面的变化应对；第二章为伊比利亚美洲主要国家的新闻传播，选取伊比利亚美洲西语地区的主要传媒大国，即墨西哥、阿根廷、智利和秘鲁作为聚焦案例，通过对这些国家新闻传播的发展历程、格局现状、法律规制及其主要媒体机构的梳理，探析伊比利亚美洲的本土传媒体系；第三章为伊比利亚美洲主要西语国家的传媒市场调查，通过面向伊比利亚美洲西语国家民众开展海外网络调查，获悉相应国家以及整个伊比利亚美洲地区的传媒使用习惯、传媒市场生态、新闻资讯获取、传媒品牌认知等调研数据；第四章为伊比利亚美洲的国际传媒市场竞争，主要阐述延续殖民传统而形成的西班牙传媒对伊比利亚美洲国家新闻传媒的历史渊源、基于地域相近而受到美国传媒对伊比利亚美洲国家传媒产业格局的深远影响，以及与国家实力和发展水平紧密联系的地区传媒大国对整个地区的传播辐射三个部分的内容；第五章聚焦中国对伊比利亚美洲的国际传播，从历史维度梳理中国对伊比利亚美洲的传播历程，从现时视角探析中国对伊比利亚美洲的传播现状；最后在结语部分题为"提升中国对伊比利亚美洲传播力"，结合前文研究和国际调研的结果，尝试提出策略设计和具体建议。

第一章 伊比利亚美洲与世界传播体系

第一节 全球化的中国视野与伊比利亚美洲

15世纪,航海家哥伦布穿越大西洋抵达美洲东海岸,两个半球相遇,"伊比利亚美洲"从此开始登上历史舞台。长期以来,中国同伊比利亚美洲各国始终保持友好关系。早在16世纪,中国和伊比利亚美洲就开始了跨越蓝色大洋的经贸往来和文化交流。近年来,双方经贸、文化和人员往来日益频密。进入全球化4.0时代,中国同包括伊比利亚美洲在内的世界各地联系更加紧密,伊比利亚美洲国家也在对内的发展战略及内外政策调整中重新定位与中国的关系,伊比利亚美洲在世界新格局中的地位也随之发生重大变化。对中国来说,伊比利亚美洲的变化与调整,是我们持续深入全球化历史进程,加深与伊比利亚美洲深度交流合作的重要机遇,同时也是重大挑战。

一、全球化进入4.0时代

在漫长的历史进程中,定居和迁徙是人类基本的生存形态。人类在定居的过程中形成了民族,建立了国家,而在迁徙中打破了界限并且促成了大范围的互动交往,在原本相对孤立的区域之间建立起联系。这时,世界开始逐步成为一个彼此联系的整体,全球化的进程便也拉开了序幕。从宏观历史视角来看，全球化是人类历史晚近时期才出现的概念，但是全球化的进程却几乎伴随着人类社会发展的全过程。尽管"全球化"的概念最早由西方学者提出，但是在历史发展的实际进程中，包括亚洲、非洲和拉丁美洲在内的各大区域均在不同时期以不同方式、不同程度参与其中。

进入近代历史阶段，人类社会进入加速发展期，世界也以更快的速度迈向全球化。1944年，美国学者首次采用了"全球化"（globalization）一词来描述当代世界的发展趋势，进入60年代开始获得普遍接受。[①] 进入20世纪后，全球化的现代意义已经得到广泛使用，从最初的跨越国界的地理范围含义，逐步扩展到经济、政治、文化等各个领域的全球一体化进程。全球化既是人们对于地理空间的认知，也是对世界内在运行机理的理解。

学界普遍认为，世界已经历了三次全球化。第一次肇始于16世纪的大航海时代，伴随着现代世界体系的开端，民族国家及其承担的职能体系开始在不同程度上趋向跨越国家界限的范围；第二次则发轫于19世纪末并延续到第一次世界大战，以英国等欧洲主要殖民国家为核心的世界性殖民体系是全球化的中枢神经；第三次则是冷战结束以后，由美国主导的全球化3.0时代，在新自由主义的核心指导思想下，推动全球化的主要力量变成了个人，世界联系得更加密切，合作和竞争都更加频繁。最重要的是，在此之前全球化的中心驱动都是欧美发达国家，而从此时开始，越来越多的发展中国家开始在全球化的进程中扮演愈加重要的角色。

面对新的全球发展局势，知名经济学者邵宇指出，"这个世界正经历冷战结束以来最大的调整变革，多极化趋势全面深入推进，大国联系重构空前复杂，国际矛盾斗争暗流涌动……"[②] 眼下全球化体系正处于裂变的关键期：经济上，美国的制造业回流与能源独立使其需求逐渐"内卷化"；全球贸易失衡虽有缓解，却陷入了增长萎靡的阶段，进入一轮"新平庸"

---

① 尹鸿，李彬. 全球化与大众传媒：冲突、融合、互动 [M]. 北京：清华大学出版社，2002：3.
② 邵宇. "一带一路"引领千年之变：全球化从 1.0 到 4.0 [N]. 华夏时报，2017-05-15.

状态；世贸组织（WTO）多哈回合陷入僵局，而区域合作正在蓬勃发展。以美国和美元为主导的全球化3.0模式内在缺陷不断暴露，世界范围内的发展不平衡、创新与资本分布的不平等、以邻为壑的保护主义抬头等等，都为全球发展带来新的风险。而现行的全球治理体制在面对上述全球化所带来的挑战时，已经日渐显露出力所不逮的机制性缺陷，给世界经济持续增长之路带来更多风险和不确定性。

随着以创新科技为核心动力的第四次工业革命风起云涌，加之环境挑战、区域竞争、经济不平衡等因素的推动，人类社会开始进入新的一轮全球化发展进程，以前所未有的规模和速度重塑国家、区域、跨国集团、大型企业乃至不同文化社会的发展形态。"全球化4.0"意味着全球范围内经济、政治和文化的全面革新，以合作共赢、共同发展为核心理念的全新治理模式成为新的全球化发展的体系保障，积极的共同价值观将成为全球化4.0的特征。进入4.0阶段的全球化发展需要更多关注此前未能赶上全球化发展机遇的部分人群，更具包容性和可持续性。①

由此可以说，"全球化4.0不是要塑造一个平行的霸权结构，正好相反，它将会改进全球化3.0中个别国家独大所引发的各种缺陷"。②因此在全球化4.0治理理念及政治经济博弈中，新的世界秩序也终将形成。其中，包括中国在内的发展中国家和新兴经济体将会起到越来越重要的作用。从2001年初入世贸组织到如今，作为维护国际贸易秩序的重要推动力量，中国在全球化浪潮中的地位愈发凸显，越来越成为世界格局中的重要部分。从实践来看，中国提出的"一带一路"国际合作倡议不但渐次进入地缘热点区域，还走到了全球治理的最前沿。2017年，中国成功举办"一带一路"论坛，达成270项成果，引起全球瞩目。这表明中国已经启动了全球化4.0经济发展模式，而"一带一路"倡议取得的丰硕成果，便是拉开这场大幕

---

① 周武英.塑造包容合作的经济全球化4.0[N].经济参考报，2019-01-23：001版.
② 朱华丽.中国在全球化4.0语境下的角色重塑[N].新华书目报，2019-07-04：015版.

的"开门红"。2019年,第二届"一带一路"论坛在北京成功举办,达成六大类283项成果。作为和平友好的东道主,本次高峰论坛邀来更多朋友共襄盛举,齐心开创共建"一带一路"美好未来。中国的朋友圈越来越大,合作质量愈发提升,发展前景更加光明。

在世界步入全球化4.0时代的同时,国际社会中的不稳定因素也开始增多。在贸易保护主义抬头、民粹主义高涨之际,包括伊比利亚美洲在内的世界各个地区都开始越来越倚重和平崛起的中国力量,频频将目光投向中国,期待与中国展开深入对话,区域之间的文化交流日益紧密,国际传播的重要性愈发凸显。

二、全球化中的伊比利亚美洲

伊比利亚美洲这一文化共同体的形成,源于1492年地理大发现之后西班牙和葡萄牙的殖民活动。19世纪初拉美独立战争后,西班牙和葡萄牙退出新大陆,然而其语言文化连同世代移民则留了下来,成为这一地区众多民族国家建构的基本因素和主导力量。伊比利亚美洲是指使用西班牙语和葡萄牙语的所有美洲国家和地区的总称,它们曾经都是西班牙或葡萄牙的殖民地,属于西班牙殖民帝国或葡萄牙殖民帝国的一部分,并且在各方面,尤其是文化上,深受原宗主国西班牙或葡萄牙的影响。由于西班牙和葡萄牙两个国家位于欧洲的伊比利亚半岛,伊比利亚美洲也由此得名。[①]

从地理范围来说,伊比利亚美洲主要指拉丁美洲19个以西班牙语和葡萄牙语为主要语言的国家。20世纪90年代,为纪念哥伦布"发现"美洲新大陆500周年,西班牙国王胡安·卡洛斯一世(Juan Carlos Ⅰ)倡议召开伊比利亚美洲国家首脑会议,拉美地区西语、葡语国家给予了热烈响应和支持。在西班牙赞助和墨西哥积极组织下,首届首脑会议于1991年在

---

① 朱伦."伊比利亚美洲研究"专栏主持人语[J].江苏师范大学学报(哲学社会科学版),2015,5(3):90.

墨西哥举行。截至2019年，已举行了25届的伊比利亚美洲国家首脑会议成为国际社会多边协商、对话和合作的长期机制和平台之一，对拉美地区一体化进程和全球发展发挥了重要的推动作用。① 在此背景下，由于伊比利亚半岛的西班牙、葡萄牙和安道尔三个国家也加入了伊比利亚美洲国家首脑会议，在峰会机制下这三个国家也成为广泛意义上的伊比利亚美洲国家。② 本研究对伊比利亚美洲的探讨，仅限于地理文化范围上的伊比利亚美洲，即由墨西哥、危地马拉、哥斯达黎加、萨尔瓦多、洪都拉斯、尼加拉瓜、巴拿马、古巴、多米尼加、哥伦比亚、委内瑞拉、秘鲁、厄瓜多尔、玻利维亚、智利、巴拉圭、阿根廷和乌拉圭在内的18个西语国家。

进入21世纪以来，世界政治经济局势渐趋稳定，伊比利亚美洲各国进入稳定的持续增长期，迎来新的发展机遇。务实的政治力量也为伊比利亚美洲西语国家的崛起带来了新鲜气息，整个地区以及各国的国际影响不断扩大。从政治形势来看，伊比利亚美洲地区的政局相对平稳，在政治生态和政治形势方面出现了新调整和新变动。部分国家的政治环境趋于恶化，领导人执政难度加大、压力增加，国内党派、政治力量对比状况发生重大变化；一些社会群体尤其是中产阶级的利益受到损害，不满情绪增加，政治立场和政治态度发生变化；拉美左翼在地区政治中的主导力量逐渐减弱，左翼共识已经退却，左翼政权面临压力，政治格局呈现"左退右进"之势；拉美新右翼政权与传统右翼正在政策上走向趋同，地区的右翼共识正在形成。③ 温和务实的新右派领导人在整个拉丁美洲崛起，为地区内各国的稳定发展提供了和平有利的政治环境。新右派领导人多为20世纪90年代崛

---

① 外交部拉丁美洲和加勒比司.伊比利亚美洲首脑会议［EB/OL］.外交部，2019-12.
② 参考消息.外电评析：伊比利亚美洲将目光投向中国［N/OL］.参考消息网，2018-11-04.
③ 方旭飞.拉美黄皮书《拉丁美洲和加勒比发展报告》（2016~2017）发布会综述［J］.拉丁美洲研究，2017（4）：1-4.

起的年轻一代，能够总结历史经验，提出新思想与新策略，形成了新的右翼社会思潮，被拉美学术界称为新保守主义。新右派的意识形态或政治立场不同于传统右派，也不像欧美的极右派，属于走中间路线的右派政治力量，在政策上更注重务实主义，新右派与中左派的一个共同特征是意识形态色彩较为弱化，更注重选民所关注的政治、经济和社会问题，提出了许多适应当前社会发展需要的新思路和政策建议。新右派政权的政策取向更加务实，有助于经济发展。为了赢得中下层收入选民和其他意识形态盟友的支持，新右派在制定政策主张时也必须兼顾他们的利益诉求，平衡所有社会阶层的利益，注重从实际出发，不再走20世纪90年代强调新自由主义改革反而脱离社会实际的老路。对外政策方面，各国也讲究现实主义，更加关注实际利益，强调平衡外交，温和务实，反对偏激。在对华关系方面，中右派政府都注重发展与中国的经济贸易合作，发展中拉友好关系。①

就经济发展来说，在后金融危机时代的持续影响下，世界经济进入长期缓慢攀升阶段，伊比利亚美洲国家也经历了由快速增长到危机频现进而渐趋衰退的转变，各国普遍由于动力不足而面临新的一轮低增长困难周期。经济的周期性变化直接作用于伊比利亚美洲各国对外关系的前景，为中国与伊比利亚美洲关系的长足发展创造了新的历史机遇。世界银行2017年经济预测报告指出，今后三年整个拉美地区的经济都将处于极低增长状态，预计该地区2017、2018和2019年的增长率分别为12%、23%和26%，远低于世界平均水平及新兴市场和发展中国家的平均水平。虽然整体经济增长有所放缓，但该地区总体增量仍呈现积极势头。联合国拉丁美洲、加勒比海经济委员会发布的《2018年拉丁美洲和加勒比地区经济概览》调查报告指出，在全球经济增长面临不确定性和波动性的情况下，受国内需求反弹，尤其是私人消费和投资略有增加等利好因素带动，该地区当年经济将平均增长1.5%。这一地区在过去20年中投资水平有所上升，缩小了与世

---

① 沈安.新形势下深化中拉合作关系的必要性、路径选择和挑战[J].拉丁美洲研究，2017（6）：31.

界其他地区的差距。① 由此可见，伊比利亚美洲地区仍具备巨大的经济增长潜力。

在新的国际环境下，伊比利亚美洲国家也开始重新审视彼此之间的关系，进而推动建设在伊比利亚美洲国家组织框架下的新型多边关系。《2017—2018年拉美对外关系》报告指出，该地区各国间和与他国间关系的主题依然是如何适应全球秩序和力量结构的变化，尤其是在全球化趋势和"反全球化"潮流以及经济"不确定性"中如何自处，同时在这种经济形势和政治生态中，发展和开启及时应对策略，以解决一系列外交难题，尤其是与域外大国的关系及地区问题。譬如，美国与墨西哥、美国与古巴、美国与委内瑞拉的关系，南方共同市场与委内瑞拉的关系，玻利维亚与邻国的关系等。除此之外，涉及经贸、移民、毒品、安全、反腐等的地区性问题，依然是该地区面临的主要困难。报告指出，在全球秩序和力量结构不断发展的背景下，地区内各国的外交政策在保持与欧洲和美国传统关系的同时，开始关注与发展中国家及地区的关系，并致力于使两个战略方向达到平衡。欧洲、俄罗斯和中国等域外力量的存在，在该地区代表了与以往不同的轨迹和特征，但这并没有偏离区域国际关系的历史传统。2017年在很大程度上具有标志性意义，或将催生地区内国家新的政治趋势和该区域内各国之间新的互动模式，并表明了未来几年拉美国家对外政策的发展趋势。② 在对外交流中，伊比利亚美洲各国始终坚守国际法，在保护本地区的民主机制方面取得了卓越成果，强烈反对美国政府将己国法律凌驾于国际法之上，通过建立集体保护地区民主的机制等维护伊比利亚美洲国家的民主进程。

---

① 朱旌.报告预计：拉丁美洲和加勒比地区今年经济平均增长1.5%［N/OL］.经济日报，2018-08-29.
② 干帅.拉美黄皮书《拉丁美洲和加勒比发展报告》（2017~2018）发布会综述［EB/OL］.中国社会科学网，2018-06-10.

三、全球化中的中国和伊比利亚美洲

从 1960 年中国同古巴建交以来,中国与伊比利亚美洲国家之间的外交关系已经走过近 60 个年头,先后经历建交初期的"积累期"、全面合作的"勃发期"和快速发展的"上升期",中国永远是伊比利亚美洲可靠的朋友、真诚的伙伴和亲密的兄弟。进入新时期,中国与伊比利亚美洲各国的双边关系正不断取得新突破。近年来,中国政府通过积极发展与伊比利亚美洲国家的双边互访、扩大与伊比利亚美洲地区组织之间的合作与对话平台等措施,保持着与伊比利亚美洲各国以及主要的一体化组织之间的密切外交关系。通过经贸合作、政治互信、首脑外交与人文交流的层层递进,不断推动着中国和伊比利亚美洲的关系向纵深发展。中国和伊比利亚美洲地区加速构建"政策沟通、设施联通、贸易畅通、资金融通、民心相通"的发展命运共同体乃大势所趋。

在贸易保护主义抬头之际,倡导互通互鉴的"一带一路"恰逢其时。自中国提出"一带一路"倡议以来,伊比利亚美洲各国积极响应,高层互动日渐增多,中国同伊比利亚美洲各国关系进入蜜月期。从双边关系来看,中国领导人多次对巴西、阿根廷、委内瑞拉、古巴和葡萄牙等伊比利亚美洲国家开展国事访问,与伊比利亚美洲国家领导人互动频繁。2018 年 11 月 27 日至 12 月 5 日,国家主席习近平应邀对西班牙、阿根廷、巴拿马、葡萄牙进行国事访问并出席在阿根廷布宜诺斯艾利斯举行的二十国集团(G20)领导人第十三次峰会。此次访问是习近平主席第四次到访伊比利亚美洲,也是习近平主席首次访问巴拿马,第二次访问阿根廷。中国与上述各国分别发表联合声明和联合新闻公报,双方达成高度共识,为双边关系和中国与伊比利亚美洲地区整体合作筑牢坚实基础、开辟广阔前景、增添丰富内涵。

中国和伊比利亚美洲各国的经贸合作互利互惠,在务实合作方面不断取得新进展。在过去的 20 年里,中国与整个拉美及加勒比地区的贸易额

呈现出大幅攀升的趋势。2001年，双方的贸易额约为149亿美元，2010年增至1830.67亿美元，到2011年已增至2415亿美元。目前，中国已经成为整个拉美地区的第二大贸易伙伴。经济的增长刺激了消费需求，伊比利亚美洲国家需要增加进口来满足不断增长的国内需求，中国在伊比利亚美洲经济体（巴西、阿根廷、墨西哥、智利和秘鲁等）中找到了重要的供给市场。[1]从经济和贸易领域来看，中国不断深化同伊比利亚美洲国家的合作。随着中国在工业制造、基础设施建设、能源、矿产、农业和高科技等领域的投资不断增加，中国如今业已成为伊比利亚美洲地区经济增长和产品出口的主要源泉和目的地。特别是在自然资源出口领域，进一步加强对华出口合作，伊比利亚美洲各国势在必行。对中国而言，伊比利亚美洲地区是自然资源和能源的重要来源地，同时也是中国产品出口的重要市场。这表明，经贸合作对中国和伊比利亚美洲国家来说，都具有重要的战略意义。[2]自"一带一路"倡议延伸到整个拉美地区之后，中国和伊比利亚美洲各国的关系随即进入了全新的发展阶段。在2019年第二届"一带一路"国际高峰论坛期间，中国与秘鲁签署了共建"一带一路"合作协议。中国在伊比利亚美洲地区排前三位的贸易伙伴分别是巴西、墨西哥和智利，双方已经在平等互利的基础上形成了相互借助、共同发展的经贸合作格局。

与此同时，中国与伊比利亚美洲国家之间的人文交往日益扩大，合作内涵不断深化。同中国一样，伊比利亚美洲多数国家都是新兴经济体，彼此之间具有强大的经济互补性和巨大合作潜力。此外，中国与许多伊比利亚美洲国家在文化上也存在互通之处，文化交流的重要性丝毫不亚于政治经贸交流。中国和众多伊比利亚美洲国家之间，无论在历史还是人民的生活方式上都有很多相似之处，而且很多伊比利亚美洲国家都拥有庞大的华人社区。进入21世纪以来，中国与整个拉美地区建立全面合作伙伴关系，

---

[1] 参考消息.外电评析：伊比利亚美洲将目光投向中国[N/OL].参考消息网，2018-11-04.

[2] 阿斯图迪略.拉丁美洲与"一带一路"倡议[J].孙铭晨，译.朱伦，校.江苏师范大学学报（哲学社会科学版），2017，43（3）：42-48.

双方合作的时代内涵不断丰富。自 2009 年到 2013 年，伊比利亚美洲孔子学院联席会议连续举办了五届。在整个伊比利亚美洲地区的 14 个国家共有 36 所孔子学院。仅在 2012 年，这些孔子学院就开设了 1700 多个汉语言及文化班，招收了 2.5 万名学员，比上年增长 40%；举办各类文化活动 600 多场次，参加人数达 63 余万，同比增长 30%。在孔子学院等语言文化交流机构的助推之下，中国与伊比利亚美洲国家之间的文化交流和民间交往更进一步加深。此外还有"中拉文化交流年"的成功举办，也为中国与伊比利亚美洲国家之间的文化交往开启了全新的篇章。"中拉文化交流年"始于 2014 年 7 月，习近平主席在巴西出席中国—拉美及加勒比国家领导人会晤时提出了中国和拉美与加勒比地区近 30 个国家于 2016 年共同举办"中拉文化交流年"的倡议。之后几年间，中拉文化交流年的成功举办为双方在文化互通互学中进一步拉近关系起到了极大的带动作用。2019 年，中国又成功举办亚洲文明对话大会，与会的阿根廷公共媒体事务国务秘书埃尔南·隆巴尔迪（Hernán Lombardi）表示，"世界文明需要'互联互通'，拉丁美洲文明也需要与亚洲文明对话"。[①]

无论是过去、现在或将来，推动中国和伊比利亚美洲各国关系持续发展的首先是双边贸易。在全球化 4.0 时代，中国和伊比利亚美洲各国关系以经贸发展为前提，带动政治外交和文化交往。随着经贸往来的不断加深，中国和伊比利亚美洲各国的文化交流也必将乘借东风，在世界传播大格局中绽放出新的友谊之花。

第二节　世界传播大格局中的伊比利亚美洲

从 1G 时代的语音传输，到 2G 时代网络自媒体诞生，到 3G 以微信等

---

① 党琦.拉美文明与亚洲文明也需"互联互通"［N/OL］.新华网，2019-05-25.

为标志的移动传播时代到来，再到 4G 智能时代催生短视频热潮兴起，当今世界正在马不停蹄地走进 5G 时代。以高速度、泛在网、低时延、万物智联和重塑安全体系为主要特点的 5G 技术，为当今世界构建了一个"没有围墙的花园"。以经济全球化为核心动力，在 5G 为首的互联网技术、无线通信和直播卫星等层出不穷的新技术、新媒介推动下，传播全球化的潮流势不可当。在这样的大环境下，伊比利亚美洲各国正加紧传播体系建设，努力实现赶超，在新的世界传播大格局中占据不可小觑的一隅。

一、当今世界传播大格局

近年来，随着国际社会政治、经济和文化结构的变化，在新媒体技术的助推之下，国际传播格局开启了宏大的战略转型，新兴市场国家的话语权得到不断提升，由传播的世界化转向传播的全球化。

长期以来，西方国家主导了世界传播格局，西方媒体长期垄断着国际话语权。少数国家凭借着自己强大的经济、技术和资本实力控制着世界上大部分新闻、信息和舆论的生产和传播，并在多年实践中建构起一套以西方为主导的国际传播秩序，旨在维护以美英为首的西方发达国家在全球传播中的优势乃至垄断地位。[①] 从第二次世界大战以来，美欧西方国家一直主张信息在世界范围内的自由流动，并于 1948 年推动联合国通过《国际新闻自由公约》。伴随着自由主义和新自由主义在伊比利亚美洲地区大行其道，来自美欧的新闻信息和文化产品也汹涌进入这一地区。20 世纪 60、70 年代，在反思美洲发展模式的过程中，德国政治经济学者弗兰克（Frank）首提依附理论，认为"在商业资本主义和殖民主义时期第三世界被迫接受资本主义的世界分工开始，就逐渐形成了一个依附的链条，它从世界高度发达的中心地区，通过层层依附一直延伸到最贫困的城镇和农村"。在新

---

① 史安斌，张耀钟. 构建全球传播新秩序：解析"中国方案"的历史溯源和现实考量 [J]. 新闻爱好者，2016（5）：13.

闻信息的国际传播领域，这一依附与失衡的现象就更为明显。1985年，联合国教科文组织发布研究报告《媒体的国际新闻报道》，通过对五大洲29个国家主流媒体的国际新闻报道进行研究，提出世界媒体的国际新闻报道具有以下特点：（1）议程趋同，各国媒体的国际新闻报道在议题选择和观点立场都呈现出高度的趋同；（2）来源趋同，各国媒体的国际新闻报道大多来源于以美国和西欧为主的"始终的新闻制造者"（consistent newsmakers）；（3）新闻盲区，发展中国家/地区在各国的国际新闻报道中鲜有出现，从而成为国际新闻的"盲区"（areas of invisibility），其中尤以伊比利亚美洲地区最为突出。[①] 同时，报告还特别指出，在新闻来源方面影响最为突出的是西方通讯社，其次是地区性通讯社对本地媒体的影响。此后，依附理论成为探讨伊比利亚美洲国家发展模式以及文化、媒介等领域问题的主要理论范式，伊比利亚美洲各国也是主张"世界信息与传播新秩序"的积极推动者。1976年，伊比利亚美洲各国在哥斯达黎加召开了拉美与加勒比海传播政策政府间会议。1998年，伊比利亚美洲国家又积极参与了由加拿大召集的反对美国文化支配的国际会议。

进入21世纪以来，数字技术的发展极大地推动了世界新闻信息传播的变革，全球性的互联网使得联通世界的即时信息传播成为现实。总体来说，"西强东弱"的整体情况已经发生了改变，国际传播总体格局开始向日趋平衡的新局面转变。随着互联网时代的到来，特别是基于移动互联网技术的交互新媒体出现，打破了国际传播格局中原有的地缘壁垒与政治壁垒障碍，极易形成国际化的舆论影响。跨文化交流障碍的逐步跨越、国际受众参与度的增高，国际传播过程中的文化壁垒开始逐步松动，传播效果得到明显提升。而从国家的层面来看，随着新媒体技术在全球范围内日益普及，新兴市场国家与发达国家几乎同时进入媒体转型和融合发展的边缘地带，"弯道超车"的可能性开始显露。传统的主流媒体（如报刊、电视、

[①] UNESCO.International Association of Mass Communication Research.Foreign News in the Media, International Reporting in 29 Countries [R/OL] .UNESCO, 1985: 52.

广播等综合性媒体集团）开始借助技术和资本开展业务重组；新兴的电信行业以及其他领域的"热钱"开始大范围涌入传媒部门，全面重组新闻传播产业的内部结构。① 在世界范围内，"多媒体融合并存"的发展模式已然成为一种大趋势。挑战伴随着机遇，在这个新的"网媒融合"的媒体生态环境中，许多传统媒体已经调整了他们的商业策略和商业模式。坚持"内容为王"，同时也注重发展自身优势，重视新技术的应用，积极探索"网媒融合"的新发展道路。

同时，新闻媒体的话语权也不再仅仅只掌握在少数大国的手里，伴随着新技术的不断发展，当今世界已经开始形成多元主导、新兴传媒大国崛起、国际竞争愈发激烈的全新世界传播格局。对于经济地位日益提高的新兴经济体而言，掌握国际传播话语权对于提升其在国际事务上的影响力，提高其在国际社会中的地位和形象，从而获得与其经济发展相匹配的国际地位至关重要。为此，各国纷纷增加国际传播投入，以加强国际传播的话语发声权和舆论影响力。以金砖国家为例，近年金砖五国越来越重视本国的国际传播能力建设。在一些大型国际事件中，它们能够利用自身在地域、语言等方面的优势率先获得第一手新闻资料，频频有先于西方媒体发出新闻信息的成功案例，在特定领域的新闻信息与舆论传播中体现出鲜明特色，彰显独特的传播力量和舆论影响。在此过程中，俄罗斯的"今日俄罗斯"（RT）的发展尤为引人瞩目，成为在国际传播竞争中脱颖而出的一匹黑马，凸显了新兴市场国家在现有国际传播格局中有意识加强国际传播能力建设所取得的阶段性成就。2005年12月，俄罗斯政府斥资3.5亿美元组建了英语新闻电视台"今日俄罗斯"（Russia Today International），这既是俄罗斯第一个全时段英语新闻电视台，也是俄罗斯首家全数字化电视网，随后又相继开播俄语、德语、法语、阿拉伯语、西班牙语、纪录片频道和"今日俄罗斯"美国台。在政府的优先支持下，"今日俄罗斯"成为一个

---

① 李海洲，马若菡.新兴视频通讯社在全球传媒生态中的发展机遇和挑战［DB/OL］.皮书数据库，2018-10-01.

脱离原有体系重建的新媒体，以俄罗斯第一家国际媒体的形象面世，作为对外传播优先保障项目纳入俄罗斯总统新闻顾问代表管理序列，受到联邦预算拨款支持。在新时代的全球传播竞争中，俄罗斯政府集中打造"今日俄罗斯"，使之成为国家"软实力"战略中的重要力量，对美国等西方国家在跨国信息传播领域的霸权地位构成了巨大威胁和挑战。"今日俄罗斯"充分利用新媒体，主动进行议程设置，顺应媒体融合发展之势，坚定地向全球传递国家立场、向全球发出俄罗斯声音，达到了争夺话语权、提升国际形象的预期目标。

二、伊比利亚美洲西语国家媒体

20世纪80年代以后，伊比利亚美洲开始了政治、经济与社会的转型。进入21世纪以来，现代化进程深化促使各国的政治、经济、社会、文化等领域都有了长足的发展。在此过程中，伊比利亚美洲各国在推动教育普及方面都卓有成效，整个地区的文盲率大大降低。在此基础上，伊比利亚美洲形成了一个范围广泛的地区性媒介市场，包括印刷、电子和数字在内的各种媒体发展迅速。随着社会转型持续加速，也促进了媒体的发展，整个地区的媒体市场开始日渐繁荣，新闻传播体系也日趋成熟。

就媒体形态来说，自21世纪伊始，伊比利亚美洲各国包括印刷、电子和网络在内的各种媒体都得到了迅速发展，新闻传播体系日趋成熟。在整个拉美地区，覆盖率最高的媒介是电视，2010年时这一地区家庭拥有电视机的比率就达到了87%。免费电视节目在很多国家的覆盖率高达95%以上，付费电视也大多达到50%以上，部分国家甚至达到70%—80%。从媒体覆盖率来看，电视无疑是伊比利亚美洲的第一大媒体。但是由于国家之间经济水平和媒体发展的差别，各国的电视媒体产业之间差别也较大。整个伊比利亚美洲电视业最为发达的国家是墨西哥和巴西，墨西哥的特莱维萨电视台和巴西的环球电视台是整个区域内最具影响力的电视媒体机构。另外，在加勒比海地区，很多小国都是仅有为数不多的几家本国商业电视媒体机构，而在播出内容上也以传播美国或墨西哥、巴西的电视节目为主。此外，广播在拉美地区的覆盖率仅次于电视，尤其在一些加勒比岛国，广播仍是当地使用最多的媒介。①

相较于世界其他地区来说，报纸在伊比利亚美洲西语国家传媒市场上仍具有很强的影响力和竞争力，报业在伊比利亚美洲国家发展中所起的作用及其获得的成功也与世界其他地方截然不同。在北美，从 21 世纪初期开始就有很多报社纷纷关闭，一个城市仅有一份报纸的情况非常普遍，很多知名报纸如今也停止了刊印，而只有网络发行。相较之下，伊比利亚美洲国家的报业仍然处于市场增长期。根据调研数据，伊比利亚美洲地区目前仍有超过千余种报纸在发行，每日读者人数超过一亿。尽管就数据来说，不论是报刊覆盖率还是报纸发行量，伊比利亚美洲国家都远逊于新闻传播最为发达的欧美国家。然而，就近几年的发展趋势来看，西欧和北美地区的报刊覆盖率和报纸发行量都在下降，伊比利亚美洲地区却处于上升态势。与此同时，伊比利亚美洲地区报刊发行的增长率相对要高于人口增长率（2005—2010 年，报刊发行量增长 15%，同期人口增长 6%）。换句话说，读报人口的增长要比自然人口增长快两倍以上。这一现象的出现，一方面是由于现有报刊的发行量大幅增长，新发报刊的数量也不少；另一方面是由于新式的免费报刊发展迅速，尤其近些年伊比利亚美洲国家传媒机构在免费报刊以及电子发行领域的投入仍在持续增加。由于发行量大、市场增长稳定，报纸的广告营收甚至可与电台和电视台竞争。根据世界报业协会的统计数据，2006—2011 年间，伊比利亚美洲地区的报刊盈收增长了 65%。其中，广告是伊比利亚美洲国家报刊最为主要的收入渠道。以 2010 年为例，西欧和北美地区的报刊广告收入较上年分别缩水 1% 和 9%，而同期伊比利亚美洲地区报刊广告收入上涨 6%。另根据世界报业协会 2014 年

---

① 康秋洁.拉美媒体看中国——墨西哥《改革报》中国报道研究［M］.北京：中国广播影视出版社，2017：92.

度报告的统计数据,伊比利亚美洲各国报纸总发行量较前一年增长2.56%,在各个区域中市场表现最好(亚太地区增幅为1.45%,其他地区均为负数)。① 截止到2013年底,伊比利亚美洲西语地区几个媒体大国的报纸媒体数量都基本保持稳定。其中,墨西哥有510份日报,委内瑞拉有109份日报,秘鲁有101份日报。②2016年,伊比利亚美洲报业的年盈利收入达到近百亿美元。③预计最近几年,伊比利亚美洲报业将继续以较为稳定的增长率保持发展。

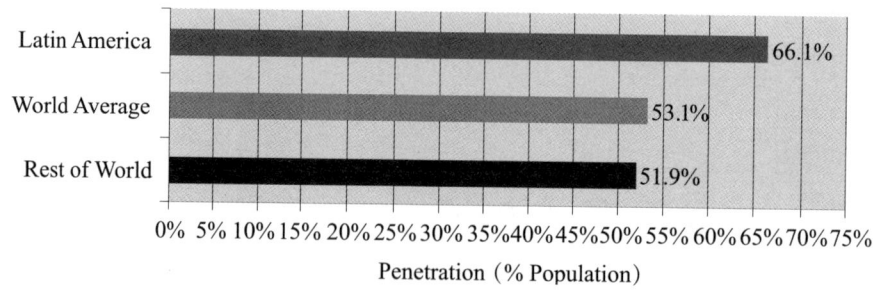

拉丁美洲互联网覆盖率④

在新兴的数字媒体方面,伊比利亚美洲地区的发展也非常之快。截止到2018年底,整个拉丁美洲的互联网普及率为66.1%,高于世界平均水平53.1%。其中,尤以阿根廷的互联网普及率最高(93.1%),墨西哥的网民数量超过8500万,是该地区互联网用户最多的国家。其余国家中,哥斯达黎加、波多黎各和乌拉圭三国的互联网用户也覆盖到八成以上人口,分别达到85.5%、83.3%和83%。随着互联网技术的进一步发展,整个世界范围内的数字新闻消费都处于高速发展阶段。调查数据也表明,86.3%的拉美网民通过互联网获取新闻信息(巴西97.6%、秘鲁95.9%、阿根廷

---

① 康秋洁. 拉美媒体看中国——墨西哥《改革报》中国报道研究[M]. 北京:中国广播影视出版社,2017:93-94.

② WAN IFRA.World Press Trends 2014[R/OL]. 世界报业趋势数据库,2014-10-07.

③ WAN IFRA.World Press Trends 2011[R/OL]. 世界报业趋势数据库,2011-10-13.

④ Internet World Stats. Latin American Internet Usage Statistics[DB/OL]. 互联网世界统计,2019-11-27.

94.8%、智利94.3%以及墨西哥84.8%）。①

就传媒体制来说，伊比利亚美洲西语国家存在着各种不同所有制的媒体，包括国有、公营和私营等主要传媒产业类型在这里都可以发展，但是总体上媒体的私有化趋势非常明显。从"二战"结束到民主化浪潮席卷整个拉美期间，伊比利亚美洲的主要国家，如阿根廷、巴西、智利、哥伦比亚和秘鲁都经历了政治、经济和社会的动荡，以及为期不短的军人独裁统治。在这样的大环境下，伊比利亚美洲各国的电台和电视，要么为政府所有或由政府控制，要么受到高度管制。尽管此后大多国家都推行了政治权力与传媒产业剥离的私有化改革，但是这样一种政治侍从型的政府－传媒关系，仍然是深刻影响伊比利亚美洲国家传媒体制基底的重要因素。同时，伊比利亚美洲国家的媒体所有权高度集中化，各种媒体形态都呈现出高度的垄断趋势，深度参与并影响到各国的公共领域乃至政治领域。例如，在伊比利亚美洲各国，目前影响最大、最有代表性的家族性媒体集团当属墨西哥的特莱维萨集团（Televisa）。墨西哥的媒体大都掌握在私人手中，主要媒体由一些显要的家族或实力雄厚的财团控制，政府也没有试图通过对其国有化而加以控制。墨西哥的特莱维萨是整个拉丁美洲乃至西语世界最大的多媒体传媒集团，由阿斯卡拉加家族（Azcárraga family）控制，集团旗下不仅拥有多个网络频道、电台电视台、出版公司、唱片公司、卫星系统和电影公司等传媒企业，甚至还掌握了阿兹特克体育馆、足球队和一家航空公司的经营权。进入21世纪以来，伊比利亚美洲国家的媒体集权化现象稍稍有所缓解，但高度的垄断和市场集中仍然是多数伊比利亚美洲国家传媒业的主要特点。由于伊比利亚美洲国家的报业大多是私有的，出版商和编辑通常会支持民主化以及政府对传统部门私有化的改革运动，在国家的政治经济生活中往往起到重要的导向作用。

与传媒产业的集团化、私有化相形相生的，还有独立媒体和监督报道

---

① Futuro Digital. 2013 Brazil Digital Future in Focus［DB/OL］.comescore 互联网数据统计网，2013-03-15.

在伊比利亚美洲主要传媒国家的兴起和发展。20世纪六七十年代的学生运动和七八十年代的社会运动，为伊比利亚美洲国家带来了社会变革的契机。此后，新自由主义逐渐成为这一地区的指导原则。新自由主义本质上是商业主义的原则，这也促使伊比利亚美洲地区的广播电视业随即朝着新自由主义这一方向转变，推出包括对国有媒体进行私有化改造、国家对媒体规制的松绑、增强媒体间竞争性、媒体行政部门将政治意识形态向经济目标转变等一系列举措。在这种趋势下，伊比利亚美洲国家的独立媒体以及媒体独立报道逐渐增多，关于政治腐败、毒品交易和有组织犯罪、选举舞弊以及民众抗议等主题的新闻报道层出不穷。例如，2000年前后，持续执政长达七十余年的墨西哥革命制度党，就是在不断的丑闻报道追击下逐渐丧失执政的合法性，并最终失去政权沦为在野党。与此同时，媒体宣传在选举中的作用也明显提升，电视报道对选举进程的影响比起积极进取的政治主张更加有效。然而，在伊比利亚美洲地区建立独立、多样化和个性鲜明的传媒体系仍面临着诸多障碍。首要问题在于法制普遍不够完善，针对记者的暴力事件一直居高不下；第二，长期以来的专制制度和媒体政策阻碍了媒体的多元化发展和个性化报道；第三，极少数传媒寡头对电视和其他主流媒体的垄断，导致传媒所有权过于集中；第四，专业新闻规范还存在很大的问题；第五，纸质媒体、社区媒体机构和新媒体传播技术能力发展不足等等。①

从世界传播大格局来看，随着许多伊比利亚美洲国家的传媒实力和国际影响力日益增强，许多国家对伊比利亚美洲的关注度也迅速提升，当地民众的新闻需求也变得更加多元化。借着全球化4.0、传播全球化的东风，伊比利亚美洲媒体由此也将进入快速发展期。面对全球化浪潮，伊比利亚美洲地区对自身的文化认同日益增强，各国开始推动立足于伊比利亚美洲地区、建基于伊比利亚美洲视角的本土传媒发展。2005年7月24日，南

---

① 张丽萍.拉美媒体的转型与发展——世界系统理论的视角分析[J].拉丁美洲研究，2016，38（3）：117-128.

方电视台（Televisora del Sur）在委内瑞拉开播，面向整个拉丁美洲地区提供 24 小时连续播放的卫星新闻服务。该台由委内瑞拉总统查韦斯倡议创办，由委内瑞拉、乌拉圭、古巴等伊比利亚美洲西语国家联合组建，开播后在包括古巴、阿根廷、乌拉圭、巴西、玻利维亚、哥伦比亚、墨西哥等伊比利亚美洲国家和美国境内都设立了记者站。南方电视台的信号通过卫星传输，能够覆盖整个美洲、欧洲和部分亚洲地区，播出内容以新闻节目为主，此外还大量播出在各伊比利亚美洲国家拍摄的纪录片和社会文化题材的节目。委内瑞拉总统查韦斯在提及创办南方电视台的理念时就曾表示，南方电视台的目标就是以一种"南方视角"报道伊比利亚美洲以及世界各地的重要事务，"反击"像美国有线电视新闻网那样的"大型国际新闻网络的传媒独裁势力"的垄断。[1] 南方电视台的出现，是伊比利亚美洲国家在地区一体化合作框架下共同推进本土新闻传播的全新尝试，也是伊比利亚美洲国家提升地区新闻传播能力、争取国际话语权的集中体现和典型事例。

可以预见的是，随着伊比利亚美洲地区 5G 等新的传播技术的发展以及民众文化水平的提高，该地区互联网应用将进一步普及、卫星传播将更为高效价廉。媒体不仅在助推伊比利亚美洲各国社会文化发展进程中发挥重要作用，同时也进一步推动伊比利亚美洲地区政治、经济变迁。

第三节　传播全球化背景下的世界传播体系

在全球化进程中，经济全球化首当其冲，这也是人们对于全球化最直观的感受。国际贸易规模扩大，国际资本流速加快，跨国公司成为国际经

---

[1] 李宇. 国际传播视角下各国电视研究：现状与展望［M］. 北京：中国广播电视出版社，2013：341.

济运作的主角，同时各类区域经济一体化组织层出不穷。在经济全球化深入的同时，各国间密切的经济联系推动了政治联系的加强。政治一体化进程加快，各国间协同一致的政治行为成为国际主流，单边主义逐渐失去了市场。与此同时，各国间文化交流的密切也使文化全球化成为风靡一时的话题，具体表现为各国、各民族之间意识形态分歧的弱化，价值观共通性的提高。

在经济、政治、文化全球化如火如荼之时，传播全球化的概念也逐渐浮出水面。其实，在全球化进程中，真正自始至终发挥了关键作用的是信息的全球性传播。经济全球化需要商业信息的交流共享，政治全球化有赖于外交信息的对话磋商，而文化的全球性互动更是以各种形式的信息为主要载体。正如吉登斯（Anthony Giddens）所说，"信息和通信技术的产生和发展是全球化的驱动器，它们使信息更自由和快捷地流动并以尽可能快的速度形成真正具有全球化的理念。"① 传播在全球化中的作用，被麦克卢汉（Herbert Marshall Mcluhan）和福克纳（William Cuthbert Faulkner）表述为"地球村"和"地球都市"两个形象的概念。

一、传播全球化进入 2.0 阶段

尽管关于传播全球化的准确概念尚无定论，但诸多学者还是从多个角度给出了详细的解读。郭庆光教授认为，"全球传播是国际传播的扩大和发展"。它与跨国传播技术的进步和全球信息化进程密切相关，呈现出主体多元性趋势，以互联网为基础的新媒体平台发挥着越来越重要的作用，强调对全球公民意识，但仍具有很强的政治性。② 刘笑盈教授则认同上述"全球传播是国际传播的扩大和深化"的观点，同时从传播的五要素角度比较了两者的区别：全球传播主题高度分散化；传播手段进一步多元化；传播

---

① 郑曦原，李方惠. 通向未来之路：与吉登斯对话[M]. 成都：四川人民出版社，2002：24.
② 郭庆光. 传播学教程[M]. 北京：中国人民大学出版社，2011：230.

内容更加多元化和具有共同性；传播方式凸显商业化；传播效果更加深刻。① 杨瑞明将传播全球化理解为"人们在相互依存与相互制约的社会空间，进行超越时空限制的信息传递和信息共享活动的过程和趋向"。②

基于上述内容，传播全球化的兴起有赖于三个基础性条件的出现。一是与超越国界的全球性事务越来越多。如全球性金融危机、环境污染、恐怖主义、核扩散等等，人们对于这些信息具有强烈的获知欲望。二是形成了相当规模的全球性受众。全球化强化了人们的身份意识，与人类切身利益息息相关的全球性事务的频发进一步促进了人们全球意识的觉醒。三是全球性传播主体的活跃。如跨国公司在经济全球化中的积极作用同样投射于媒体行业，形成了美国有线电视新闻网、英国广播公司等全球性媒体，不仅具有全球报道的能力，而且以全球性事务为主要报道对象，在价值观取向上则呈现出去国家化特征。除媒体外，受众还通过社交网络完成了从受者到传者的角色转换，个体传播形成趋势。个体的多元带来价值的多元，互联网的包容性为持不同意见者提供了平等的平台，全球公共空间的形成有了可能。

尽管从宏观上看，传播全球化贯穿于各领域全球化进程的始终，但直到 20 世纪 90 年代以来，现代互联网技术开始快速、广泛地进入人类社会生活中，人们对这一概念才开始具有切身的体验和较为清晰的认识。按照传播全球化程度的加深，以 2011 年全球网民超过 20 亿，占到全球人口近三分之一为标志，可以将传播全球化的进程划分为前后两个阶段：传播全球化 1.0 时代和 2.0 时代。如果说前者是传播全球化的起步阶段，那么后者就是传播全球化的深度发展阶段。1.0 时代的传播全球化主要表现为全球网民数量开始快速增长，各媒体形态与网络媒体的初步融合。但这一时期尽管网民数量增速较快，但绝对数量不大。根据国际电信联盟（ITU）

---

① 刘笑盈.国际新闻学：本体、方法和功能［M］.北京：中国广播电视出版社，2010：305-306.

② 杨瑞明.空间与关系的转换：在多维话语中理解"传播全球化"［J］.新闻与传播研究，2014（12）：107-111.

发布的数据，2000年初全球手机用户只有5亿，网民数量只有2.5亿。①而且传播与网络的结合尚处于初级阶段，网络只是众多传播途径之一，全面网络化远未实现。而传播全球化2.0时代则迎来了量与质的全面升级，主要表现出三个特征：一是全球网民数量爆炸性增长；二是全媒体的网络化；三是视频传播的兴起。

首先，全球网民数量的爆炸是传播全球化2.0时代最直观的特征。2011年全球网民突破20亿大关，占到全球人口近三分之一，这也就意味着全球每三人中就有一位网民。②而到2016年底，全球网民数量已经达到39亿，全球网络覆盖率接近50%。③网络技术的发展在网民数量爆炸中起到了关键作用，特别是移动互联网技术的进步与普及，成为传播全球化2.0时代快速来临最为引人瞩目的因素。目前，移动端网络流量已经占据了媒体的半壁江山。腾讯传媒研究院将移动互联网的勃兴比作"指尖上的风暴"，并通过分析皮尤研究中心等海外数据机构的统计，2018年智能手机数量将超过非智能手机，全球50%的网络访问量来自手机，移动端数据流量已经远远超过PC端。④随着经济发展的进一步提速，全球信息传播速率也会持续加速。

其次，全媒体的互联网化。进入传播全球化2.0时代，互联网已经成为一种具有广泛覆盖性的传播资源，而不仅仅是一种特定的传播手段。马云对未来互联网的地位给出了非常形象的评价："未来30年任何一个企业如果不利用互联网技术发展业务，就会跟一百年前缺电一样可怕，甚至比缺电更可怕。"⑤无论何种类型的媒体，都可以而且必须以互联网化实现

---

① 新浪网.联合国报告显示：全球网民数量大增数字鸿沟未减［N/OL］.新浪网，2002-11-21.
② 解放日报.全球网民二十亿手机用户十年间井喷［N/OL］.新浪新闻网，2011-01-28.
③ 199IT网.ITU：2016年全球互联网覆盖率将达47%［N/OL］.199IT网，2016-11-23.
④ 腾讯传媒研究院.众媒时代［M］.北京：中信出版集团，2016：3-6.
⑤ 转引自中国网.马云：未来30年才是互联网真正改变人生活和思维的时代［N/OL］.新华网，2017-04-24.

生存和发展。互联网空间的包容性可以呈现一切形式的媒体内容，其共享性则可以使参与其中的媒体实现信息的多平台无障碍交流与分享。在移动互联网如日中天的当下，以脸书（Facebook）、推特（Twitter）为代表的社交平台通过移动客户端使全球用户融为一体。既与人类在全球化时代日益膨胀的交往欲望相契合，又通过即时信息推送等功能满足了人们对信息的强烈需求。

最后，视频传播的全面兴起。2.0时代是个体传播的盛宴，人类从未像现在这样具有如此强烈的传播欲望。特别是在网络空间中，多元化价值与信息不仅追求自由传播，而且希望能够传播更多的内容，取得更佳的传播效果。从宏观层面看，以国家主体的国际传播旨在实现国家利益，维护国家形象；从微观层面看，各种类型的社交媒介为人际交流、个人传播提供了覆盖全球的平台。显然，单一的文字传播、音频传播已经难以胜任如此复杂艰巨的传播任务，视频传播应时而起。正如马克·波斯特（Mark Poster）所指出："当大众媒介转换成为去中心化的网络时，发送者变成了接收者、生产者变成了消费者、统治者变成了被统治者，这样，用来理解第一媒介时代的逻辑就被颠覆了。"[①] 在网络化、移动化、多元化的传播全球化2.0时代，视频传播具有天然的优势。

二、世界传播体系衍变

在传播全球化进入2.0时代的大背景下，世界传播体系也将发生新一轮的变化衍进。从世界传播体系的发展历程来看，世界传播体系历经由主要传统媒体、大型传媒集团主导的大众传播阶段，经过传媒体系与网络空间交织的过渡阶段，将向着以网络空间为主体的数字传播阶段迈进。

世界传播体系是一个拥有无数子系统的庞大系统，包括全球范围内的

---

① 波斯特.第二媒介时代［M］.范静晔，译.南京：南京大学出版社，2000：45.

信息内容生产系统、信息传输与内容交易系统、跨国传媒集团以及各国传媒集团管理制度规范。这些子系统之间的多层次互动，构成了世界传播的整个生态体系。纵观世界传播体系的衍变历程，可以将世界传播体系的发展大致划分为三个阶段：一是传统媒体和传媒集团主导的阶段；二是传媒体系与网络空间交织的阶段；三是未来由网络空间主导的阶段。[①]

从20世纪初到20世纪80年代，可以说是传统媒体和传媒集团主导的阶段。1889年，美国的思科利普斯－麦克里报业联盟成立，成为较早的媒体联合组织，也是传媒集团的早期雏形。在广播电视诞生前，传媒集团仅限于报业领域，英国北岩报业集团、美国的赫斯特报业集团都是典型代表。以报业集团为典型代表的早期传媒集团，成为报业大众传播时代世界传播体系的主导力量，在重大世界新闻国际报道中起到主要作用。随着广播电视的出现，传统以报业为核心的传媒集团开始向跨媒介、多元化的综合性传媒集团转变。无线电的发明为广播和电视的发明奠定了传播技术基础，并直接促使了世界上第一座广播电台的诞生。1920年11月2日，美国KDKA广播电台正式播音，向外界播送美国总统竞选的消息。20世纪20年代末到40年代初是世界广播业蓬勃发展的黄金时期，至今仍发挥重要作用的美国三大广播公司就是在这一时期诞生的。电视业的发展起点则可以追溯到20世纪30年代，英国广播公司于1936年创立了世界上第一座电视台，随后爆发的"二战"阻碍了电视业的发展。直到"二战"之后，电视业在大西洋两岸均展现出快速发展的势头。三大电视系统，即无线电视、有线电视、卫星电视先后诞生。早期的电视属于无线电视，有线电视诞生于40年代末的美国，而卫星电视则归功于1962年美国成功发射的"电星一号"通讯卫星。随着广播电视业的繁荣，集传统报业与新兴广播媒介为一体的大型传媒集团开始涌现，比如美国的时代华纳公司等，均是此类兼具新闻报道与文化娱乐功能、影响力覆盖通常超过国家界限的大型传媒

---

① 崔保国，何丹嵋. 世界传播体系重构下的中国传媒发展战略机遇［J］. 传媒，2017，6（下）：10-15.

集团。

20世纪80年代以来，技术革命的到来带动世界传媒领域的变革，进而促使整个世界传播格局发生重大变化。90年代前后，各大传统媒体纷纷创立网络版，美国历史悠久、品牌一流的纸媒《纽约时报》于1996年率先上网，其他各大报刊争相跟上。随即于1998年，联合国宣布互联网为"第四媒体"，成为传统的印刷、广播和电视之外的又一新闻传播主要载体。20世纪末，跨国传媒公司加大了垄断力度，在世界传媒体系中的重要性进一步加大。2000年，"美国在线"和"时代华纳"宣告合并，不仅诞生了全球传媒行业的巨无霸，同时也提升了网络媒体的地位。同时代华纳一样，新闻集团、维亚康姆、迪士尼等大型跨国传媒集团的业务范围也几乎覆盖了所有新闻媒体业态，诸如美国的有线电视新闻网（CNN）、《时代周刊》（Time）以及英国的《泰晤士报》（The Times）等众多全球知名媒体品牌，全部归于这些传媒巨头旗下。与此同时，在网络技术推动下，媒体融合的概念开始成为传媒发展的大势所趋，不论何种业态也不管何种所有体制，所有的媒体机构都开始启动数字化、网络化的战略部署。尤其在大型传媒集团的雄厚财力和科技力量支持下，以英国《卫报》（The Guardian）、英国广播公司（BBC）和美国《纽约时报》（The New York Times）、有线电视新闻网（CNN）等世界一流媒体为先头，传媒集团的融合发展势不可当。在传媒集团日益网络化的同时，新的网络原生媒体机构也加入到了世界传播体系当中。从1998年"德拉吉报道"披露"拉链门"丑闻的报道横空出世开始，一大批源于互联网技术的个人及专业新闻传播机构兴起。比如，创办于2005年的《赫芬顿邮报》，在短短几年内访问量就远超《纽约时报》等传统纸媒品牌，并于2012年首次获得了美国最高新闻奖项——普利策新闻奖的肯定，这一事件标志着《赫芬顿邮报》这一网络原生媒体正式获得了美国主流新闻界的接纳。以《赫芬顿邮报》为代表的网络原生媒体，其新闻生产不再是传统的自上而下的精英模式，更多则是基于用户原创的内容聚合。在传统媒体日益向网络延伸、网络原生媒体加入到新闻传播序列的过程中，世界传播体系进入了传媒体系与网络空间交织的阶段。

此后，网络原生媒体越来越多，涉及的领域也越来越广泛，深入到社会文化生活的方方面面。在网络技术进一步演化的背景下，网络传播也经历了从Web1.0（门户网站）、Web2.0（网络互动）到Web3.0（虚拟沉浸）的迭代，并将很快进入Web4.0的智能传播时代。在网络技术不断更新的背景下，具有交互、参与、沉浸体验的网络媒体日益涌现。网络用户的新闻消费体验也从自主检索、互动分享向着沉浸体验不断衍进，而未来进入智能传播时代，每个用户获得的信息资讯都将是基于海量个人数据和行为轨迹生成的个性化内容，不仅传播主体的边界更加模糊，甚至不再需要传统意义上的媒体机构，内容生成到传播渠道浑然一体高度智能。到这个阶段，世界传播体系将由基于数字技术的网络空间主导。

网络技术迭代

网络迭代	关键技术	核心体验
Web1.0	搜索	访问信息
Web2.0	分享	社交网络
Web3.0	沉浸	虚拟体验
Web4.0	智能	个性化助理

三、世界传播体系现状

就国家界限与地理空间来说，世界传播体系的现时图景可以按照不同国家地区，描绘出一幅传播实力差异的世界媒体地图。从媒体发展程度上来看，世界各地区的媒体发展图景与发达程度有着正相关的关系。北美、欧洲作为发达国家聚集的地区，其媒体发展程度也最高。北美地区只有两个国家，占世界人口的5%、世界面积的14.6%，却是世界媒体"海拔"最高的地区，同时也是媒介融合发源最早、程度最深、竞争最激烈的地区；欧洲有44个国家，占世界人口的10%、世界面积的6.8%，传媒产业由于发展较早而成熟度较高，是仅次于北美的世界媒体高原。媒体密集而丰富，也出现了多样化的媒介融合发展态势。①

进入传播全球化时代，传统媒体时代崛起的欧美媒体巨头仍然在世界传播体系中占据重要位置，诸如全球三大通讯社（美联社、路透社、法新社）以及《纽约时报》《泰晤士报》等传统世界一流媒体，至今仍具有覆盖全球的传播能力和强大影响力。在世界媒体实验室评选的2018年"世界媒体500强"中，美国的谷歌、康卡斯特和迪士尼公司位列前三名，美国和英国这两个传统传媒强国则在多年的评选中始终稳稳占据入选数量最多的国家前两位。2017年，有学者根据社会网络分析软件 ORA 对全球195个国家359家媒体的影响力展开调查，"《纽约时报》国际社交网络影响力排名第一，其他排前五位的媒体还有路透社（Reuters）、美联社（AP）、美国有线电视新闻网（CNN）和英国广播公司（BBC）。可以说，传统媒体时代的全球媒体巨头包括报纸、电视和通讯社依然垄断新媒体时代的传播话语权"。②基于传统媒体积累的品牌优势及其在世界范围内的高公信力、强影响力，欧美传媒强国依然是当今世界传播体系的主导力量。

亚洲是世界面积最大、人口最多的大洲，亚洲国家占有世界人口的60%。根据联合国贸易与发展委员会2018年发布的《2018年世界最不发达国家报告》，亚洲共有九个国家被认定为最不发达，其中包括尼泊尔和不丹。同时，亚洲也有日本、韩国这样的发达国家，以及世界第二大经济体中国、主要新兴国家印度。经济水平、发展程度的差距，也反映在亚洲各国传媒实力的差异上。相比于欧美媒体的发达程度而言，亚洲国家媒体近年来发展较快，但程度参差不齐。总体而言，亚洲还处于传统媒体发展阶段，短期之内报纸仍然是人们获取新闻的主要媒介形式，电视也在大多亚洲国家的传媒市场中占有重要地位。③近些年来，亚洲地区的网络媒体

---

① 刘笑盈.解读媒介融合的世界地图［J］.新闻战线，2017，4（上）：134-137.
② 相德宝，张文正.新媒体时代全球媒体传播格局及其社交网络影响力研究［J］.当代传播，2017（4）：45-48.
③ 刘笑盈.解读媒介融合的世界地图［J］.新闻战线，2017，4（上）：134-137.

发展速度飞快，2014年亚洲地区网络普及率仅为34.7%，到2019年已经提升到54.2%，但仍略低于世界平均水平58.8%。① 不论是人口自然增长还是网络技术覆盖的数据增长，尤其是移动互联网技术的飞速发展，都使得亚洲国家的网络普及率将在接下来的相当长一段时间内保持较高速度增长。

在亚洲地区内部，地处东亚的日本、韩国、中国位于亚洲媒体发展的前列，这三个国家也早已进入了媒介融合的时代。进入21世纪后，日本政府为了改变本国互联网发展的困顿局面，连续三次推出国家级的信息化发展计划。"在短短的十年内，日本信息化发展经历了从'e-Japan'到'u-Japan'再到'i-Japan'的三次飞跃。"② 国家级的信息化战略成功推进网络行业的快速发展，为本国的媒体融合发展及融合媒体出现奠定了坚实基础。以网络技术作为媒体发展的核心动力，深入到媒体生产与新闻传播的各个环节中，使得报业、广电及网络不同媒体之间得以高度融合。在2013年成功取得2020年奥运会举办权后，日本又更进一步努力尝试推进融合报道提升赛事传播效果。以日本放送协会（NHK）为例，该台一直"把技术视为融合发展的基础和重心，累计有数千件广播电视技术方面的专利。在统一的数据库基础上，通过光纤通讯技术对信息予以整合，并利用不同渠道和终端重组信息，打造个性化的传播模式"。③ 除了东亚传媒大国以外，西亚部分国家的媒体也发展迅速。尤其是卡塔尔的半岛电视台，基于处在中东腹地的地缘优势，在报道阿拉伯世界以及巴以冲突等热点新闻方面具有世界其他媒体不具备的语言、文化接近性优势，坚持以"意见与异见"的独特视角，在伊拉克战争、阿富汗战争、"9·11"事件等历次重大事件新闻报道中都有卓越表现。因而迅速崛起成为世界传播体系的新力量新影响，一度被称为"海湾的CNN"，如今更是发展成为世界性的重要传媒机构。

---

① Internet World Stats. Internet Usage in Asia ［DB/OL］. 互联网世界统计，2020-03-26.
② 尹凤先. 日本媒体融合的发展及其经验启示［J］. 新闻战线，2018，11（22）：66.
③ 尹凤先. 日本媒体融合的发展及其经验启示［J］. 新闻战线，2018，11（22）：67.

此外，亚洲其他地区的媒体发展则较为落后，但在网络的高速发展推动下，也将迎来下一个拐点的加速发展契机。

在亚洲国家中，尤其值得注意的是中国传媒行业近年来的发展。随着中国的国家综合实力和国际影响力的与日俱增，中国媒体在世界传播体系中也将扮演越来越重要的角色。21 世纪以来，中国加强了对国际传播能力的建设，讲好中国故事也成为中国新闻业界的理念共识。尤其是 2013 年习近平主席提出"一带一路"倡议以来，除了加强与沿线及其他国家的经济合作外，还加强了与各国在媒体方面的合作。2019 年 4 月 26 日，习近平主席在第二届"一带一路"国际合作高峰论坛开幕式上又进一步表示，中国将积极架设不同文明互学互鉴的桥梁，深入开展各领域人文合作，其中在新闻领域设立的"一带一路"新闻合作联盟机制，将为丝路沿线国家和地区媒体机构间资源共享和合作提供机遇。有力地推动了新的传播全球化语境下世界传播体系的转变，同时也有助于提升中国媒体在其中的话语地位。

与此同时，网络技术和网络普及的高速发展也有力推动了中国媒体行业与国际媒体同行的竞速效率。2014 年 8 月 18 日，中央全面深化改革领导小组通过了《关于推动传统媒体和新兴媒体融合发展的指导意见》，将媒体融合提升为国家战略。中国各类媒体纷纷加快媒体融合，而 2014 年也被称为"媒体融合元年"。在媒体融合的转型当口，中国媒体紧跟世界新闻传播行业的发展潮头，融合发展的进程紧跟甚至赶超西方媒体发展速度。举例来说，2018 年 3 月，中国中央广播电视总台组建，原中央电视台、原中国国际广播电台、原中央人民广播电台建制取消。全新的航母型媒体以"中国之声"的统一呼号对外传播，成为推动多媒体融合发展、加强国际传播能力建设、讲好中国故事的组合力量。同年 8 月，中央广播电视总台便与中国移动强强联手，启动在 5G 技术研发、4K 超高清传输、内容分发以及大数据等前沿技术领域的全面战略合作。2019 年 1 月，总台通过中国移动的 5G 试验网络成功实现将央视春晚深圳分会场 4K 超高清信号回传至北京机房，同时将总台4K超高清北京景观信号传送至位于深圳分会场的总台4K超高清转播车展现实时信号，标志着中央广播电视总台在打造具有强大引领力、传播力、影响力的国际一流新型主流媒体、加快推进5G规模试验和应用示范上迈出了坚实步伐。①5G商用在即，中国在相关技术和媒体传播领域的前沿探索已经为接下来的深度融合发展奠定了基础。除此之外，人工智能技术也已经投入了新闻传播应用当中。在2019年的两会上，AI合成女主播"新小萌"进驻新华社报道两会，海外媒体对此投入聚焦颇为关注。在基于网络技术的新一轮世界传播体系变革中，中国首次与西方发达国家站在同一起跑线上，在很多方面已经能够与之并驾齐驱，甚至在5G等关键领域超车领先。可以说，在未来的世界传播体系中，中国必将起到更加重要的作用和影响。

在欧美和亚洲之外，下一个新闻传播行业发展较好的区域是包括伊比利亚美洲在内的拉丁美洲地区。拉丁美洲指美国以南的美洲地区，包括墨西哥、中美洲、西印度群岛和南美洲。"拉美从整体上属于发展中国家，经济发展差异大，其中经济总量最大的是巴西、墨西哥、阿根廷，加上委内瑞拉、哥伦比亚、智利、秘鲁，这7个国家占据了拉美GDP的90%。"②在拉丁美洲媒体市场中，传统媒体发挥着重要作用，市场集中、媒体垄断程度较高。墨西哥特莱维萨电视集团、巴西环球集团、委内瑞拉西斯内罗斯集团是拉美地区三个最大的媒体集团，均为当地主要权贵家族掌握。受地理位置的影响，拉美地区媒体发展受美国影响较深。"就整个媒介行业的格局看，拉美各类媒体都在发展，按照媒介渗透率高低的排列顺序依次是电视、广播、网络媒体与报纸。"③多年以来，拉丁美洲的互联网普

---

① 中央广播电视总台基于中国移动5G技术的4K超高清传送测试成功［J］.中国广播，2019-02-20（47）.
② 刘笑盈.国际新闻史：从传播的世界化到全球化［M］.北京：中国广播影视出版社，2018：377.
③ 刘笑盈.国际新闻史：从传播的世界化到全球化［M］.北京：中国广播影视出版社，2018：377.

及率一直保持较高的增长速度，从 2011 年的 36% 一路攀升至 2017 年的 55%。到 2019 年进一步扩展为 68.9%，高于世界平均水平的 58.8%，仅次于北美和欧洲地区。①

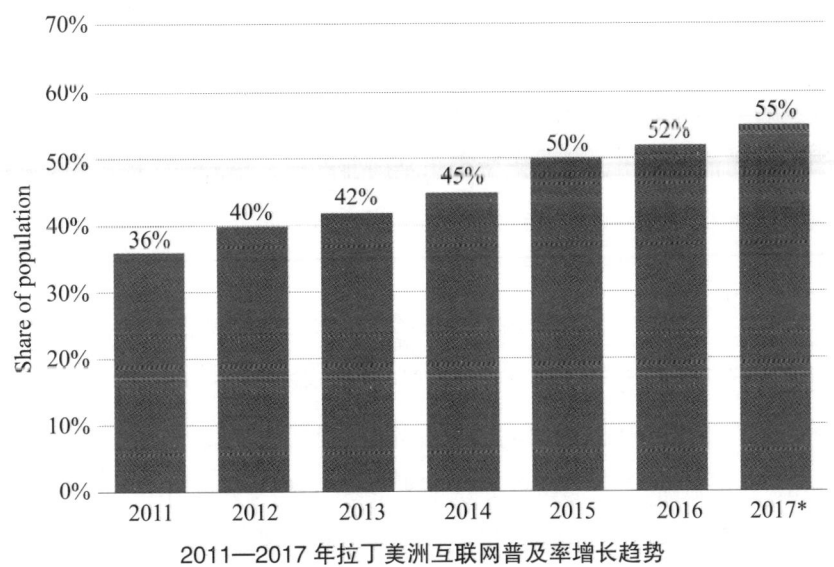

2011—2017 年拉丁美洲互联网普及率增长趋势

最后，世界传播体系的最低地应属非洲。由于地理条件及经济发展的影响，非洲目前是世界上相对最为落后的地区，其媒体发展情况也较为滞后，目前仍处于广播时代。在非洲地区，报纸和电视的普及率较低，每千人报纸拥有量最高不超过 30 份，远低于世界千人 90 份的平均水平。因经济和基础设施建设水平落后，非洲更是互联网发展的洼地。截至 2019 年 12 月 31 日，非洲的互联网用户数为 5.26 亿，网络普及率为 39.3%。② 较之 2014 年的数据，网络用户 1.67 亿人，网络普及率仅为 26.5%，③ 已经有了长足进步。由于基础较为薄弱，非洲各国近年来在电信网络等基础建设方面取得一定成果，属于近年来互联网发展速度较快的地区。同时，得益于

---

① Internet World Stats.World Internet Users and 2019 Population Stats［DB/OL］.互联网世界统计，2019-06-30.
② Internet World Stats.World Internet Users and 2019 Population Stats［DB/OL］.互联网世界统计，2020-03-03.
③ 刘笑盈.解读媒介融合的世界地图［J］.新闻战线，2017，4（上）：134-137.

中国近年来的快速发展以及"一带一路"国际发展合作倡议的落实推动，中非媒体交流互动也更加频繁多元，非洲媒体从业人员有更多机会前往中国各地开展实地采访，也有更多与中国媒体同行交流合作的机会，双方的交流与合作已形成多项高效、良性互动的机制平台，比如中非媒体合作论坛以及中国国际新闻交流中心举办的非洲、亚太记者培训等。总的来看，在非洲各国之中，南非处于新闻传播行业的领跑位置。其中，独立传媒集团、时代传媒集团、纳斯帕斯集团是南非的三大代表性媒体集团。相对来说，东非各国的传媒业也较为发达，部分国家如肯尼亚、乌干达和坦桑尼亚的媒体发展势头较好，并且拥有一些具有地区性影响力的传媒集团。如肯尼亚的民族传媒集团（NMG）和旗帜集团，其中民族传媒集团不仅在本国经营有报纸、电台、电视台和网站，并且拥有乌干达和坦桑尼亚国内多家媒体的经营权限，在网络传播领域也颇有建树，旗下的分类广告网站N-Soko、在线旅游网站Twende等在东非地区都具有与同类国际网络巨头相竞争的实力。而西非地区的主要传媒大国是尼日利亚和加纳，前者的达尔传媒集团（DAAR）和后者的加纳多媒体集团（MGL）均是具有地区影响力的主要广播电视集合网络的综合性传媒机构。[①]最后，撒哈拉以南非洲是非洲最欠发达的地区，同样也是整个非洲地区传媒业相对最落后的地区。

第四节　中国对外传播理论衍进与策略变化

　　从新中国成立伊始到现在，中国的对外传播事业从无到有，是对外传播的思想观念和理论体系持续革故鼎新的历程，同时也是具体的对外传播策略不断与时俱进的过程。在此过程中，中国的对外传播事业发展可以大

---

① 龙小农.非洲传媒集团化经营及其影响［J］.青年记者，2014，9（25）：89-91.

致划分为五个阶段,即从 1949—1955 年的开创期、1956—1965 年的发展期、1966—1976 年的停滞期、1977—2000 年的转型加速期和 21 世纪头 20 年的全面推进期。中国对外传播总体上呈现前进势头。

一、中国对外传播事业的开创期(1949—1955 年)

1949 年 10 月 1 日,中华人民共和国成立,实现了真正意义上的国家独立和民族解放,中国的对外关系打开了全新篇章,对外传播事业也随即开始建立。这一时期指导中国对外关系的政治原则总结为"一边倒"、"另起炉灶"以及"打扫干净屋子再请客",这一核心指导原则也在对外传播事业中有所体现。

随着新中国的成立,中国的新闻事业重心也逐渐从农村转向城市,经过对原有新闻事业的整合调整,迅速建立了全新的新闻传播网络,以配合新时期的新闻传播需求。"中央十分重视创建人民共和国自己的新闻传播机构与队伍,成立新闻总署,迅速扩大统一全国的新闻事业,建立了以新华社、人民日报社和中央人民广播电台为主的全新新闻传播网。"①

1949 年 10 月 19 日,新闻总署成立,成为全面负责管理全国新闻事业的行政机构。在新闻总署体系内,下设国际新闻局(China Information Bureau),专职负责对外新闻传播的具体工作。1951 年 1 月,国际新闻局制定了对外新闻工作的指导原则,具体内容包括:"一、宣传中国人民在中央人民政府及中国共产党领导下彻底进行革命斗争,巩固胜利的成果,恢复战争创伤,争取财政经济形势的根本好转和争取世界持久和平与人民民主的运动;宣传毛泽东思想在中国的伟大成就。二、强调中国与苏联及新民主主义国家,在苏联领导下的亲密团结;强调中国与全世界反侵略人民的一致目标和中国作为世界和平一大堡垒的作用。三、开展对亚洲国家的宣传,并在世界范围反映殖民地人民的斗争情况,以使这些情况通过我

---

① 陈日浓. 中国对外传播史略[M]. 北京:外文出版社,2010:126.

们达于欧美各国人民，同时也使殖民地人民通过我们互相了解，交换经验，鼓舞斗志。四、开展对敌宣传，揭露美国的侵略战争阴谋及其欺骗宣传，打击敌人士气。"①

新中国成立以来，对外传播事业的"核心任务就是通过新闻、出版、广播、电视、电影等大众传播媒介，增进各国人民对社会主义中国的了解，促进中外之间的文化交流与经济合作"。②为此，新中国创办了一系列专门的对外传播媒体，其中包括主要面向海外华文新闻媒体机构的中国新闻社、新中国第一份外文刊物《人民中国》（People's China）、由宋庆龄主办的《中国建设》，以及《中国报道》《人民画报》等。其中，《中国建设》主要向国际社会展示中国的新面貌和社会主义建设的成就，后来改名为《今日中国》后继续出版，拥有多个语种的海外版本，至今成为中国对外传播中的一支重要媒体力量。

在这一时期，由于美苏争霸格局逐渐形成，冷战思维主导国际关系格局，对中国的对外交往和对外传播事业也带来极大影响。由于受到西方国家封锁和媒介传播技术的限制，传统的印刷媒介成为这一时期中国推进对外宣传工作的主要传播手段。除此之外，中央新闻电影制片厂拍摄制作了大量专门对外传播的新闻纪录片，据记载，1949年至1957年期间共输出了421部新闻纪录片。③

"早期的对外传播非常强调学习苏联的经验，即派遣人员去苏联学习，也请苏联专家来华指导工作。这对新中国对外传播事业的创建有积极的意义，但也产生了一些弊端。"④但是由于国情不同，适合苏联的新闻机构设置方式、新闻宣传手法并不全然适用于中国，在这一方面中国也走了一些弯路。

---

① 周东元，亓文公.中国外文局五十年史料选编（一）[M].北京：新星出版社，1999：37-38.
② 徐锋华，杨琰."他者"笔下的中国——爱泼斯坦与中国共产党的对外宣传[J].史林，2018（5）：122-130+220.
③ 甘险峰.中国对外新闻传播史[M].福州：福建人民出版社，2004：137.
④ 陈日浓.中国对外传播史略[M].北京：外文出版社，2010：127.

经过开创阶段的对外传播实践，中国积累了宝贵的对外传播经验，"在国际传播中，积极配合外交与对外交流活动，善于抓住时机介绍新中国和平友好的外交政策，并主动联络与运用外国记者与新闻媒体向世界传播中国"。① 同时，对内传播区别于对外传播的理念也从这一时期开始形成，并且投入精力落实内外有别的宣传体系建设，借鉴外国专家的经验。

二、中国对外传播事业的发展期（1956—1965 年）

从 1956 年到 1965 年，中国的对外关系进入一个新的发展阶段，"主要特点可以用'发展、探索与动荡'来概括"。② 这一时期中国的对外传播事业可以概括为"曲折中发展"，中共中央和国家领导人屡次就对外宣传的任务和方针发表过许多重要意见，既体现了国家政府对对外传播工作的重视，也切实推动了中国对外传播事业的发展。

在此期间，国际新闻局和中宣部、中央外事小组就对外新闻报道工作给出的核心理念原则包括："宣传中国的社会主义建设""反映中国人民的生活""明确支持民族独立运动和帝国主义国家人民争取民主、自由的斗争""为增进中国与各国人民的友谊和合作，为保卫世界和平服务""加强对外宣传的政治性、思想性、战斗性和宣传形式的生动性、多样性。充分发挥每一种宣传工具的作用，使对外宣传工作有声有色，同我国的国际地位和国际影响相适应。"③

1955 年 12 月，毛泽东主席提出新华社的驻外记者派出太少，在消息源建设上尽快充实力量，"尽快做到在世界各地都能派有自己的记者，发出自己的消息。把地球管起来，让全世界都听到我们的声音"。④ 随后，

---

① 陈日浓.中国对外传播史略［M］.北京：外文出版社，2010：127.
② 牛军.中华人民共和国对外关系史概论（1949—2000）［M］.北京：北京大学出版社，2010：102.
③ 甘险峰.中国对外新闻传播史［M］.福州：福建人民出版社，2004：145.
④ 中共中央文献研究室，新华通讯社编.毛泽东新闻工作文选［M］.北京：新华出版社，1983：182.

新华社提出了建设世界通讯社的目标,并采取了系列措施:"1.贯彻内外并重的报道方针,加强对外报道的思想领导和业务指导;2.定量定质,国内部和国内分社包干一定数量的对外新闻,按月检查完成的情况;3.国内部副主任中有一人监管对外报道工作;4.在对外报道新闻较多的重点地区的分社,如北京、天津、上海、沈阳、广州、新疆、西藏等分社设专职或兼职的对外报道记者;5.加强国内部和对外部的互助合作,如交流情况、互相帮助采写新闻、举行座谈会共同研究对外报道业务;6.完成对外报道任务较好的记者给予通报表扬或物质上的奖励",[①]有力推动了新华社对外报道工作的迅速发展。

在1956年中国新闻工作改革的背景下,《人民日报》于同年7月实行改版,遵循三个原则:"扩大报道范围、开展自由讨论、改进文风。"[②]《人民日报》的改版首开先河,带动了中国新闻传播业整体的转变和发展。同一时期,中国的对外广播事业全面启动,政府加大了对外广播的支持和投入,中国国际广播电台快速发展,迅速成长为中国对外传播的主要媒体机构。截止到1965年底,中国国际广播电台已经能够采用32种语种对外广播,当年收到世界各地听众的海外来信就有28万多封。在播出时间、广播语种、播出功率和听众反馈等各个方面来说,中国的对外广播都已进入世界前列。[③]美国新闻署在1960年发布的一份报告中称,美国在广播战中落后,中国的广播宣传取得显著进步。

1958年,中国的电视媒体甫一诞生,就成了对外传播事业中的重要力量。当年9月2日,中央电视台的前身——北京电视台正式开播。随后,北京电视台开始选送一些反映中国重大政治活动和建设成就的新闻片,航空邮寄到苏联及其他社会主义国家的电视台,之后陆续与一些国家的电视台建立了购买或交换节目的合作关系。1960年,北京电视台正式成立了出

---

① 陈日浓.中国对外传播史略[M].北京:外文出版社,2010:131.
② 刘笑盈.中外新闻传播史(第三版)[M].北京:中国传媒大学出版社,2017:338.
③ 甘险峰.中国对外新闻传播史[M].福州:福建人民出版社,2004:136-137.

国片组，统筹对外节目的相关工作。1963 年，中央广播事业局为北京电视台制定了"立足北京、面向世界"的宣传方针。①对于这一期间发生的重大国内事件，如第一颗原子弹爆炸成功等，北京电视台都进行了积极报道。到 1966 年，已经有 33 个国家的电视机构与北京电视台建立了购买或交换电视节目的关系。

到 1965 年底，中国专门从事对外新闻传播的印刷媒体已经达到 40 种，发行量也比 1951 年增长了 20 倍，速度惊人，成绩显著。

三、中国对外传播事业的停滞期（1966—1976 年）

这段动乱时期，中国新闻传播事业整体上受到了极大的冲击。1958 年，中国的报刊数量已经达到 1776 种，但到 1968—1970 年期间，全国只剩下 42 家报纸。②受此影响，中国对外传播事业的发展路线由快速发展全面转向萎缩停滞。在对外传播思想上，强调对内对外一致；在对外传播内容上，过分强调阶级斗争；在对外传播对象上，强调要针对"革命的"、"进步的"和"左派的"阵营。在包括新华社、中国国际广播电台以及主要对外印刷媒体中，对外传播全盘照搬对内宣传，大量刊发或播出有关思想斗争和夺权运动的理论方针和各项政策，长篇累牍的文章、讲话、评论随处可见，将典型的政治口号强行转变为对外传播的核心内容。

在这样的方针指导下，这一时期的对外传播题材狭窄、内容空洞、手法单一、"强加于人"。中国的对外广播深受其苦，大量自办节目被迫停播，原本已经开始在国际听众中建立的声誉一度降至低谷。1965 年，中国国际广播电台曾创下 286193 封国外听众来信的纪录，热情洋溢的信件传达了各国各地听众对中国和中国媒体的喜爱和信任。到 1970 年，来信数量跌至 21833 封，仅为 1965 年的 7.6%。新西兰共产党总书记威尔科克斯（Victor

---

① 陈日浓.中国对外传播史略［M］.北京：外文出版社，2010：135.
② 甘险峰.中国对外新闻传播史［M］.福州：福建人民出版社，2004：204.

George Wilcox)说,"许多新西兰听众已经不听北京的广播了,因为很多东西他们都听不懂,(节目)乏味,很烦人"。①相比广播,电视的情况更甚。不仅节目内容和播出形式高度口号化、斗争化,还曾在1967年1月、2月短暂停播。中国与各国之间的节目寄送和内容购买、交换也一度停止,即使有寄出的节目也因为内容千篇一律很少获得采用播出。

尽管这一时期的对外传播事业遭遇重大曲折,在毛泽东、周恩来等国家领导人对对外传播工作的关注和矫正下,这一时期的对外传播工作仍在继续,在某些领域仍有一定程度的发展。1966年5月29日,周恩来总理对中央广播事业局作出指示,"广播一分一秒都不能停,不能因文化革命运动影响广播"。在此情况下,中国的对外广播始终没有停止。在1966年以后,还陆续开播了12个新语种,主要包括乌尔都语、孟加拉语、普什图语等面向亚洲国家,捷克语、波兰语、罗马尼亚语等面向东部欧洲国家,以及面向南美地区的克丘亚语等小语种。同时,由外文局所属主办的几种外文期刊,如《北京周报》《人民中国》《人民画报》《中国报道》《中国建设》等一直持续出版,并增加了不少外文版本。

与此同时,中国的电视事业也取得了一定的进步,尤其是在传播技术方面有着突出的进展。从20世纪70年代初期开始试验播出彩色电视节目,并且开始对外寄送彩色电视节目。1972年,我国建立了卫星地面站,首次向美国传送了尼克松访华的画面,随后又向日本提供了田中角荣访问中国的报道。1976年1月,周恩来总理逝世的三部电视片,经邓小平批准首次经由国际卫星对外播出。这些传播技术和基础设施方面的进步,也为接下来中国对外传播事业进入全新的发展阶段奠定了扎实的基础。

四、中国对外传播事业的转型加速期(1976—2000年)

从1976年开始,尤其是中共中央十一届三中全会召开以后,中国政

---

① 甘险峰.中国对外新闻传播史[M].福州:福建人民出版社,2004:206.

府的工作重心转到以经济建设为中心,各项事业蓬勃发展,中国的对外传播事业也开始进入新的发展阶段。随着国内改革开放逐步纵深推进,中国的变化日新月异,国际对中国的关注也空前高涨,形成了一个中国对外传播的广大潜在受众市场。在放松搞活、增力扩容的强大驱动推进下,中国的对外传播事业迎来转型加速的发展契机。"可以说,从改革开放到新世纪开始之前,对外传播的主线就是'向世界报道中国',这也符合中国与世界初步接触的历史背景。"[①]

(一)理念转变

1979年,时任中宣部部长胡耀邦就改革开放时代的对外传播工作的指导思想、地位与任务作出相关指示,提出"真实地、丰富多彩地、生动活泼地介绍我国情况。主要是宣传报道新中国"。朱穆之将其总结为,"让世界了解中国"。1980年4月,中央对外宣传小组成立,负责组织领导和管理协调整个对外宣传工作,统辖对外新闻传播机构。此后几年中,在中央对外宣传小组大量工作的基础上,中共中央多次发布事关对外宣传工作的重要通知文件。在1986年6月30日的通知中,将对外传播归纳为"事关国际形象、争取人心"的工作,强调"对外宣传工作应当密切联系国内外实际,从内容到形式、风格都要适应宣传对象的特点,有的放矢,讲求实效,讲究策略、时机和方式方法"。

1990年,中共中央发出《关于加强和改进对外宣传工作的通知》,对新历史时期对外宣传工作的性质、对象、任务、作用和基本原则做出明确规定,并对我党领导对外新闻传播事业的历史经验作出科学总结,这是关于对外传播工作的一个历史性文件。《通知》将对外宣传工作定位为"我国总体外交的组成部分,对扩大我国的国际影响、推动我国社会主义现代化建设具有不可替代的作用",并强调要"全面正确主动地宣传中国的形象""要加强对不同国家和地区宣传的针对性""讲究对外宣传的艺术和

---

① 刘笑盈.中国对外传播:从报道中国到报道世界[J].对外传播,2018(11):4-7.

方法""既不能把对内宣传的一套内容和方法简单地照搬到对外宣传中,也不能对不同地区不同层次的对象都搞成一个样式的宣传。要讲究宣传艺术,区别不同对象,讲究宣传实效"。根据对外传播的特点和传播规律,在"内外有别"的基础上,更进一步提出要"外外有别",提高宣传的针对性和实效性。之后经过机构调整,中央对外宣传小组在国务院系统挂名,成为"国务院新闻办公室",从此由国新办担任相关工作的统筹安排。

除此之外,这一时期最为重要的一个转变是,对外传播开始逐渐重视新闻性,降低宣传色彩,核心理念由"对外宣传"转向"对外传播"。从1983年开始,新华社国际部制定了《关于国内外事报道的一般原则》,强化"真实、全面、及时"的"新闻意识",提升记者的新闻理论素养,改革国际新闻写作范式。随着传播学在国内的引入,"传播"的理念日渐从学界话语渗透到从业实践,"受众"意识和"效果"意识开始进入中国的新闻传播领域。1997年底,中央发文要求各级宣传部门在执笔行文中不再将"宣传"一词译为"propaganda","宣传部"统一改译为"Publicity Department","对外宣传办公室"则改译为"International Communication Office"。

2007年1月1日,《北京奥运会及其筹备期间外国记者在华采访规定》出台实施,成功保障北京奥运会期间外媒赴华采访报道的顺利开展。随后于2008年10月17日,《中华人民共和国外国常驻新闻机构和外国记者采访条例》出台,新闻采访的"对外开放"让外国记者能够深入中国各地真实记录并报道传播所见所闻,进而通过外媒的视角和报道传递中国的信息,成为中国对外传播工作思想观念进一步放开的重要体现。

(二)媒体发展

进入新的发展阶段以来,首先是原有的对外传播媒体获得了较快恢复和改革发展。例如《北京周报》等纸质媒体不仅恢复了对外传播媒体的专业发展,更在历经改革之后向着世界性传媒的目标迈进。在提升办刊质量的基础上，不断扩展海外读者市场，面向不同国家地区开设多个外文版本，在海外开设记者站、办事处，形成自有报道网络。《北京周报》还于1988年和1990年先后创办了《中国与非洲》的法文版和英文版，该刊是专门针对非洲国家读者群体发行的期刊，集中体现了中国媒体对外传播对特定地区针对性传播的重视和加强。此外，于1981年6月1日开始正式发行的《中国日报》（*China Daily*），更是中国进入新时代以来的全新对外传播实践突破。《中国日报》是中国第一份国家级综合性英文日报，是践行"让世界了解中国，让中国走向世界"的重要媒体机构。该报"针对其读者对象主要是外国人的特点，根据他们的需求和阅读习惯，坚持'以我为主'和'有的放矢'相结合的原则，通过全面、公正、客观地报道外国人喜闻乐见的内容的方式，介绍中国的改革开放进程。在报道中重视信息，强调解释疑惑，形成了自己的办报风格"。① 截至2000年时，《中国日报》已经成为每天出刊12版、编辑出版八种适合不同读者群的周刊和月刊的综合性报纸媒体，报刊发行量超过30万份，发行遍及世界150多个国家和地区。

中国对外传播的龙头老大新华社，也于1983年提出要建设成具有中国特色的社会主义现代化的世界性通讯社。一方面在对外发稿上着力建设，对各语种专线的发稿量大幅增长，形成了以英文通稿为核心，法文、西班牙文、阿拉伯文、俄文、葡萄牙文和海外中文专线全面发展的完整对外新闻发稿体系。2000年，新华社全年对外发布英文通稿67013条，日均186条；法文专线42384条，日均118条；西班牙文专线90462条，日均252条；阿拉伯文专线43583条，日均121条；俄文专线13992条，日均39条；葡萄牙文专线11143条，日均31条；海外中文专线15879条，日均44条。海外报道网络也基本完备，形成以总社为中心，由总社和总分社24小时不间断发稿的新闻发布体制。海外用户数量也从1983年的63家增长到2000年的3207家，稿件采用率也大大提高。

---

① 甘险峰.中国对外新闻传播史［M］.福州：福建人民出版社，2004：229.

主要承担对外广播的中国国际广播电台，从 20 世纪 80 年代起就注重建设驻外记者队伍。自 1980 年在东京建立第一个驻外记者站后，又陆续在贝尔格莱德、巴黎、伊斯兰堡、墨西哥、华盛顿、伯恩、曼谷、开罗、莫斯科、纽约（驻联合国）、哈拉雷、堪培拉、布宜诺斯艾利斯、布鲁塞尔及香港地区等建立了常驻记者站。到 1988 年时，国际台的驻外记者站已经达到 16 个，到 1998 年又进一步增加到 29 个。1998 年 7 月 1 日，国际台 43 种语言的广播节目进行全面改版，内容更加规范，信息量更大，节目构成更加合理，可听性和针对性更强。到 2000 年，国际台收到来自世界 153 个国家和地区的 688966 封听众来信，其中包括 34670 封电子邮件，而 2002 年还进一步达到 117 多万封。节目受到世界各地听众的普遍欢迎和深深喜爱。①

这一时期也是电视媒体发展的黄金年代，电视开始快速崛起成为中国对外传播的主力军。1978 年，北京电视台正式改名为中央电视台。1983 年，首次全国电视对外宣传会议召开，确立了加强电视外宣的目标。此后，中央电视台开始全面推进对外传播，"中央电视台第一个驻外记者站就是在这个时期建立的；中央电视台第一个专门的对外报道机构——对外部成立于这个时期；中央电视台第一部涉外合拍片《丝绸之路》也诞生于这个时期；中央电视台第一个对外传播栏目——《华夏掠影》也是在这个时期开播的"。②其中，专门以对外宣传为宗旨的节目制作和译制发行部门——央视对外部的成立，被业内普遍认为是中国电视对外传播进入迅猛发展阶段的标志性事件。1984 年开始，中央电视台加入了亚广联亚洲电视网的新闻交换，1986 年和 1987 年又开始参与欧广联和美国有线电视新闻网及国际广播电视组织的新闻交换。1991 年开始，中央电视台通过租借"亚洲 1 号"通讯卫星的方式，实现了对港澳台地区和东南亚的播出覆盖。次年，

---

① 甘险峰. 中国对外新闻传播史［M］. 福州：福建人民出版社，2004：258-259.
② 李舒东. 中国中央电视台对外传播史（1958—2012）［M］. 北京：人民出版社，2013：33.

中央电视台又正式确定了"一个天上、一个地下"的对外传播战略构想，"天上"即指发展卫星在20世纪末实现电视节目全球覆盖，"地下"指在世界各地建立录像发行网络实现节目递送到市场经营的转变。同年10月，面向海外华语受众的中央电视台第四套节目正式开播，成为中国第一个国际卫星电视频道，创办了《中国新闻》《中国报道》《中国文艺》等一批中、英文对外电视栏目，并逐渐形成品牌。除港澳台地区外，央视四套还可以覆盖包括亚洲、大洋洲、俄罗斯、东欧、中东和非洲的80多个国家。1996年，中央制定了五年电视外宣工作的目标规划，要打破西方对国际舆论的垄断，争取中国声音能够突破西方舆论封锁，达至世界主要地区，争取初步改变"西强我弱"的局面。1997年9月20日，中央电视台第九套节目（英文传送频道）正式开播，每天播出17个小时。从2000年9月开始，九套节目改为每天24小时不间断播出，以新闻为主，每个整点都有新闻播报。1998年，央视的四套和九套节目实现了在日本和东欧的落地。至此，以中央电视台为核心，中国的"电视大外宣"局面已经基本形成。

（三）网络传播

在进入21世纪之前，互联网的出现成为推动新闻传播的革命性技术动力。自20世纪80年代在美国诞生以来，互联网的发展和普及达到了此前任何传播技术所未有的高速高效。1983年，全球联网计算机不足200台，到2000年时全球上网人数已经超过四亿，上网主机超过一亿台。

对中国来说，互联网的发展并未落后于西方发达国家太远。1996年12月，中央电视台建立了自己的网站（www.cctv.com），标志着中国广播电视媒体在网络传播领域的开拓性进展。1997年1月1日，《人民日报》的网站也上线，并开始出版网络版电子报纸。到1999年底时，我国已经有近千家报纸建立了自己的网站，上网的广播电台和电视台也超过了100家。[①]

---

① 甘险峰.中国对外新闻传播史［M］.福州：福建人民出版社，2004：272.

其中，原本就从事对外传播的主要媒体包括《中国日报》《人民日报·海外版》《人民中国》《北京周报》《今日中国》《中国报道》以及中国国际广播电台、中央电视台和中新社等均开设了自己的网站。其中，新华社的网站新华网于1997年11月7日上线，到1999年时已经推出了中文简体、中文繁体和英文三个实时更新的网页版面，网站浏览率比开通之初增加了15倍，最高日点击率超过1000万人次，是国内最大的新闻信息网站之一。中央电视台的网站于1996年12月启用，并在1998年首次通过网络报道春节联欢晚会。1999年2月15日开始，中央电视台的《新闻联播》开始通过网络直播。1998年12月26日，中国国际广播电台的多语种网站上线，提供英语、德语、西班牙语和汉语普通话及广东话的五种语言节目和文字稿件。

与此同时，逢有重大热点新闻事件时，有关部门和新闻网站还会适时推出专题网站，予以更具时效、更为丰富的报道。比如说，新华网曾先后推出香港回归、法国世界杯、克林顿访华、抗洪救险、全国两会、昆明世博会、科索沃局势、抗议北约暴行等近20个专题网页。新中国成立50周年国庆大典活动期间，我国首次利用互联网对国庆庆典加以传播报道，"国庆五十周年网"（www.prc50.gov.cn）于1999年9月1日正式开通，到10月7日时累计点击已经超过1655万人次，主页访问超过38万人次。国庆当天网站点击率大约195万人次，点击"网上直播"65万人次。

基于互联网的普及，新闻信息传播实现了真正意义上的"全球覆盖"，对外传播的"落地难"问题在网络技术的助推下获取了新的解决契机。20世纪末，中央确定了首批五家重点扶持网站，包括人民网（《人民日报》网站）、新华网（新华社网站）、中国网（中国互联网新闻中心）、国际在线（中国国际广播电台网站）和中国日报网（《中国日报》网站），组成中国对外传播的网络梯队。通过与美国杰纽特公司（Genuity）签约合作，五大新闻网站在美国建立了带宽100M的镜像网站，大大提高了境外访问量和用户访问速度，有效扩大了网络对外传播的力度和效果。到2000年时，新华网改版后日页面浏览量达到380万人次,中国网已经延伸为八种语言、九个文种,日浏览量达到40万人次。

五、中国对外传播事业的全面推进期(21世纪头20年)

进入21世纪以来,中国融入世界的步伐逐渐加快,2001年正式加入世贸组织和成功申办奥运会两个重大事件,标志着中国开始了全面融入世界的阶段;以2003年和平崛起、2005年"和谐世界"理念提出以及2008年成功举办北京奥运会为标志,中国开始展现出在世界舞台上的地位和作用;随着2010年GDP超过日本成为世界第二大经济体,中国开始成为引领世界发展的主导力量。原本"向世界报道中国"的对外传播核心理念明显已经不能适应这一阶段中国对外传播发展的需求。在此背景下,"对外传播工作的战略重点转移到构建以'积极、主动参与全球治理的负责任大国'为特征的'全球中国'形象。在全面深化改革开放的战略部署下,对外传播事业在内容、渠道、技术等方面进入快速提升的阶段,并随着'一带一路'倡议和构建'人类命运共同体'理念的落地生根,开始引领重塑全球传播新秩序的时代潮流"。[①]

2007年,中共十七大明确提出了"当代中国同世界的关系发生了历史性变化,中国的前途命运日益紧密地同世界的前途命运联系在一起",提出了"统筹国内国际两个大局""提升国家文化软实力"的概念。到2009年又提出了"建设世界一流媒体",话语权和中国话语体系建设等课题逐渐成为热门。如果说改革开放至21世纪前阶段的中国对外传播可以总结为"向世界报道中国",那么21世纪的头20年则可以总结为"向世界报道世界"。

(一)媒体发展

21世纪以来,中国的对外传播渠道不断丰富,除传统媒体外,网络

---

① 史安斌,张耀钟.新中国形象的再建构:70年对外传播理论和实践的创新路径[J].全球传媒学刊,2019,6(2):33.

媒体、社交媒体开始崭露头角并逐渐开始发挥重要作用，"各领域、各层次的新闻发布制度和新闻发言人建设取得成效；国际公共关系、国际广告等对外传播手法得到灵活运用"。① 尤其是 2009 年，中央下发《关于印发〈2009—2020 年我国重点媒体国际传播力建设总体规划〉的通知》和《关于〈2009—2020 年我国重点媒体国际传播力建设总体规划〉实施方案》，以重点媒体为核心开展的国际传播能力建设实现了"从硬件设施建设到核心能力打造，再到护航'一带一路'的发展阶段，这同时也是中国媒体国际传播能力建设由追逐硬实力到重视软实力、由自说自话到寻求共同话语的一个转变过程"。②

新华社、《人民日报》和中央电视台继续发挥中国对外传播的中坚作用。在世纪之交，新华社制定了《新华社 2001—2005 年事业发展纲要》，计划通过 5 年努力最大限度地占领国内外新闻信息市场，为新华社在新世纪实现跨越式发展奠定坚实基础。如今，新华社已发展成为各媒介平台全面发展的媒体机构。新华网、中国新华新闻电视网、新华社多媒体数据库、新华社主办的中国全球图片总汇、新华社编辑出版的《新华每日电讯》《参考消息》等 20 多种报刊以及推特，使新华社成为全方位发展的融媒体机构。

创办于 1985 年的《人民日报·海外版》传播面不断扩大，2007 年以来与世界华文媒体不断合作，2010 年数字化转型工作开启，2012 年其官方网站海外网正式上线。2015 年 5 月 21 日，在海外版创刊 30 周年之际，习近平主席肯定了海外版作出的成绩，"为海外 6000 万华人华侨、500 万中国留学生和 7000 万学习中文的外国人提供'精致、定制、雅致'的信息服务，目前已形成'一报一网一端'的立体化、国际化、分众化传播格局，报纸发行 60 万份，遍布 86 个国家和地区；海外网聚合 50 多家海外华文

---

① 赵新利. 改革开放以来中国对外传播历程探析［J］. 公共外交季刊，2018，夏（2）：33-39.
② 程曼丽. 中国对外传播的历史回顾与展望（2009—2017 年）［J］. 新闻与写作，2017（8）：6.

网站,日均页面浏览量达到1300万;'海客'移动客户端用户超过250万"。①

21世纪以来,中央电视台的发展可以用"飞速"来形容。2000年,央视英语国际频道开播;2004年,西班牙语和法语国际频道开播;2009年,阿拉伯语和俄语国际频道正式播出;2016年,中央电视台设立中国国际电视台。2009年中国全面实施国际传播能力建设工程,中央电视台相应制定了《中央电视台2009—2020年国际传播能力建设总体规划和实施方案》,"确定了建设多语种国际频道、全球电视新闻采编网络、国际视频发稿中心、海外电视分台等九项具体措施,提出推进中央电视台实现两个转变,即由以国内发展为主兼顾国际,向国内、国际并重发展转变;由以电视为主兼顾新媒体,向电视与新兴媒体融合发展转变"。②期间,2004年央视英语国际频道明确了"全球的触角、中国的眼光、世界的窗口"为频道定位,2006年中文国际频道确定了"传承中华文化、服务全球华人"的频道宗旨。2010年,英语国际频道改为英语新闻频道,强调"中国观点、东方视角、国际表达"。当前,"中央电视台海外站点网络覆盖广泛、遍布全球,已经形成全球新闻采编网络。2012年,央视驻外记者在全球重大事件中的到达率、参与率达到97%,自采的国际新闻量在整体新闻报道中占比首次超过一半,基本实现了在重大的国际突发事件中与CNN、BBC等国际一流媒体同步报道……已经形成由中、英、西、法、阿、俄、纪录国际七个国际电视频道、国际视通发稿平台、多种新兴媒体、长城平台以及节目外销等共同构建的全球传播体系,形成多触角、多渠道、多层次的全球传播平台,将中国的声音传到世界各个角落"。③2018年,中央电视台、中央人民广播电台、中国国际广播电台"三台合一",中央广播电视总台作为新组建的国家级重量媒体,以更全面的技术水平、更高昂的姿态开启中国对外传

---

① 人民网.习近平就人民日报海外版创刊30周年作出重要批示[N/OL].人民网,2015-05-21.
② 张长明.传播中国:二十年电视外宣亲历[M].北京:人民出版社,2011:6-7.
③ 李舒东,傅琼.中央电视台国际传播现状及战略前瞻[J].电视研究,2013(12):9-12.

播事业的新篇章。

这一阶段,网络媒体的飞速发展尤其值得关注。除了新华社、中央电视台等传统媒体开办的网络传播平台外,其他对外新闻网站在对外报道中国的过程中也发挥出愈发重要的作用。2011年,国际互联网信息办公室挂牌成立,挂靠国务院新闻办公室,互联网和社交媒体随即成为对外传播的全新着力点。随着"媒体走出去"的持续推进,建立起了"1+6+N"(1家旗舰媒体、6家央级媒体和其他媒体部门)为框架的立体传播格局。"2016年12月31日开播的中国环球电视网(CGTN)问世不到半年便跃升为脸书(Facebook)上的第一大媒体账号,同时被南非一家调研机构评为最'公正'(neutral)的国际媒体(New World Wealth,2017)。这表明中国媒体在走向全球的进程中,不仅在硬件建设和规模效应上取得了长足进步,而且新闻理念和内容品质也开始获得国际受众的认可。"[①]

在移动社交媒体蓬勃发展的今天,中国对外传播媒体主动适应传播变局,适时转变话语方式。如中国网推出的短视频新闻评论栏目"中国三分钟"获得了广泛赞誉,由澎湃新闻网推出的"第六声"借助"外脑""外口"发声,主打可视化传播,成为地方外宣创新的品牌平台。尤其在5G启用迫在眉睫的当口,以最新的视觉传播技术为基础的融合传播成为对外传播当中的新生力量。在国内广受欢迎的短视频传播平台,纷纷出海进入国际市场。抖音于2017年8月推出国际版TikTok,并在2018年10月正式超越脸书(Facebook)、照片墙(Instagram)等老牌社交媒体巨头,登顶美国应用下载榜,全球下载量超过8亿。而另一家主要短视频平台快手的海外版Kwai则在韩国、东南亚和俄罗斯等地成为下载量最大的短视频社交平台。在视频传播兴起、短视频平台风靡世界的背景下,这些平台性网络传播机构"有望成长为对外传播事业的新兴力量"。[②] 除此以外,人工智能等最

[①] 史安斌,张耀钟.新中国形象的再建构:70年对外传播理论和实践的创新路径[J].全球传媒学刊,2019,6(2):34.

[②] 史安斌,张耀钟.新中国形象的再建构:70年对外传播理论和实践的创新路径[J].全球传媒学刊,2019,6(2):34.

新技术的发展也直接反映到新闻传播领域。2019年中国两会上，AI合成女主播"新小萌"就进驻新华社报道两会。对此，海外媒体对中国人工智能的发展称赞不已。

（二）制度发展

中国新闻发布制度相比西方国家起步较晚，外界一般认为中国新闻发布制度起始于20世纪80年代。"1982年3月26日，时任中国外交部新闻司司长的钱其琛就中苏关系举行新闻发布会。这是外交部在改革开放后举行的第一次新闻发布会。"[①] 不过，中国的新闻发布制度在此后的很长一段时间内并没有发挥很大作用，包括千岛湖、"非典"等事件中，主流媒体趋于隐瞒真实信息的传播，对中国形象产生了严重影响。十六大以来，中共中央对政务公开的重视程度不断提高，这带动了全国各部门对新闻工作的重视。全国各地方在紧急事件发生时，都开始注重发布第一信息。

随后，软实力等国际相关学术话语体系进入中国，经过结合中国国情的本土转化之后，开始进入中国的对外传播思想理念范畴。"软实力之父"约瑟夫·奈（Joseph Nye）提出，软实力主要包括三个组成部分：文化、政治价值和外交政策，而以大众媒介为主要渠道的国际传播对于软实力的提升具有重要作用。2007年，党的十七大报告首次提到"软实力"的概念，中国对外传播的制度建设步伐从此加快。

2008年是中国对外传播过程中的重要时间节点。这一年，中国成功举办了第二十九届夏季奥林匹克运动会，在金融危机中实现了经济稳定增长，成为世界瞩目的焦点。与此同时，"中国威胁论"等不利于中国的声音也开始甚嚣尘上，中国外交面临异常艰难的国际舆论环境。在此背景下，加强国际传播能力建设开始被提到政府议程上来。2009年，中国共产党中央委员会办公厅、中华人民共和国国务院办公厅下发《关于印发〈2009—2020年我国重点媒体国际传播力建设总体规划〉的通知》，明确提出中国

[①] 陈日浓.中国对外传播史略[M].北京：外文出版社，2010：220.

应加强国际传播能力建设，形成与我国经济实力、国际地位相匹配的国际传播能力。

在过去十年推进国际传播能力建设的过程中，"中央从政策环境、资金投入等方面对重点媒体给予大力扶持，使这些媒体加快了国际传播能力建设的步伐，基础设施、设备水平、技术手段、采编能力等均在短时间内得到改善，硬件建设已经接近或达到国际一流媒体水平"。①

（三）观念变化

21世纪以来，中国对外传播水平向国际一流水平看齐，甚至在一些重大事件新闻报道中赶超国际一流媒体。例如，2003年新华社记者领先美国有线电视新闻网10秒报道伊拉克战争爆发的消息，成功抢占制高点；2008年汶川地震，中国媒体的表现获得高度评价。中国媒体作出的成绩与新闻观念的变化密切相关。"中国特色社会主义进入了新时代，习近平总书记多次强调，要加强国际传播能力建设，精心构建对外话语体系，增强对外话语的创造力、感召力、公信力，讲好中国故事，传播好中国声音，阐释好中国特色。"②

总的来看，这一时期中国对外传播领域的核心理念呈现出两大变化，第一，"部门外宣"的概念开始淡化，"国家外宣"的观念开始强化，对外传播不再是某一管理部门的权限及职责范围，而成为国家层面整体性的战略布局；第二，"外宣媒体"的概念开始淡化，"国家队"的观念开始强化，对外传播由长期以来"外宣媒体"孤军作战转变为集优势兵力于一体的协同作战。对于中国的对外传播而言，这是一个历史性的转变。③2013年8月19日，习近平发表讲话称，"要精心做好对外宣传工作，创新对

---

① 程曼丽.国际传播能力建设的实践研究与意义——兼评《新媒体跨文化传播的中国实践研究》[J].新闻与传播评论，2019，72（1）：123-128.
② 赵新利.改革开放以来中国对外传播历程探析[J].公共外交季刊，2018，夏（2）：33-39.
③ 程曼丽.中国对外传播的历史回顾与展望（2009—2017年）[J].新闻与写作，2017（8）：6.

外宣传方式，着力打造融通中外的新概念新范畴新表述，讲好中国故事，传播好中国声音"。随后，他又在对外传播的思路、理念、目标、策略、方式、任务和手段方面提出了一系列具体要求。媒体走出去的步伐明显加快，中国的国际传播能力大大增强，在国际舆论场上的地位不断提升。

在2018年6月召开的中央外事工作会议上，习近平外交思想最终被确立为新时期对外交往的指导思想。"在波澜壮阔的外交实践中，习近平总书记牢牢把握中国和世界发展大势，深刻思考人类前途命运，提出了一系列富有中国特色、体现时代精神、引领人类发展进步潮流的新理念新主张新倡议，形成了习近平新时代中国特色社会主义外交思想。"①以习近平同志为核心的党中央在对外传播方面，坚持用中国眼光看待和分析对外交往活动以及全球局势，善于用中国的外交智慧处理对外交往工作和全球性事务，积极以中国的价值理念为世界未来发展出谋划策，如"正确义利观""全球伙伴关系""国家总体安全观""'一带一路'倡议""人类命运共同体"等新理念、新主张、新倡议的提出与实践。

对新媒体技术的重视和应用，也是这一时期中国对外传播事业的突出理念，与中国媒体作出的成绩息息相关。历任国家领导人都在这方面有过重要指示：在1999年2月召开的全国对外宣传工作会议上，江泽民总书记强调指出："信息传播业正面临着一场深刻革命，以数字压缩技术和卫星通讯技术为主要标志的信息技术的发展，互联网的应用，使信息达到的范围、传播的速度与效果都有显著增大和提高。世界各国争相运用现代化信息技术加强和改进对外传播手段。我们必须适应这一趋势，加强信息传播手段的更新和改造，积极掌握和运用现代传播手段。"②

2018年8月，习近平总书记在全国宣传思想工作会议上指出："要完善国际传播工作格局，创新宣传理念、创新运行机制，汇聚更多资源力

---

① 杨洁篪.以习近平外交思想为指导 深入推进新时代对外工作[N/OL].求是网，2018-08-01.

② 赵新利.改革开放以来中国对外传播历程探析[J].公共外交季刊，2018，夏（2）：33-39.

量。"2019年1月,习近平主席在主持中共中央政治局全媒体时代和媒体融合发展第十二次集体学习会议时,强调"推动媒体融合发展、建设全媒体成为我们面临的一项紧迫课题"。3月,习近平在《求是》杂志上发表了《加快推动媒体融合发展 构建全媒体传播格局》一文,提出:"信息化为我们带来了难得的机遇。我们要运用信息革命成果,加快构建融为一体、合而为一的全媒体传播格局。……面对全球一张网,需要全国一盘棋。"一系列关于媒体融合和全媒体建设政策的出台,将有利于中国在全球范围内发出更强劲的中国声音。

第二章 伊比利亚美洲主要西语国家的新闻传播

以一个整体来看，伊比利亚美洲国家的新闻传播业发展可圈可点，既有在整个西语世界具有较强影响力的主要传媒集团，也有整体新闻传播实力较为发达、传媒市场较为成熟的传媒大国。而从国家角度来看，伊比利亚美洲各国的新闻传播发展不平衡。总体来说，工业化程度较高、经济比较发达，同时新闻传播发源较早的国家，新闻传播也较为发达，媒体的发展也比较成熟。在全球化和地区一体化的趋势推动下，在整个拉丁美洲地区形成了"由三个层级构成的国家传播实力梯队：由传播实力最强的巴西、墨西哥和委内瑞拉构成第一层级，相对处于中等水平的阿根廷、智利、哥伦比亚和秘鲁为第二层级，最后一层级为玻利维亚、中美洲国家、厄瓜多尔、巴拉圭和乌拉圭"。[①] 在此基础上，新闻信息和媒介产品呈现由高层级向低层级的流动，围绕第一层级的国家构成地区的媒介中心。基于语言和文化的接近性，相对于巴西（葡萄牙语国家）来说，墨西哥在拉美地区的影响力更为显著，其生产的媒介产品可以辐射到整个伊比利亚美洲西语地区以及美国的西语族群。就传播媒体的结构、媒体渗透率来看，电视无疑是伊比利亚美洲的第一大媒体，在大多数国家可以达到90%甚至95%以上。综合考量各种因素，本书选取了墨西哥、阿根廷作为伊比利亚美洲地区传

---

① FOX E, WAISBORD S R. Latin Politics, Global Media [M]. Texas: University of Texas Press, 2002: 18.

媒业发达的国家代表，智利作为传媒业中等程度国家代表，以及秘鲁作为传媒业不发达但仍具典型意义传媒市场的国家代表，研究将进一步聚焦于这四个国家，借由这四个国家的具体案例研究来解析伊比利亚美洲西语国家新闻传播的历史沿革与发展现状。

第一节　墨西哥的新闻传播

自 1821 年摆脱西班牙的殖民统治后，墨西哥的政治民主化进程经历了近一个世纪的曲折历程。直至 1929 年国家革命党成立，墨西哥才开始逐渐步入当代国家体系建设的正轨。尽管这一转折点为墨西哥政治民主化的发展奠定了基础，但以国家革命党为源流的执政党"党国一体"模式也逐步形成，并对此后墨西哥政党以经济手段进行政治控制的社会发展模式形成埋下了伏笔。作为经济产业的组成部分以及社会运行必要的信息整合枢纽，新闻媒体难免受到政党"社会控制"模式的影响，其发展路径、角色定位及其他方面都存在该模式投射下的特点。

而当下尽管面临一定程度的逆全球化现象，但经济与信息传播的全球化仍是既成的现状与不可阻遏的历史潮流。在全球化推进的语境下，墨西哥的新闻传播与传媒产业根植本国政治经济土壤，其国际传播与国际化发展道路也存在着与本国社会发展状况一脉相承的特点。本节内容将试图呈现墨西哥国内新闻传媒业的发展现状及其历史遗留性因素对其发展历程的影响，以加深对墨西哥国际传播建设的国内新闻传媒背景的了解，为其国际传播发展研究奠定基础。

一、政治变革中的媒体特点变迁

在人类社会发展的历史中，媒介既是经济与技术发展的产物，同时也是这一发展过程的见证者与推动者。从墨西哥政治经济发展的历史轨迹来看，新闻媒体在不同的历史时期则展现出了不同的阶段性特点，在经济转型、政治变革的重要时间节点上发挥了不同程度的作用。在墨西哥结束了建国后近百年的动荡局面后，墨西哥建立的"党政合一"的政治经济统合模式使得媒体在对政党的依附中失去独立立场成为为政府服务的"侍从"。而在民主化改革的实践中，媒体却作为先行者促进了墨西哥民主化理念在社会各个领域的传播与渗透，并在民主自由化改革中实现了自我的蜕变，最终确立了独立于政府的市场驱动型商业媒体运营模式。

（一）威权统合与媒体"侍从性"

自摆脱殖民统治实现政治独立以来，墨西哥的国家政治体制建设在最初的一个世纪内并未产生重大的实质性成果。在这一世纪里，墨西哥不仅在外部受到美国"门罗主义"政策的干涉，其国内社会也一直未能完全平复教会控制土地、军阀混战不休的动乱局面。其中波菲利奥·迪亚斯（Porfirio Díaz）建立了长达34年的个人独裁统治，迪亚斯除以各种方式控制将领、掌控乡村以外，新闻出版活动均受到检查，反对派人士则遭到监禁。[①] 从这一世纪墨西哥社会的整体来看，动荡的社会环境与独裁高压的统治模式依旧延续了墨西哥少数统治的政治文化，在这一时期社会动荡与政治独裁的双重压迫下，新闻媒体生存发展空间极度受限，接受"津贴"而为独裁政府所控制，对墨西哥民主政治发展影响甚微。

在对独裁统治的反抗浪潮达到顶峰时，1910年墨西哥大革命最终爆发并逐步形成了新的资产阶级统治模式，同时也开创了墨西哥现代民主政治的先河。尽管大革命推翻了迪亚斯的个人独裁统治并颁布了1917年宪法，但在此后较长一段时间内墨西哥仍未从以往的混乱与破坏中彻底恢复，政治派系林立且革命队伍内部斗争不断。直至1929年，墨西哥全国200多个革命政党及组织合并成立了国家革命党，才为其稳定的当代国家政治体

---

① 陈力丹.世界新闻传播史[M].上海：上海交通大学出版社，2002：134.

系奠定基础。1938年拉萨罗·卡德纳斯（Lázaro Cárdenas）总统建立了军队、劳工、农民、大众四个部门，这四个部门一方面吸收地方政治精英与组织，搭建执政党在选举时的动员工具；另一方面则强化该党"代表全墨西哥社会力量"的统治正当性。① 从此，尽管墨西哥在1940年取消了军人部以削弱军人对政治的干预，但以劳工、农民、大众三大部门对社会的渗透管辖体制成了墨西哥威权统合主义的肇始。

自1946年墨西哥将国家革命党更名为革命制度党以来，墨西哥在此后长达54年的时间里一直由革命制度党作为执政党掌控国内政局。在其利用三大部门对社会进行威权统合的背景下，尽管各种行业组织与职业团体的成立与活动在法律上是被允许的，但都缺乏充分的自主，并且会受到种种限制。按照施密特对"统合主义"的界定来看，"统合主义"是一种利益与态度的代表系统，是一种特定的模式或理想型的制度安排，用以联结公民社会关联组织形式的利益与国家的决策结构。② 在这一统合模式的运行中，墨西哥总统和革命制度党作为国家权力的绝对核心，通过分化政策使得三大统合部门之间形成了相互竞争制衡的状态，从而成功地将统合部门纳入国家控制的轨道中。就整个政党统合制度的运作而言，墨西哥革命制度党透过基于人情连带、恩庇主—侍从间的互惠，辅以物质恩给式的福利政策网络，建立了党内从中央到地方的恩庇侍从网络。通过这种机制的运作，给予支持者利益上的满足以换取在竞争性选举中选票和在政策上的支持，在这样的背景之下，权力精英借由政策资源笼络各统合部门以换取支持，反过来，这种支持又成为权力精英继续维持对政治经济资源的支配权力的基础。③

在统合制度下，除了利用三大部门直接吸纳社会力量以外，墨西哥革

---

① 张建中. 大众媒介与社会转型：墨西哥个案考［M］. 上海：上海三联书店，2013：71-72.

② SCHMITTER P C.Still the Century of Corporatism［J］. The Review of Politics，1974，36（1）：86.

③ 王季艳. 墨西哥政党统合制度研究［D］. 武汉：武汉大学，2014：21.

命制度党也通过经济等手段广泛地与主要的公民与社会组织建立联系。其中墨西哥政府对媒体的控制，就像对待其他机构组织一样主要是通过收编的方式进行的。一方面，政府将广播电视执照颁发给革命制度党在政治体系内的支持者以保证媒体立场的有利地位。另一方面，政府以"物质利诱"作为一种积极的刺激，这其中包括给记者和老板津贴及经济报酬，以此换得媒体对政府政策及行动的正面报道。[①]在墨西哥威权政府的管控年代，尽管媒体对政府的批评在名义上是被允许的，但在统合制度所维持的稳定社会运行机制下，媒体成了少数政治精英谋取利益的便利渠道和政府强化其政治统治合理性的宣传工具，而媒体也逐渐认同了自己的角色定位并迅速与政府结成利益共谋的共生机制。

在此后近40年的威权统合主义稳定时期内，媒体在政府的多种形式的拉拢与威慑下成了政府及执政党服务于自身统治合理性的"侍从性"媒体。由于政府依赖媒体作为其政绩鼓吹与政策合理性的宣传工具，其对媒体更多的是采用物质拉拢的形式。在"党国一体"的社会经济统合模式下，政府能够利用其在经济上的绝对话语权为媒体的经营提供便利乃至特权。在这一时期，尽管墨西哥政府时常面临财务危机，但媒体的广告投放者大多来自政府体系中，在印刷媒体中，墨西哥政府提供了所有媒体近一半的广告收入，这些广告都是通过政府的多种机构来支付的，如一些半官方经营的公司、政府的多个统合机构（如三大部门）、联邦及地区的各级政府机构等。在广播电视媒体中，革命制度党及其各个统合机构一直是最主要的广告投放者。[②]除广告投放外，为塑造舆论、影响民意来巩固政治合理性，政府往往采用直接向媒体付费的形式以换取数家媒体采用相同的立场乃至同样的宣传稿件来为政党选举及其他政治活动营造有利的舆论环境。此外，这种"付费新闻"的报酬往往远超相同版面下的广告收入，这也令媒体难

---

① 张建中.大众媒介与社会转型：墨西哥个案考［M］.上海：上海三联书店，2013：120-121.

② SINCLAIR J.Latin American Television［M］.New York： Oxford University Press，1999：38.

以拒绝这一诱惑。经济来源往往是媒体生存的基础,在如此无奈而又默契的配合机制下,媒体的独立与专业性荡然无存。

(二)民主变革与媒体独立性

自 1938 年以四大部门为基础的威权统合模式形成以来,尽管在 1940 年略有过调整,革命制度党仍凭借全面而完备的社会控制系统维持了国家的稳定,进而巩固其执政合法性地位。而在 1968 年爆发的特拉特洛尔科事件中,革命制度党面对以政治民主改革为诉求的社会运动却采取了严酷的镇压行动,其作为"革命代言人"角色的合法性已经开始逐渐垮塌。从国内经济背景来看,60 年代,墨西哥正处于由工业社会向后工业社会转型的重要时期,诸多经济社会矛盾也伴随着发展机遇而暴露出来。首先,统合模式下的农民部更多代表的是政治精英的利益,农民阶层利益与诉求长期遭到忽视的不满情绪也开始在 70 年代爆发开来,农村游击运动不断冲击传统的农业统合体系。在这一情况下,为维护革命制度党的执政合法性,1970 年新上台的总统路易斯·埃切维里亚(Luis Echeverría)制订了农村发展计划,用联邦预算的 20%(20 世纪 40 年代以来最高的数字)支持农业发展和提高农民收入。①

然而,埃切维里亚对当时墨西哥社会阶层利益分化程度的认识明显不足,其"分享发展计划"对劳工和农民的优厚扶持政策触动了中产阶级、小商人等群体的利益,其"国家干预主义"下的诸多政策遭到中产阶级与私人部门的抵制,最终导致了严重的财政赤字、通货膨胀等经济问题。继任总统何塞·洛佩斯·波蒂略(José López Portillo)上台后立即终止了国家干预政策,在采取紧缩经济政策的同时进行政治改革以调和中产阶级与工人、农民之间的利益矛盾。此外,波蒂略在 1977 年颁布了《政治组织和选举程序法》,放宽了政党登记条件并建立了临时登记制度,扩大了联邦议会参会政党的规模,联邦议会的代表性也得到增强。此外,在 20 世

---

① 徐鸣.墨西哥的政策调整与民主转型[J].陕西行政学院学报,2011,25(1):81-85.

纪80年代经济危机打击下，墨西哥中间阶层对社会现实的不满情绪明显增加，由革命制度党和政府政治统治的支柱变成反对党发展壮大的社会基础，由政府政策的受益者和支持者变为政府经济政策和社会政策的主要批评者。① 在民主化的政党制度改革下，不同阶层的政党代表在政治上获得了更多的话语权，代表不同群体利益的更多政党也由此逐渐脱离国家制度党的威权控制，获得了更广阔的活动空间。

伴随着革命制度党"党国一体"的社会统合模式在经济转型期的社会控制力不断削弱，媒体在民主革命理念的实践中也开始逐步挣脱革命制度党的收买与控制。尤其特拉特洛尔科事件对于墨西哥媒体而言是一个非常重要的转折点，大多数记者受到了学生运动的激励，在媒体中逐渐显示出了反抗威权政府的意识。② 在改革初始阶段，由于利益统合体系尚未彻底崩塌，墨西哥政府一定程度上放松了对媒体的直接控制，这也减轻了媒体来自政府的压力。在诸多社会矛盾的不断显露以及政治改革中提升了中产阶级在政治体系中的参与程度，拓宽了其利益诉求表达的空间。因此，尽管印刷媒体影响力有限且受众范围较为狭窄，但其主要受众群体——知识精英作为中产阶级的翘楚在相对宽松的舆论环境中开始争取其在媒体中的话语权。从《至上报》向独立媒体转变的过程来看，威权政府在民主化改革的进程中仍未放弃对媒体的管控与打压，但江河日下的威权统治政府已难以阻挡媒体独立的潮流。在经历了几十年的商业报刊与政党报刊并存之后，到20世纪60年代，商业性报刊开始逐渐成为报业的主流，报业走向了垄断和集团化。③

1977年，波蒂略总统的政党民主化改革措施为广播、电视等媒体随后

---

① 袁东振.论墨西哥经济转型时期的政治变革［D］.北京：中国社会科学院研究生院，2002：17.
② 张建中.大众媒介与社会转型：墨西哥个案考［M］.上海：上海三联书店，2013：148-149.
③ 刘笑盈.中外新闻传播史（第三版）［M］.北京：中国传媒大学出版社，2017：355.

的独立化改革奠定了基础。然而由于在电视媒体产业初期，革命制度党将最早一批电视执照颁发给了具有共同利益的拥护者，从行业准入层面就对媒体的立场进行了筛选。此外，革命制度党通过其控制的各项经济产业对媒体进行广告投放，从而建立媒体对政府在经济上稳固的依附关系。此外，从特莱维萨发展壮大的历史中也可看出，政府对电视产业其他进场的竞争者进行了严苛的限制与打压，以确保其支持者特莱维萨在电视行业的垄断性地位。因此，尽管从 70 年代开始，墨西哥独立媒体运动在印刷、广播领域不断推进，电视媒体领域的独立化却在牢固的威权侍从体系束缚下难以开展。尽管如此，伴随着墨西哥政治经济改革的不断推进，电视媒体转型所需的政治环境在逐渐形成。在报刊、广播业独立化内容的对比反衬下，越来越多的墨西哥民众对电视媒体单一立场的政治内容产生不满，电视媒体的独立化的各方面条件也逐渐酝酿成熟。

在 1988 年特莱维萨最后一次作为墨西哥总统竞选的主要信息来源之后，90 年代的经济危机所推动的政治经济自由化改革对墨西哥社会的变动与发展产生了深刻的影响。其中经济自由化的一个结果就是将国有电视台 Imevisión 私有化，从而创立了墨西哥第二大电视台阿兹特克。[①] 自此，尽管特莱维萨在电视媒体行业仍占据着绝对的霸主地位，但在革命制度党的社会统合体系日渐式微以及各党派崛起竞争的情况下，电视媒体也开始从"威权侍从"体系的拉拢与控制中逐渐解脱出来。由于墨西哥普通民众更多通过电视媒体了解大选情况以及政治信息，因此电视媒体格局的转变与墨西哥政治经济自由化改革同时并举而又相辅相成。选举的改革将墨西哥带到了民主的门前，但是如果没有媒介的多元化，墨西哥仍然会在民主的门槛前徘徊很久。[②] 相较于 1988 年墨西哥大选中特莱维萨以压倒性的播出时长对革命制度党竞选人进行宣传的情况，在 1994 年的墨西哥大选中，

---

① 张建中. 大众媒介与社会转型：墨西哥个案考［M］. 上海：上海三联书店，2013：195.

② ADAM P. Television and Democratization in Mexico: Media Markets, TV Content and Voter Behavior in Mexico［M］. Düsseldorf: VDM Verlag Dr. Müller, 2008：64.

尽管成立不久的阿兹特克并未根本扭转电视媒体对总统竞选宣传的格局，但其在电视媒体立场的多元化方面做出了最初的努力，也使得1994年的选举有了更为浓厚的民主氛围。

在不断受到来自阿兹特克的竞争与挑战后，长期依附于革命制度党统合体系下的特莱维萨也开始了媒体开放的尝试。早期出现的独立媒体财务上的成功和职业上的声誉，使他们的独立倾向和专业新闻规范扩散到了其他媒体。① 在1993年阿兹特克成立后，其客观独立的内容在墨西哥动荡与改革的90年代成功吸引了大量受众，特莱维萨长久以来占据绝对优势的电视媒体市场份额开始不断遭到蚕食。面对这一情况，特莱维萨也尝试进行了自由化编辑方针的改革实践，聘任职业记者并开设政府监督类型的栏目进行政治立场独立化的探索。尽管这一改革在引起威权政府的不满后以栏目的裁撤告终，但作为独立化的初次尝试对特莱维萨不久后的转型有着重要的铺垫与示范作用。在市场竞争日渐激烈、公民组织呼声高涨以及受众不满程度加深等多种因素的刺激下，在1997年特莱维萨终于迎来了蜕变式的独立化商业模式改革。这一年阿卡罗加·米奥默（Azcárraga Milmo）之子阿卡罗加·吉恩（Azcárraga Jean）接替了其父的产业成为特莱维萨新的掌舵人，并开启了特莱维萨市场驱动方向的全新发展道路。

接管特莱维萨后，面对政治立场固化导致的收视率不断下滑的颓势，吉恩在当年的中期大选中给予了各党派候选人接近对等的媒体报道时间，这也标志着特莱维萨不再唯革命制度党马首是瞻，在摒弃官方话语报道模式后逐步确立了客观平衡的报道模式，并将特莱维萨重新定义为一家商业公司，以更为自由的市场需求作为自身的发展方向。而在特莱维萨进行市场化改革后，由于墨西哥选民政治倾向的确立大多基于电视媒体披露的信息，大选中主要政党的电视报道时间趋于平等使得革命制度党的支持率直线下滑，并导致其最终在2000年的大选中首次败北，结束了长达近70年

---

① 刘国发.墨西哥独立媒体研究［J］.武汉科技大学学报（社会科学版），2014，16（1）：71-75.

的威权统治时代。至此，墨西哥迎来了政治经济民主化发展的新阶段，同时改革也为媒体独立转型奠定了良好的社会基础。此后，尽管政府对媒体的打压与限制等行为仍时有发生，但自由经济环境下的媒体拥有了更强的经济独立性，政府传统的经济控制手段已难以发挥更多的作用。

二、墨西哥传媒产业概况

受殖民历史因素的影响，伊比利亚美洲多数国家都以西班牙语作为官方语言。墨西哥也不例外，其绝大部分媒体所使用的语言都以西班牙语为主。因此，墨西哥新闻传媒业生产的西语内容除满足国内民众需求外，同时也面向全球西语国家输出其影视内容，并占据相当大的西语媒体市场份额。此外，由于墨西哥普通民众的媒介使用习惯更偏向于电视媒体，墨西哥的新闻报刊行业也一直处于不温不火的发展状态。20世纪50年代以来，墨西哥电视传媒集团逐步兴起，在对威权政府的依附下逐渐开始对报刊、广播等其他媒体进行吞并与控制。尤其在完成商业化转型后，特莱维萨加快了商业化转型的步伐，在已有国内电视覆盖的基础上开拓了数字电视服务，提供网站、移动应用、视频点播以及现场视频，并与国内外重要品牌建立了密切的合作关系。①

（一）语言特性与国际传媒市场

在国际传播中，地域、文化、语言的差异性往往是媒介内容传播方向与效果的重要制约因素。在新航路开辟后，西班牙、葡萄牙、英国等国家陆续的殖民活动形成了犬牙交错的全球殖民格局，并形成了语言文化的地域分布特征。由于英国在工业革命后进行了大规模的海外殖民扩张活动，凭借其强盛的国力占据了大量的殖民地，以"日不落帝国"著称的英国在世界范围内建立了以英语语言为基础的文化版图。在民族国家逐步形成后，

---

① 特莱维萨集团. 墨西哥大众传媒公司特莱维萨的发展［EB/OL］. 特莱维萨集团网站，2016-11-15.

这一格局深刻影响了全球媒体的扩张以及媒介内容的流向。相比之下，尽管西班牙的殖民范围触及拉丁美洲大部分地区，但其未能形成媲美英国的全球英语语言国家群体。因此，在全球迎来民族国家独立浪潮后，西班牙语的地域影响范围主要分布于拉丁美洲地区，语言也成为墨西哥新闻传播发展的重要因素。

在国内市场方面，根据世界银行数据，墨西哥总人口截至 2018 年已达到 1.26 亿，且呈现出稳定的逐年上升趋势。相对单一的语言构成使得墨西哥国内媒体无论是报刊还是广播电视所生产的媒介内容绝大多数采用西语，基本满足了墨西哥社会各阶层对信息与文化娱乐的需求。由于语言的隐性"壁垒"，尽管仍有来自美国及其他国家的传媒资本的进入，但媒介内容方面，墨西哥国内媒体更能满足墨西哥国人的需求并几乎独占整个国内的媒体市场空间，并且这一市场的规模仍在不断扩大。因此，殖民历史格局及语言的特性减少了墨西哥媒体来自其他语言媒介内容的竞争与冲击，国内市场的相对稳定也为墨西哥传媒集团的发展与开拓夯实了根基。

此外，在国际市场方面，尽管西语国家除西班牙外大多分布于拉丁美洲，西语母语人口总量仍超过了英语母语人口。尽管局限于拉丁美洲地区，西语媒体仍以西语人口优势拥有广阔的市场。因此，对于墨西哥媒体而言，无论是拥有长久历史积累的特莱维萨以及新崛起的阿兹特克，凭借其语言优势及经济实力迅速占据了西语传媒市场的主要阵地。面对美国近 3000 万西语人口所蕴藏的巨大市场潜力，早在 20 世纪 60 年代特莱维萨就已经着手开发美国国内的西语传媒市场。特莱维萨最早走出国门的举动是创办了美国最大的西班牙语电视网 Univision 的前身——SIN（Spanish International Network），20 世纪 70 年代中期 SIN 发展成为 16 家电视台，1976 年成为美国第一个被卫星连接的电视网，Azcárraga 占有 SIN 75% 的股份。[①]

在 1988 年，特莱维萨效仿 CNN 建立了西班牙语世界首个 24 小时不间

---

① 李黎丹. 西班牙语电视市场的巨擘——行进中的墨西哥 Televisa 集团［J］. 中国电视，2007（11）：72-75.

断播出的新闻频道ECO。这一新闻频道的报道范围几乎涵盖了经济、科技、娱乐等社会各个方面的信息。在地域覆盖方面，ECO通过卫星向整个西欧、部分东欧、少数北非等国家的西班牙语居民提供电视新闻节目，在不同国家也采用有线电视网的形式实现节目的输送与覆盖。而后SIN被美国联邦通讯委员会认定为逾越了外国人在美国拥有广播和电视台所有权的限制，因此在易主后更名为环视公司（Univision），依然受到美国西班牙语观众的欢迎。特莱维萨在环视公司占有19.8%的股份，并根据与环视公司签署的"节目许可协议"，连续25年向环视公司提供节目。[①]

（二）国内媒体业态格局与传媒集团

20世纪末，随着墨西哥政治经济改革进程不断推进，革命制度党对社会经济部门的控制力愈加弱化，墨西哥社会经济也逐渐向自由化与商业化方向发展。早在60年代就开始掀起媒体独立化浪潮的报纸、杂志等平面媒体在90年代基本上完成了私有化转型。在革命制度党威权政府时代结束后，墨西哥在新世纪开始加大了对文化产业的重视程度。因此在21世纪初，全国约有300家报纸和100多种全国性刊物，平均每百人订报14.4份。[②]此时墨西哥新闻报刊仍处于本地化新闻阶段，各大报刊开始有意识地相互联合或与其他国际组织联合，致力于改变信息处理方式并促进报业管理体系的专业化。至2006年，墨西哥新闻报刊业仍在蓬勃发展，全国已注册的新闻报纸数量超过了400家。到2009年，报纸拥有自诞生于墨西哥以来最强的影响力和最佳的定位，有来自汽车行业以及服务业等大财团的广告收入。[③]

但由于威权政府时代遗留下了报纸与政府利益关联的不透明等问题，

---

① 姜红.特莱维萨：西班牙语世界最大的传媒公司（下）[J].电视研究，1998（4）：59-61.

② 华文.墨西哥的新闻出版业[N].中国新闻出版报，2004-12-08（4）.

③ GUTIÉRREZ R M.The Media Industry in Mexico，The Handbook of Spanish Language Media[M].New York：Routlege，2009：41.

这在一定程度上阻碍了媒体与经济组织间关系的发展。自 2010 年以来，以社交媒体兴盛为标志的互联网发展进入了一个全新的发展阶段，其用户在全球范围不断增长的同时一定程度上挤占了报刊用户相对稳定的媒介接触时间。因此，在全球报刊行业受众规模整体缩减的情况下，尽管墨西哥报刊数量仍处于增长趋势，但报刊业也因受众减少、广告收入下滑而时常面临财政压力。为了应对这一局势，传统报刊不断进行改革尝试，以各种方式维持生计，所有报刊行业的领军企业都努力试图进入互联网市场。①

在广播方面，尽管广播的诞生早于电视，但由于社会发展状况、媒介特点、传媒集团特点等因素，墨西哥的广播业也一直未能形成强大的媒体影响力。墨西哥的广播节目多以当地文化特点作为节目创作与设置的基础，因此受众定位一定程度上也限制了其报道的范围及地域上的扩张。2009 年，墨西哥有 855 座调幅电台、616 座调频电台，并且这些电台绝大多数附属于更大的广播集团。②尽管广播未能形成足够的辐射力，对全球传媒市场产生重大影响，但其在国内城市与乡村的本土化新闻与娱乐节目方面发挥了重要的作用。根据墨西哥谷地广播协会数据表明，在墨西哥城，由于城市通勤每天占据了人们大量的时间，广播成为影响墨西哥城的重要媒介。③根据 2016 年墨西哥联邦通信协会的调查显示，墨西哥 41% 的人口都是广播节目的忠实听众，并且城市与乡村以 42% 与 41% 的占比基本持平。由此可见，广播以其伴随性的媒介特点以及本土接近性的节目在特殊的时间段形成了对受众的有效媒介渗透。截至 2018 年，尽管隶属的传媒集团发生变迁，墨西哥广播仍以 392 座调幅电台、1352 座调频电台的产业规模实

---

① MÁRQUEZ R M, LARROSA FUENTES J S. Mexico-Media Landscape [EB/OL]. 欧洲新闻中心，检索时间：2019-07-15.

② GUTIÉRREZ R M. The Media Industry in Mexico, The Handbook of Spanish Language Media [M]. New York：Routlege，2009：39.

③ Asociación de Radiodifusores del Valle de México.Inversión en Medios：Del Manjar a dieta// GUTIÉRREZ R M.The Media Industry in Mexico from：The Handbook of Spanish Language Media [M]. New York：Routlege，2009：39.

现了对国内98%人口的节目覆盖。①

在电视方面，自20世纪50年代诞生以来，墨西哥电视产业就凭借其媒介特性优势赢得了国内受众的青睐，少数电视公司在威权政府的扶持下通过兼并、收购活动迅速发展成为大型传媒集团。在革命制度党威权统治时代结束后，尽管墨西哥国内传媒集团逐步摆脱了政府经济统合部门在经济来源与政治立场上的束缚，但商业化步伐的加快也推动了传媒产业的集中与垄断进程。因此，在21世纪墨西哥电视媒体发展进程中，拥有雄厚基础的特莱维萨和在民主化改革中异军突起的阿兹特克成为墨西哥广播电视网的两大主流电视集团。尽管在成立初期阿兹特克强劲的竞争势头促使两大电视集团竞相改变新闻报道与电视节目的风格，提供差异化、多元化的内容②，然而在21世纪第一个十年内，两大电视集团并未形成激烈竞争的局面，反而共同促成了墨西哥国内电视市场双寡头垄断的市场格局。两大集团电视内容也因竞争力不足而缺乏创新动力，更聚焦于当日突发新闻而非深度的背景分析。

到2014年，墨西哥出台的新传媒法案对电视产业的垄断行为进行了限制，2016年Imagen Televisión的成立打破了墨西哥电视市场双头垄断的格局。截至2018年，墨西哥国内共有760座电视台，其中包括7个全国性的电视频道，然而尽管墨西哥电视市场正趋向多元化，特莱维萨、阿兹特克以及Imagen Televisión分别以43%、31%和21%的份额将国内的电视市场瓜分殆尽，并且在墨西哥民众媒介使用占比结构中，平均每户家庭拥有1.9套电视设备，96%的人口拥有电视设备，49%的人口订阅了有线、卫星电视服务类型，电视成为墨西哥唯一一个用户覆盖率近半的媒体系统。③

---

① MÁRQUEZ R M，LARROSA FUENTES J S. Mexico-Media Landscape [EB/OL]. 欧洲新闻中心，检索时间：2019-07-15.
② CARLOS F.The Development of The Media and The Public Sphere in Mexico [J]. Mexican Law Review，2011，5（2）：313.
③ MÁRQUEZ R M，LARROSA FUENTES J S. Mexico-Media Landscape [EB/OL]. 欧洲新闻中心，检索时间：2019-07-15.

在互联网与新媒体方面，20 世纪 90 年代，以微型计算机为设备基础的互联网技术开始在美国普及，其内在的交互属性使其迅速成为促进人类信息交流的最新形态媒介，并逐渐在世界各国扩散开来。2000 年，特莱维萨作为墨西哥最大的传媒集团，宣布将通过其在墨西哥城的有线电视公司开展网络业务，墨西哥传媒形态的发展又开启了一个全新的时代。在信息与通信技术对媒介受众赋权的社会发展趋势下，重构自身的大众传播市场策略成为媒体谋求生存与发展的当务之急。此外，墨西哥民众也逐渐习惯于将互联网媒体作为获取新闻的主要渠道，因此，墨西哥《改革报》《宇宙报》等传统报业集团在维持纸质媒体运营的同时也纷纷完成了数字化的转型。同该地区其他国家民众媒介使用习惯相似，尽管墨西哥整体互联网渗透率相对较低，但仍有近四分之三的墨西哥人习惯通过智能手机上的脸书（Facebook）和沃茨阿普（WhatsApp）等社交媒体应用来获取新闻。[1]

伴随移动通信技术不断升级以及智能手机普及程度提高，社交媒体逐渐成为墨西哥民众日常生活中沟通交往、获取信息的重要渠道。根据墨西哥国家统计协会（INEGI）2014 年数据显示，100 户家庭中仅有 45 户拥有电脑，而每 100 个墨西哥人中有 89 部智能手机。根据墨西哥互联网协会（AMIPCI）调查显示，墨西哥全国共有 6500 万互联网用户，其中男女性别占比均为 50%。根据世界银行数据显示，2015 年墨西哥互联网人口普及率为 57.4%，到 2016 年普及率达到了 59%，每日互联网平均使用时间为 7 小时 14 分钟。[2] 截至 2018 年，墨西哥国家统计协会报告显示，在互联网用户中使用社交网络平台的用户达到了 76%，其中脸书（Facebook）使用率达到 93%，油管（YouTube）为 79%，推特（Twitter）达到 40%。[3]

---

[1] Reuters Institute and University of Oxford. Digital News Report：Mexico［R/OL］. 路透社新闻研究所网站，检索时间：2019-07-15.

[2] MADRIGAL M S，GIL L J. Use and Appropriation of Virtual Social Networks：Mexico and Spain，a Cross-Culture Study［J］.International Journal of Marketing Studies，2017，9（1）：85.

[3] MÁRQUEZ R M，LARROSA FUENTES J S. Mexico-Media Landscape［EB/OL］. 欧洲新闻中心，检索时间：2019-07-15.

在传媒集团方面，由于电视媒体更符合墨西哥人的信息接受偏好，其在墨西哥媒体市场占据相对较大的优势，因此墨西哥的传媒集团往往发端并成长于电视媒体行业。自20世纪50年代墨西哥电视媒体诞生以来，其电视市场呈现出从特莱维萨一家独大、阿兹特克分庭抗礼到Imagen Televisión加入角逐的多元化反垄断的趋势。作为具有深厚历史积淀与雄厚经济实力老牌电视集团，尽管在20世纪末特莱维萨的垄断性优势被打破，但特莱维萨凭借多年积累的忠诚受众与相对成熟的节目生产、引入输出体系依旧占据墨西哥电视市场的绝对优势地位。进入21世纪，特莱维萨不断拓展业务范围，创新节目制作，积极开拓节目国内外市场，通过众多子公司及合作伙伴将其节目打入更多西语国家电视节目市场，多年来稳定维持其在西语电视节目市场的霸主地位。

在媒体融合发展方面，尽管特莱维萨集团以强大的电视内容生产为立足之本，特莱维萨集团的业务范围涵盖电视制作与播出、付费电视节目供应、全球范围内的节目发行、有线电视和电信服务、各类杂志出版及发行、广播节目制作和播出、专业体育赛事及演出推广、电影发行及译制，此外还运营自己的门户网站，并参与游戏与博彩产业。① 在电视领域，特莱维萨有线电视业务销售额在墨西哥全国有线电视行业营收贡献占比为34.2%，天空卫星电视在全国入户卫星电视行业营收贡献占比为20.7%；此外，特莱维萨通过铺设9万公里同轴电缆、4.3万公里光纤等措施构建了多元媒体通讯系统，为用户及企业提供视频、音频、高速数据网络等服务，并向国内及美国的企业与政府机构提供媒体实体与云服务。②

在对外合作方面，特莱维萨瞄准美国这一仍在增长的拉丁裔人口传媒市场，收购了美国联视电视网（Univision，以下简称联视网）一定的股份并与其建立了内容合作联盟，受到了广大美国西语观众的欢迎。在网络播

---

① 特莱维萨集团.集团简介［EB/OL］.特莱维萨集团网站，检索时间：2019-08-31.
② 特莱维萨集团.2018年集团年报［EB/OL］.特莱维萨集团网站，检索时间：2019-09-02.

出方面，根据新协议，联视网有权在美国的网络及其他渠道发行特莱维萨制作的节目，在 2011 年 10 月，联视网与美国视频网站互录（Hulu）签订了数年的协议，在后者的视频网站和 Hulu Plus 其他平台上播出特莱维萨的内容，许多都是最受欢迎的西语节目（包括电视剧、综艺节目和真人秀），以及许多重大的西语国家体育赛事。[①]

阿兹特克电视台自诞生以来就以特莱维萨作为其发展目标与竞争对手。在民主化改革进程中，阿兹特克敏锐地根据国内政治经济气候来改变其报道与节目风格，赢得了大量原本对特莱维萨报道风格不满的观众的支持，其市场占有率在成立仅仅 3 年就达到了 28%，逐渐发展成为能够与特莱维萨相抗衡的墨西哥第二大电视台。在业务方面，相对于特莱维萨业务的广泛涉猎，阿兹特克主要集中于提供电视内容服务以及互联网新闻与娱乐内容。在电视内容方面，阿兹特克 1 台、阿兹特克 7 台、新闻频道、体育频道以及 A+ 等频道向墨西哥国内用户提供有线电视以及高清卫星电视节目转播与直播服务；在互联网内容方面，阿兹特克同样运营相应的门户网站，将其频道视频内容进行互联网线上转化播出，而阿兹特克旗下的 AND 40 新闻网站则更专注于以文字、图片的形式对国内外新闻进行简要报道。[②]

2016 年，在墨西哥传媒业反垄断趋势不断增强的形势下，Imagen 传媒集团成立了 Imagen Televisión，开始加入墨西哥传媒市场的角逐，其在墨西哥国内电视市场份额也在短短两年内达到 21%。[③] 与两大传统媒体集团不同，诞生于 Web2.0 时代的 Imagen 传媒集团在成立后就一直致力于全媒体发展。除 Imagen TV、ETV 以及体育频道之外，Imagen 传媒旗下 Imagen

---

① 胡正荣. 全球传媒产业发展报告（2012）［M］. 北京：社会科学文献出版社，2012：347-348.
② 阿兹特克集团. 集团简介［EB/OL］. 阿兹特克电视台网站，检索时间：2019-09-02.
③ MÁRQUEZ R M，LARROSA FUENTES J S. Mexico-Media Landscape［EB/OL］. 欧洲新闻中心，检索时间：2019-07-15.

Radio、RMX、Radio Latina 等广播电台为国内外用户提供互动性音乐服务，并实现了向互联网平台的迁移；在报纸方面，除纸质版的《至上报》及其门户网站外，其下属集中报道全球体育赛事的 Adrenalina 网站、专注于经济科技新闻 Dinero 网站以及独立的女性与时尚网站 RSVP 等媒体网站为拉丁裔人口提供各个领域的新闻报道；在数字媒体方面，Actitud、Salud180、Delirante 等门户网站及其在推特（Twitter）、脸书（Facebook）、谷歌+（Google+）等社交平台的账户向西语用户推送关于娱乐、健康、美食等生活类信息。[①] 尽管 Imagen Televisión 正处于发展的初期阶段，但其对墨西哥国内媒体格局的影响日渐增强，为进一步打破国内传媒巨头垄断局面、向受众提供更为多元的信息选择起到了重要的推动作用。

三、传媒法规与行业规范

从人类社会发展规律来看，国家的法律法规总要与本国政治经济发展状况相适应，墨西哥传媒规制的变迁也毫无例外。墨西哥自建国以来在政治上经历了革命动荡时期、政党威权统合时期以及如今的民主化时期，大众媒介与政治的关系经历多次转折，因此不同政治阶段，墨西哥对传媒业的规制也不尽相同，从而在不同的发展阶段呈现出不同的特点，总体而言，墨西哥针对传媒业的规制从最初的混乱后不断趋于合理。对于行业规范而言，由于紧靠传统传媒大国美国，墨西哥在学习、借鉴美国传媒行业规范与专业精神方面有着地理位置上得天独厚的优势，并且长久以来两国传媒集团在广播电视内容生产、播出等方面有着密切的交流与合作，更为墨西哥确立传媒行业规范并调整以适应国际规则提供了便利。

（一）传媒规制的变迁

尽管拉丁美洲在 19 世纪初紧随北美步伐纷纷实现了国家的独立，但

---

① Imagen 传媒集团. 集团简介［EB/OL］.Imagen 传媒集团网站，检索时间：2019-09-06.

多数国家的政权并未因此得到稳固，许多国家仍难以摆脱对西方资本主义国家的"依附"。1824年颁布的墨西哥共和国宪法赋予了民众言论与出版自由，并且自由派总统贝尼托·帕勃罗·胡亚雷斯·加西亚（Benito Pablo Juárez García）在1855年颁布了一项额外的法案以确保该法案的执行。然而在政治上，尽管拉美普遍建立共和体制（除巴西外），但实行的是所谓考迪罗（西班牙语首领的意思）主义，实行军人政权、大地产主和教会的三结合政权。①接连不断的国内革命争斗以及相对动荡的政局使得墨西哥缺乏商业媒体成长的环境，因此直到18世纪下半叶，墨西哥才出现了政党报刊与商业报刊并存的局面。然而1876年迪亚士上台后实行了军事化统治，对宪法的肆意践踏也严重破坏了民众的言论出版自由。在这一阶段，政党报刊成为墨西哥媒体的主流势力，少数私营媒体也完全臣服于政府控制，并且接受政府所提供的"津贴"。②因此，在政党直接控制的模式下也并没有针对媒体的进一步规制措施。直到21世纪初，墨西哥革命动乱结束，国内众多政党实现了联合统一，墨西哥的商业报刊才迎来了发展的"黄金时期"。

1929年，普卢塔科·埃利亚斯·卡列斯（Plutarco Elías Calles）将墨西哥国内政党联合成立国家革命党（前身是革命制度党）后，墨西哥开始逐步建立起"党国一体"的社会经济统合模式。在该模式下，墨西哥执政党通过对媒体经营者的把控以及经济上的优待来实现对媒体的软性规制。最终，墨西哥政府对媒体的控制朝着一种更加"精巧"的模式发展，而传统上赤裸裸的审查模式，或者将媒体直接收归国有，这类控制方式却用得很少。③对于纸质媒体，墨西哥威权政府往往采取付费宣传、新闻纸配额与

---

① 刘笑盈.中外新闻传播史（第三版）[M].北京：中国传媒大学出版社，2017：224.
② 陈力丹.世界新闻传播史[M].上海：上海交通大学出版社，2002：223-224.
③ 张建中.大众媒介与社会转型：墨西哥个案考[M].上海：上海三联书店，2013：121.

优惠等方式进行收买与控制；而对于广播电视媒体，政府则通过有选择的执照颁发、广告投放等手段形成媒体与政府的利益共存体系。在1960年，墨西哥颁布了《联邦广播电视法案》对传媒行业进行规制。因此，在革命制度党统治下的威权政府时期，墨西哥传媒业迫于政治经济压力倾向于与政府立场保持一致，对不符合政府立场的内容进行"自我审查"，并且政府保持着一种随时可以审查的态势，一旦认为媒体"越轨"，便可实施干预。[①]

这种政府与媒体心照不宣的控制模式直到20世纪70年代开始的民主化改革才开始发生转变。1976年波蒂略当选总统后，面对国内抗议四起的局面，选择开放政党竞争来营造民主氛围。波蒂略总统的改革措施中还包括批准反对党使用电视和电台等大众传播工具，这对反对党扩大影响和争取选票有着十分重要的意义。[②]同时，这一举措推动了墨西哥广播电视行业从革命制度党的控制中逐渐解脱出来，媒体开始不再唯政府马首是瞻，广播电视行业也开始朝着市场化方向发展。1993年，卡洛斯·萨利纳斯（Carlos Salinas）总统在经济自由化改革中将墨西哥国家电视台私有化，推动了墨西哥第二大电视台阿兹特克的成立。至此，代表政府观点的特莱维萨垄断国内电视市场的格局最终被打破，墨西哥电视行业真正进入了多元化发展阶段。

为了争取多样化发展，2002年一些学者、传媒人士和立法委员曾尝试通过法令限制传媒公司在墨西哥任一城市的市场占有率不超过25%，但却没有得到当时总统比森特·福克斯·克萨达（Vicente Fox Quesada）的支持，并且在2006年参议院通过了新的广播法案，这项重大的改革被称为"联邦广播法案"也称为"特莱维萨法"。顾名思义，最大的受惠者是墨西哥电视集团。[③]尽管遭到了各方批评，但这一状况直到2014年才发生转变。

---

① 董锦瑞.墨西哥政治经济改革对传媒业影响探微[J].国际新闻界，2004（5）：30-34.
② 杨仲林.墨西哥的政治改革和政党制度的发展[J].拉丁美洲研究，1989（4）：31-36.
③ 胡正荣.全球传媒产业发展报告（2012）[M].北京：社会科学文献出版社，2012：250.

2013年革命制度党候选人恩里克·培尼亚·涅托（Enrique Peña Nieto）当选墨西哥总统后对墨西哥经济进行了现代化结构性改革，对包括传媒业在内的诸多经济领域进行了调整。此前，尽管墨西哥宪法设立条令赋权联邦政府，在保护传媒业整体利益的理念下对媒体的使用进行引导与规制，然而宪法下的次级法律也并未包含可供参照执行的理论、规范以及制度，因而次级的法律并未有效促进墨西哥媒体的民主化。① 而此次在对各经济管理部门的调整中，墨西哥联邦电信委员会在2014年被改组纳入了新的联邦电信研究院中，并在媒体行业反垄断方面颁布了新的法规。新法规规定"媒体基础设施应在非独占、非歧视的基础上与第三方政党共享，以促进新的广播电台进入传媒市场参与竞争，限制媒体购买拥有良好收视前景的赛事的独播权，并禁止两大优势媒体集团未经联邦电信研究院批准联合购买、获取视听内容的行为"。② 这一法规的颁布也直接推动了墨西哥第三大电视传播机构 Imagen Televisión 的诞生，特莱维萨、阿兹特克在电视行业双头垄断的格局得以打破，墨西哥传媒产业在多元化改革道路上迈出了重要一步。

（二）专业主义的发展

由于美洲大陆国家几乎都曾有过被殖民的历史命运，同美国报刊的发展历程相似，墨西哥报刊也经历了从殖民时代、政党报刊时代到独立报刊时代的阶段性历程。"职业"、"专业"、"专业化"和"专业主义"是四个意义不同的词语，实现从"职业"到"专业"与"专业化"的转变，进而达到"专业主义"是一个动态发展的过程。③ 以美国新闻专业主义发端的时代条件作为参照，墨西哥新闻专业主义的形成也应始于商业报刊以

---

① CARLOS F. The Development of The Media and The Public Sphere in Mexico [J] .Mexican Law Review，2011，5（2）：309.
② CARDENAS E A，MÉNDEZ E L. The National Television Channels Public Biddings 2014 [EB/OL] .全球传媒法网站，检索时间：2019-09-08.
③ 郑保卫，李玉洁.美国新闻专业主义观念发展史的评述与反思 [J] .新闻与传播研究，2013（8）：78 91.

及职业记者的出现。对于墨西哥而言，20世纪末墨西哥政局趋于稳定，政党报刊时代接近尾声。1896年面向广大公众、实行企业化运营的《公众日报》创刊标志着商业化报刊时代的到来。然而在国民革命党、革命制度党长达70年的社会统合模式下，墨西哥报刊、广播、电视等媒体一直受制于政府的利益收买与经济控制。新闻工作者在媒体与政府默契的"自我审查制度"下只能站在政府的立场上进行报道，甚至直接发布政府的宣传稿件，因此仍未实现完全独立的传媒业也难以培养出真正的专业主义精神。

到20世纪60年代，随着墨西哥的社会统合体系积弊逐渐显露，社会民主运动的浪潮对革命制度党威权统治的冲击也接踵而至。这次民主运动不仅为墨西哥政治经济改革奠定了基础，更激发了媒体行业新闻独立精神与专业理念的追求。1968年《至上报》在斯科尔（Julio Scherer）的执掌下对诸多社会弊端的受害者给予了更多的关注，开始了报纸从"哈巴狗"到"看门狗"角色转变的尝试。在政府的严厉打击下，尽管《至上报》的改革最终以失败告终，但这一尝试无疑是墨西哥媒体独立运动的一个重要转折点。政府对于《至上报》的"清洗"并没有阻挡住这场新的新闻报道模式改革，相反此次"清洗"将记者的独立、专业主义精神的火种传遍了整个墨西哥新闻界。[1] 这一事件促进了墨西哥新闻工作者的专业标准的形成，从而吸引更多读者与受众来获取更丰厚的广告收入。这一新的状况也表明，墨西哥国内已经拥有能够为新闻业的独立与专业化发展提供经济支持的受众群体基础。[2]

随着墨西哥政治经济民主化改革以及独立报刊运动的不断推进，墨西哥受众对国内广播电视行业单一立场与行政化内容的不满情绪也日渐加深。而作为革命制度党的利益共享者，长久以来垄断国内电视市场的特莱

---

[1] 张建中.大众媒介与社会转型：墨西哥个案考［M］.上海：上海三联书店，2013：150.

[2] CARLOS F.The Development of The Media and The Public Sphere in Mexico［J］.Mexican Law Review，2011，5（2）：320.

维萨害怕破坏与政府的利益关系，因而迟迟不愿冒险进行内容、风格等各方面的改革。然而在1993年墨西哥第二大电视网阿兹特克诞生后，凭借其不同的政治立场与报道视角赢得了大量观众的青睐，其收视率的节节攀升对特莱维萨形成了强大的竞争压力。最终，特莱维萨在拓宽市场与忠于政党之间选择了市场，并在1997年开启了转型之路。在立场方面，特莱维萨摒弃了原本的严重倾向革命制度党的立场，在报道中对各政党给予了相差无几的报道时长，确立了相对可客观的报道原则。在业务规范方面，为了重塑公司的形象，改变公司的经营策略，特莱维萨从美国专门聘请专家进行业务指导，并把自己的工作人员送到有线电视新闻网（CNN）、哥伦比亚广播公司（CBS）等美国知名电视媒体学习。[①] 除此之外，进入21世纪后，美国新闻学界对拉丁美洲新闻行业的专业技能培养方面提供了多方面的帮助。2002年美国得克萨斯大学在奥斯汀成立了美洲新闻业中心，为拉丁美洲国家新闻工作者提供新闻专业技巧与理念的课程培训，并协助墨西哥成立了新闻与公共伦理中心，推动墨西哥新闻业的专业化程度不断提高。

作为伊比利亚美洲具有较强传媒实力的国家，墨西哥的新闻传播发展历程既有源于美洲殖民因素的共性，又有受本国政治经济发展阶段影响的特性。从其媒体特点的变迁历程看，墨西哥报刊业也同北美国家一样经历了从官方报刊、政党报刊到独立报刊的报业发展历程。然而对于众多采用军事化措施维持国家稳定的伊比利亚美洲国家而言，其新闻发展进程也受到了动荡与混乱等因素的严重阻碍，并且类似于墨西哥对国内新闻传播进行收买性控制做法的伊比利亚美洲国家比比皆是。同时，报纸、广播电视公司借助威权政府的扶持与优待发展成为具有相当国际影响力的传媒集团，也正是巴西、阿根廷等伊比利亚美洲国家大型传媒集团崛起历程的真实写照。再借助语言人口优势，墨西哥传媒集团在西班牙语传媒市场逐渐

---

① SALLIE H. Newsroom in Conflict：journalism and the democratization of Mexico［M］. Pittsburgh：University of Pittsburgh Press，2006：178.

占据垄断性优势。然而在转型过程中,由于革命制度党以和平方式逐渐让出了长期把持的政权,墨西哥传媒业的民主化进程发展也相对平和缓慢。在传媒业转型期间,墨西哥新闻专业主义以及行业法律、规制情况也得到了改善。进入21世纪后,墨西哥传媒业正朝着民主化、专业化和多元化的方向不断发展。

第二节　阿根廷的新闻传播

在很长一段历史时期,阿根廷的政治秩序都处于不稳定状态,政府常因军事政变而被推翻。[①]在第三波民主化浪潮后,阿根廷结束了军人独裁政权长期执政,还政于民。与此同时,政府开始重视与媒体的关系,媒体不再只是传播信息的工具,也日益成为阿根廷政治中密不可分的一部分。

另外,阿根廷作为伊比利亚美洲识字率最高的国家,拥有庞大的受众群体。联合国教科文组织公布的2018年数据显示,阿根廷15岁到65岁人群的识字率高达99%以上,而65岁以上人群的识字率也达到了97.58%。[②]如今,阿根廷国内有几十家电视网络、数百个广播电台和150多份日报,可谓整个南美地区第一大传媒市场。进入互联网时代后,阿根廷成了伊比利亚美洲互联网普及率最高的国家之一。截至2017年,阿根廷有近3500万互联网用户,约占总人口的78%。[③]

---

① 斯塔夫里阿诺斯.全球通史:1500年以后的世界[M].吴象婴,梁世民,译.上海:上海社会科学院出版社,1999:530-531.
② UNESCO. Education and Literacy[EB/OL].联合国教科文组织,检索时间:2019-09-23.
③ BBC. Argentina profile[N/OL].英国广播公司,2018-02-20.

一、阿根廷新闻的历史发展

和许多伊比利亚美洲国家一样，阿根廷传媒行业起源于16世纪西班牙殖民统治时期，在19世纪独立运动之后得到迅速发展。但长期动荡的政局和起起伏伏的经济，决定了阿根廷传媒行业的发展同样历经曲折。在数百年的历史发展中，阿根廷传媒事业虽根植于西欧殖民者，但在20世纪中叶，其现代化进程在美国传媒行业辐射之下加速推进。21世纪后，随着全球化进程加快以及左翼政府上台，阿根廷在内的拉美国家开始更加注重在国际社会发出自己的声音，政府在国际传播实践中开始占据主导。在受到西欧、美国影响和挖掘自身特点的基础上，阿根廷形成了独特的新闻传播体系。

（一）殖民统治时期：革命报刊的兴起（1580—1810）

1536年，西班牙殖民者在潘帕斯草原的边缘建立了一个小的定居点并将其命名为"布宜诺斯艾利斯"，意为"新鲜的空气"。由于没有淘到黄金，食物补给也不足，殖民者们不久便放弃了布宜诺斯艾利斯，选择继续出发向上游探险。等西班牙人再次回到拉普拉塔河口时已经是1580年了，他们重建了布宜诺斯艾利斯这个小港口并在这里建立起第一个长期定居点。

同欧洲殖民者一起来到阿根廷的还有欧洲先进的农业、制造业技术，其中就包括新闻传播业的重要技术基础——印刷术。印刷机出现在布宜诺斯艾利斯的时间最早可以追溯到1780年。[1]1801年4月1日，在获得了西班牙皇家最高经营许可后，在布宜诺斯艾利斯诞生了阿根廷的第一份印刷报纸《商业邮报》（全称《拉普拉塔河乡村、政治、经济与历史商业邮报》），在经营了18个月后被当地政府永久叫停。这份双周刊除了报道政治新闻、刊登文学作品之外，还发布大量贸易和就业信息。

---

[1] FERREIRA L. Centuries of Silence：The Story of Latin American Journalism [M]. Westport：Greenwood Publishing Group，2006：57.

在殖民统治末期，西班牙只允许殖民地与宗主国进行出口交易，出口产品还仅限于出口畜产品，这严重束缚了殖民地经济的发展。加上西班牙在拉普拉塔河总督区的腐败日益显露，导致殖民地人民与西班牙殖民者之间的矛盾加剧，反殖民势力在酝酿中不断壮大。[1] 为了阻止欧洲启蒙思想及法国大革命宣扬政治自由的潮流进入阿根廷，当地的新闻业受到西班牙殖民当局及教会的严格管控。但有关启蒙思想，法国大革命的地下出版物越来越多地从布宜诺斯艾利斯港口走私进入人们的公共讨论视野。由于走私书籍数量惊人，1799年8月17日，总督下令查封来自欧洲和北美洲的"非法印刷品"：它们有的报道了欧洲革命，有的刊登了诽谤西班牙帝国的"假新闻"。[2]

当追求民族独立解放成为民心所向，当权者对出版物的封锁已经无力回天，书报在这个过程中充当了宣传和组织民族革命的工具。1810年初，布宜诺斯艾利斯《商业邮报》编辑曼·贝尔格兰诺（M.Belgrano）以文学会社的名义为掩护组建秘密政治团体，开始进行发动独立运动的准备工作。[3]

阿根廷的新闻业没有经过自然诞生的缓慢历程，它随着近代西班牙殖民者的脚步从欧洲来到伊比利亚美洲。这样一个由殖民者带来的新事物，在殖民统治末期却成为反殖民，争取独立运动的旗帜。殖民统治末期革命报刊的兴起，也成为阿根廷新闻业的滥觞。

（二）独立战争及建国初期：政党报刊兴起（1810—1870）

1808年拿破仑（Napoléon Bonaparte）统领下的法军入侵西班牙后，西班牙国王费迪南七世（Fernando Ⅶ）被赶下台。西班牙王室在自身难保的情况下，无力遏制拉美殖民地的独立浪潮。1810年5月21日，布宜诺斯艾利斯爆发独立运动"五月革命"，四天后宣布成立了拉普拉塔临时政

---

[1] 布朗.阿根廷史［M］.左晓园，译.上海：东方出版中心，2010：82.
[2] 金勇，贾静，王伟.拉美国家国际传播的历史、现状及启示［J］.传媒，2017（24）：63-65.
[3] 王春良.莫雷诺和阿根廷独立运动［J］.拉丁美洲研究，1983（10）：50-53.

府——洪达。在五月革命的领袖之一莫雷诺（M.Moreno）的推动下，临时政府采取了一系列治国新举措：在经济方面发展自由贸易，降低出口关税，确定对外自由贸易原则，增辟对外通商口岸。文化教育方面，创办机关报《布宜诺斯艾利斯公报》，由莫雷诺出任主编。该报以教育居民和向居民报道真实消息为办报宗旨，积极宣传摆脱西班牙殖民统治、建立民主共和制度的政治主张。1816年，阿根廷宣布脱离西班牙独立，建立了一个名为"拉普拉塔联合省"的国家。

然而，独立战争的胜利并没有带来长久的和平与稳定。阿根廷在独立战争之前，各省就形成了各种不同政见和派系的考迪罗政权。考迪罗们对各省实行铁腕政治，各省之间缺乏信任，形成了权力割据的局面。经过独立战争，共同敌人消失之后，各省之间的矛盾日益凸显。政局上的党派林立导致该时期阿根廷的报纸也具有鲜明的党派立场。

直到1929年胡安·曼努阿尔·德·罗萨斯（J.M de Rosas，1829—1852）上台，他凭借自己的铁腕统治扭转了阿根廷独立后十年来的不稳定局面。出身于大地主家庭，在"等级文化"影响下，绝对权威是罗萨斯的政治信条，庄园式的社会稳定和经济繁荣是罗萨斯的治国目标。

罗萨斯在任期间，他严密管控言论和出版，通过对媒体实行高度的审查制度以建立绝对权威。罗萨斯取缔了所有异见政党报刊的印刷厂，在全国只保留了一家受自己直接控制的印刷厂。① 面对罗萨斯政权的高压政策，自由派报刊开始站出来反对罗萨斯的独裁统治，主要有：《分选报》（*El Clasificador*，1830）、《布省水星报》（*El Mercurio Bonaerense*，1832）和《午后日报》（*Diario de la Tarde*，1831）。到1835年，在马扎卡秘密警察部队和法律禁令的打压下，几乎所有政党报刊都销声匿迹，仅尚存几份文学性和商业性期刊，例如，《贸易电讯报》（*El Telégrafo del Comercio*）、《天文年鉴》（*El Almanaque Astronómico*）和《出游指南》（*Guía*

---

① 潘芳.对阿根廷考迪罗的文化解析——以曼努阿尔·德·罗萨斯为例[J].世界历史，2015（2）：25-34.

de Forasteros）。① 罗萨斯垮台后（1852—1862），主张全国统一的自由派和主张地方分权的联邦派展开斗争，阿根廷报纸立场进一步分化：出现了代表自由派的《民族报》、代表联邦派的《进步报》、代表中间派的《巴拉那报》等。

从独立战争到建国初期，报刊在阿根廷历史的推进中扮演着不可忽略的角色。"五月革命"的发起者是《商业邮报》秘密组织"商业委员会"成员。取缔总督、建立临时政府之后，他们又创办了阿根廷第一份现代报纸《布宜诺斯艾利斯公报》。但独立战争的胜利并没有给阿根廷的局势带来稳定，持不同政见的各方势力演变成自由派、联邦派、保守派，政党林立的形势也让阿根廷报刊的性质从宣扬独立的革命报刊转向为党派斗争服务的政党报刊。

（三）自由主义时期：商业报刊兴起（1870—1930）

在殖民统治前期，由于阿根廷地处偏远，加上黄金等矿藏资源匮乏，西班牙殖民当局对拉普拉塔总督的控制较少，限制较松。阿根廷很早便开始与欧洲海外市场建立了贸易联系，布宜诺斯艾利斯更是从依靠走私出口一直发展成为海上贸易中心。也正是基于悠久的商贸历史，在70年后，对外贸易为经济主导的阿根廷成为最早拥有全球视野、最早进入现代化的拉美国家。②

19世纪下半叶，阿根廷在成为拉丁美洲重要的经济、政治大国的过程中，新闻传播业也进入快速发展阶段。1869年和1870年诞生了整个拉丁美洲地区历史上久负盛名的两家百年日报：何塞·卡米洛·帕斯（José Camilo Paz）创办的《新闻报》（*La Prensa*）和前总统巴托洛梅·米特雷（Bartolomé Mitre）及其同僚创立的《国民报》（*La Nación*）。

---

① FERREIRA L. Centuries of Silence: The Story of Latin American Journalism [M]. Westport: Greenwood Publishing Group, 2006: 116.

② FERREIRA L. Centuries of Silence: The Story of Latin American Journalism [M]. Westport: Greenwood Publishing Group, 2006: 121.

其中，《新闻报》创办于1869年10月18日。在随后的几十年里，《新闻报》一直是阿根廷发行量最大的日报之一。该报是右翼保守势力的代表，以支持英国在阿根廷的利益而闻名。在民粹主义领导人胡安·庇隆（Juan Perón）当选后，面对《号角报》的竞争和政府的打压，《新闻报》发展遭遇瓶颈挫折。

1870年1月4日，《国民报》在创刊号上发布其办报宗旨："《国民报》是理论的讲坛。"[1] 该报始终奉行中立、保守的立场，重视观点，每天均有社论发表。直到20世纪40年代最大竞争对手《号角报》出现之前，《国民报》一直是阿根廷全国发行量最大的报纸。

60年代的巴拉圭战争期间，阿根廷创立了许多外文报刊和地方性报刊。法文报纸《拉普拉塔信使报》（Le Courier de la Plata）（1865—1946），西语的《拉松西班牙语报》（La Razón Espanola）。战争还催生了阿根廷首本学生期刊：《大学生》（El Colegial，1869），收录了《农业评论》（Revista de Agricultura，1866）和《立法和法学评论》（el presti gious Revista de Legislation and Jurisprudencia，1869）等重要评论。[2]

在巴拉圭战争期间得到提拔的胡利奥·阿根蒂诺·罗卡（Julio Argentino Roca）将军在1880年就任总统，标志着阿根廷进入一个前所未有的和平与发展时期。[3] 从1880年开始，罗卡将军在确保国家政治稳定的基础上开始推动阿根廷经济的现代化发展。在罗卡将军的两任总统任期内，他重视铁路和港口等基础设施建设，发展出口贸易，引进技术和资金，吸引南欧移民，阿根廷逐步进入自由主义时期。

1917年，阿根廷全面废除新闻用纸进口税，办报成本降低再加上大量欧洲移民的涌入，推动了新闻传播业的发展和新闻的专业化。阿根廷开始创办本土新闻教育事业，成为最早开设新闻专业高等教育的拉美国家之

---

[1] 陈继静.阿根廷报业的历史与现状［J］.国际新闻界，2012（7）：122-128.

[2] FERREIRA L. Centuries of Silence：The Story of Latin American Journalism［M］. Westport：Greenwood Publishing Group，2006：108.

[3] 布朗.阿根廷史［M］.左晓园，译.上海：东方出版中心，2010：142.

一。1934年4月27日,拉普拉塔成立新闻学研究生院(Escuela Superior de Periodismo),这是阿根廷最早的新闻院校。

在一个月后,阿根廷天主教会在布宜诺斯艾利斯资助了针对专业新闻技能培训的项目:高等新闻学院(Higher School of Journalism of the Graphic-Technical Institute)。在当时,阿根廷的公立大学沿袭欧洲教育方式,老师倾向于学生的自由发展,开展较少的技能培训。私立天主教大学更注重解决实际社会中的问题,通过专业技能为核心的新闻教育致力于培养一群训练有素的记者,在促进私营的新闻行业发展的同时能化解社会冲突。

从19世纪下半叶到20世纪初,移民潮给阿根廷报业带来了大量潜在读者。随着工业革命带来物质生产技术的极大提高和国家减税政策出台,新闻行业的办报成本不断降低,阿根廷新闻行业迎来了新的发展阶段。

(四)大众报刊曲折发展时期(1930—1983)

20世纪初,美西战争的打响展露出美国在整个拉丁美洲地区日益膨胀的野心。"一战"后,美国开始凭借其强大的经济实力和先进的信息技术,向拉美地区源源不断地进行文化输出和资本扩散。

阿根廷的报刊尽管在思想理念上仍未能脱离政治的影响,但在编辑理念和经营模式上已经开始学习美国媒体的市场化经营。《新闻报》的创办人何塞一直密切关注美国模式,在何塞之子继承家业后开始引进美国的办报模式,通过建立大型图书馆来扩大报纸影响力,增加报纸发行量。

20世纪40年代,商业性报刊发展到新阶段,以《号角报》和《纪事报》为代表的小报兴起。1945年,前布宜诺斯艾利斯省省长罗伯特·诺布尔(Roberto Noble)创办了《号角报》(Clarín de Buenos Aires)。《号角报》是阿根廷最早以小报形式出版的报纸之一,其目标是成为一份高品质、高发行量并致力于推动阿根廷全面发展的报纸。该报秉持发展主义的温和立场,既不批评政府,也不与任何党派勾结,头版经常刊登篇幅较长、分析详尽的发展主义报道。1951年,由于庇隆政府将《新闻报》收归国有,《号角报》趁机夺取广告市场,于1965年成为阿根廷销量最高的报纸,并在

1985年成为销量最高的西班牙语报纸。

到"二战"结束后，不论是纸媒，还是广播、电视的经营管理，阿根廷开始普遍采取美国模式。1963年7月29日，加西亚（H.R.García）创办《纪事报》（*Crónica*）。这是一份典型的黄色小报，加西亚认为："我们需要一份尖锐的日报，有着醒目的大幅标题。我们的报纸太平淡了。"《纪事报》一度是《号角报》的头号竞争对手，但是1975年遭到当局查封后，虽然得以复刊，却再未恢复昔日之辉煌。《纪事报》擅长以煽情性报道手法报道社会新闻，报纸充斥着强奸、凶杀、血腥等内容，深受底层民众喜爱。

受到美国重商主义精神的影响，广播在30年代被阿根廷和巴西等国家从美国引入之后，逐渐从作为文化教育的平台转变为娱乐盈利的商业广播模式。曾在罗格斯大学（Rutgers University）任教、现就职于华盛顿特区教育发展研究院（Academy for Educational Development）的维斯博德博士（Dr. Waisbord）指出，"以阿根廷为例，出于地缘政治和国有化的考虑，国家政府起初对广播很感兴趣，但不久之后私人资本变得更占主导地位。如果不联系政府和媒体拥有者之间的密切关系，就无法了解阿根廷广播的商业发展和结构。该媒介发展结构最明显的受益者之一就是胡安·多明戈·庇隆（Juan Domingo Perón），他为了独裁政权的宣传目的，从美国引进了广播，之后又将电视媒介加入到他的新型宣传武器库中"。[1]

20世纪60年代，在全球化的进一步影响下，美国对整个拉美地区的跨国投资发展到了新阶段。跨国电视开始出现在这一地区。美国国家广播公司的卡迪纳泛美公司（Cadena Panamericana）、哥伦比亚广播公司的卡迪纳美洲公司（Cadena de las Américas）和美国广播公司的世界宣明会（World Vision Group）等美国公司占据了建设西半球的泛美网络的中心舞台。美国广播公司投资了阿根廷第九频道、智利第四和第十三频道、哥伦比亚第九频道。到1964年，美国广播公司的世界宣明会集团已经在21个拉丁美洲

---

[1] FERREIRA L. Centuries of Silence: The Story of Latin American Journalism [M]. Westport: Greenwood Publishing Group, 2006: 181.

和加勒比国家拥有 48 个电视台。到冷战末期，拉美进一步私有化和市场开放，北美的电视信号开始占据南美的信号频谱。①

（五）新自由主义发展时期（1983 年至今）

这一时期的阿根廷，在经济发展方面经历了快速增长和危机动荡的交替。从 1991 年至 1998 年阿根廷国内经济稳步增长，年均增长率达 6%。受东南亚金融危机和巴西金融动荡的影响，阿根廷经济自 1998 年下半年开始下滑，外债压力加剧，财政与金融市场崩溃，最终于 2001 年底爆发严重的经济危机。2001 年经济危机以来，阿根廷历届政府把偿还外债作为核心工作，由于国际融资艰难，被迫立足国内，强化政府干预，实施进口替代，通过刺激出口、限制进口确保外贸盈余，同时严格外汇管制，形成"阿根廷模式"，一度取得较好成效。2003 年至 2011 年，阿根廷经济实现较快增长。在此背景下，阿根廷新闻传播行业也经历了曲折的发展历程。

到 20 世纪 80 年代之前，绝大多数伊比利亚美洲国家一直都在传播领域遵循罗马法传统的国家干预。在整个 19、20 世纪，新闻界对于政府当局的任何批评都会受到惩治。从 30 年代到 80 年代，阿根廷经历了军、文人交替执政的局面。1982 年同英国因马尔维纳斯群岛主权争端爆发战争，战败后军政府倒台。1983 年激进党人劳尔·里卡多·阿方辛（Raúl Ricardo Alfonsín）民选政府上台后进行了大刀阔斧的民主化改革，政府逐渐对媒体放松管制。自 1989 年起正义党领袖卡洛斯·萨乌尔·梅内姆（Carlos Saúl Menem）连续执政十年，推行新自由主义经济政策，美国的商业主义，经济、技术和媒体框架开始占据主导地位。②

1989 年阿根廷颁布了《国家改革法》，其中一个内容就是允许传媒企

---

① FERREIRA L. Centuries of Silence：The Story of Latin American Journalism［M］.Westport：Greenwood Publishing Group，2006：216.

② FERREIRA L. Centuries of Silence：The Story of Latin American Journalism［M］.Westport：Greenwood Publishing Group，2006：116.

业同时拥有不同媒介形态的企业，即形成多媒体集团。在这项法律的保护下，阿根廷的传媒行业开始了一个迅速的多样化、私有化发展进程。在这个过程中，大批国有的文化企业变为私人所有，或被外资收购。国家在文化产业中的作用越来越小，文化产业的发展逐渐市场化，政府只起到基本的监督和调控作用。在私有化政策的带动下，阿根廷传媒业的吞并和收购活动十分频繁，并在此基础上出现了跨行业的大型企业集团，少数几家人公司逐渐控制了国内大部分的传媒产业。

在布宜诺斯艾利斯大学教授吉列尔莫·马斯特里尼（Guillermo Mastrini）看来，到20世纪80年代，伊比利亚美洲媒体的发展进入了一个新阶段。过去传媒企业的产权和经营权都聚集在家族集团手中，随着企业的逐渐发展，产生了对地区媒介集中化控制的混合集团，在今天具有了全球化和跨国联盟特征。号角集团在80年代以前主宰着地区性市场，在20世纪末开始将业务向国外拓展，如投资入股了美国DirectTV。2017年，《号角报》报业集团旗下的阿根廷最大有线电视公司有线电视集团（Cable Visión）与阿根廷电信公司Telecom达成合并协议，成为国内电信传媒行业巨头，并将业务延伸至邻国乌拉圭。

过去，伊比利亚美洲国家媒体的新闻报道以引用转述美欧新闻报道为主，但从20世纪下半叶开始，随着国家实力上升和一体化进程深入推进，民众追求身份和文化认同感的需求进一步增强，加快探索通过本土媒体向世界发出自己声音的步伐。1970年，巴西、智利、墨西哥、委内瑞拉等拉美7国的13家报纸联合创办了拉丁美洲新闻社。21世纪，左翼政府上台后开始致力于推动拉美传媒独立以抗衡西方传媒巨头对话语权的操纵，南方电视台（TeleSUR）就是在这种背景下建立的。2005年由委内瑞拉主办，阿根廷、乌拉圭和古巴等国协办的"南方电视台"正式开播。南方电视台以"我们的北方在南方"为口号，节目内容以新闻和时事评论为主，力图以独立的视角观察世界，同时向全球报道拉美事务。南方电视台的创办有助于拉美人民从自身视角观察自我、表达自我，为国际话语的多元化贡献了力量。但是在 2016 年，阿根廷政府叫停了南方电视台和今日俄罗斯在其境内的播出权。

阿根廷左翼政府上台后对新闻媒体在社会和政治中的作用持否定立场，倾向于在传播领域实施重新管制措施。政府与媒体的公开对峙在克里斯蒂娜·费尔南德斯·基什内尔（Cristina Fernández de Kirchner）总统时期曾十分明显。在克里斯蒂娜政府时期，政府通过《视听传播服务 26.522 法》（或称《媒介法》），设立管理机构"联邦视听传播服务管理局"（Au toridad Federal de Servicios de Comunicación Audiovisual）以强化政府对传媒行业的干预。除此之外，政府还试图为号角集团划定扩展范围，限制其闭路信号的数量以及企业的集中化。

二、阿根廷传媒市场现状

截止到 2017 年，阿根廷全国有 150 多家日报、100 多家商业电台、1600 多万互联网用户。①当前媒体产业格局的最大特点，是以号角集团为核心的高度集中化、私有化，相比之下公共传媒处于劣势。形成这一格局现状的渊源，其中既有历史原因也有现实原因。

从"二战"结束到民主化浪潮席卷伊比利亚美洲期间，这一地区的一些国家如阿根廷、巴西、智利、哥伦比亚和秘鲁都经历了政治、经济和社会动荡以及军人独裁统治。在这样的大环境下，伊比利亚美洲各国的电台和电视要么为政府所有，要么是受到高度管制。

从 80 年代私有化政策施行以来，阿根廷传媒业的吞并和收购活动十分频繁与活跃，这导致了传媒产业内部横向合并和纵向联合的明显趋势，并在此基础上出现了跨行业的大型企业集团。目前，阿根廷全国广播电台1600 多家，三分之二以上为私营；阿根廷最大的新闻通讯社报联社（DyN）也是私人所有。以号角集团为代表的少数几家大公司逐渐控制了大部分的

---

① Deloitte. Investing in Argentina［EB/OL］. 德勤财务咨询网，2017-11.

传媒产业。根据相关数据和研究，拉美的媒体所有权集中化极高，各种媒体形态都有垄断趋势，且参与并影响了公共和政治领域。[①]21世纪以来虽然左翼政府上台后有收紧趋势，但自2015年马克里总统执政以来，传媒巨头再次从政策松绑中获益。

（一）阿根廷的传统媒体行业

就印刷媒体来说，阿根廷没有全国性的日报，在180家出版的日报中，仅有37家能实现每周7天出版（阿根廷每周出版4天以上的报纸称为日报）。《号角报》和《国家报》是最主要的两家日报，发行份额占据首都布宜诺斯艾利斯报业的20%。2010年，《号角报》的全国市场份额接近30%，每日发行量约为31.5万份。同一时期，《国家报》的发行量仅是《号角报》的一半。

但阿根廷传统纸媒的结构性衰退在过去十年呈现加速趋势。多年以来，阿根廷发行量最大的报纸始终是《号角报》，2005年达到近50万份，到2017年虽然仍是领先其他报纸的第一大报，但发行量已经下滑到了19万份。这是自1954年以来的最低发行量。近几年，《布宜诺斯艾利斯先驱报》等报纸陆续宣布停刊，《民族报》这份百年大报在2016年宣布重新设计改版为小报，而号角集团旗下一家印刷厂也因经营困难遭到关闭。尽管大多数传统纸媒都已开始发行网络数字版，但收入远远无法弥补传统发行缩水带来的亏损。

在伊比利亚美洲国家中，阿根廷是首屈一指的广播电视业发达国家。阿根廷是伊比利亚美洲无线电拥有率最高的国家之一。阿根廷全国电视台数量有44个，也是世界上有线电视收视率最高的国家之一，99%的家庭能够接收广播信号。虽然阿根廷国内有大量私营广播公司，只有国家公共广播公司（Radio Nacional）能够覆盖阿根廷大部分地区，垄断现象依然突出明显。与广播电台一样，阿根廷没有商业电视台能够覆盖全国，因此大

---

① 张丽萍.拉美媒体的转型与发展——世界系统理论的视角分析［J］.拉丁美洲研究，2016，38（3）：117-128.

多数省级电台只能转播首都主要电视台的节目。多年以来，在阿根廷观众中最受欢迎的频道是西班牙电信公司（Telefónica）的 11 频道（Telefé）和号角集团的 13 频道（El Trece）。这两个电视台均成立于 20 世纪 60 年代，在军事独裁期间被收归国有。从 20 世纪 90 年代开始，阿根廷政府支持广播电视公司私有化，位于首都布宜诺斯艾利斯的几家电视台在全国范围内开始进行并购，这两家电视台也随即转为私人运营。

目前，电视仍是 80% 阿根廷民众获取资讯的主要途径，电视行业拥有广阔的市场，行业竞争也正在加剧。因此，不论外资还是阿根廷本土企业都在向电视领域拓展业务。2016 年，美国维亚康姆集团收购了阿根廷 Telefé 频道。2017 年，美国福克斯和特纳广播公司获得了阿根廷足球赛事转播权。阿根廷本土企业 La Nación 也在近年推出了 LN+ 新闻频道，Perfil 开播电视频道。

（二）阿根廷的互联网媒体行业

阿根廷的互联网产业发展迅速，互联网的接入率持续增长。2017 年的一份调查数据显示，阿根廷的互联网普及率超过 70%，在整个拉丁美洲都是最高的，有超过 1736 万户居民接入互联网。①

Main Players in the Internet Sector

Agency	Origin	Market share	Brands
Teléfonica Argentina	Spain	35 %	Telefónica
Arnet (Telecom Argentina)	Argentina	33 %	TELECOM Arnet
Fibertel (Cablevisión – Grupo Clarín)	Argentina	31 %	Cablevisión Fibertel
Others	-	1%	

Source: EIU, National Investment & Trade Promotion Agency.

2017 年阿根廷主要网络媒体市场

---

① Freedom House. Freedom in the World — Argentina Country Report［R/OL］. 自由之家网站，检索时间：2019-09-15.

第二章　伊比利亚美洲主要西语国家的新闻传播

得益于相对开放和多样化的网络媒体环境，阿根廷民众拥有较高的社交媒体使用率。庞大的互联网用户群体促使资讯网站不断在尝试创新以寻找商机。例如，阿根廷有核查假新闻的搜索引擎 Chequeado；Radio Cut 可以在线收听各种电台，同时人们可以在平台上剪辑音频片段分享至社交媒体；UnoAR 围绕智能手机用户，将新闻制作成可视化的动态图片（gif）和表情包再次传播。

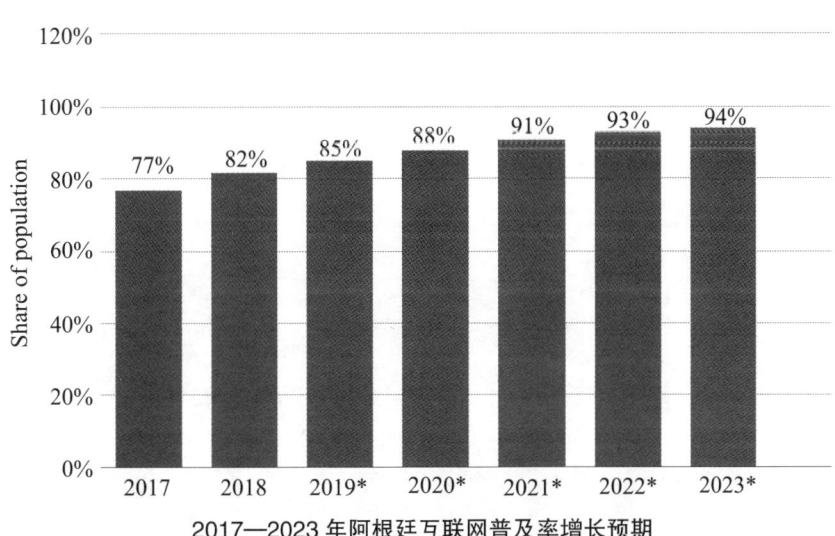

2017—2023年阿根廷互联网普及率增长预期

根据路透社新闻研究所在2017年发布的数字新闻研究报告指出，在阿根廷4400万人口中，互联网普及率为79%。[1] 预计从2017年到2023年，阿根廷的互联网普及率将从77%提升至94%，[2] 但是就目前来说，阿根廷网民中只有十分之一的人愿意为获取资讯付费。

---

[1] Reuters Institute and University of Oxford. Digital News Report：Argentina［R/OL］．路透社新闻研究所网站，检索时间：2019-08-28.

[2] Statista.Internet user penetration in Argentina from 2017 to 2023［DB/OL］．Statista 数据统计网站，2020-03-11.

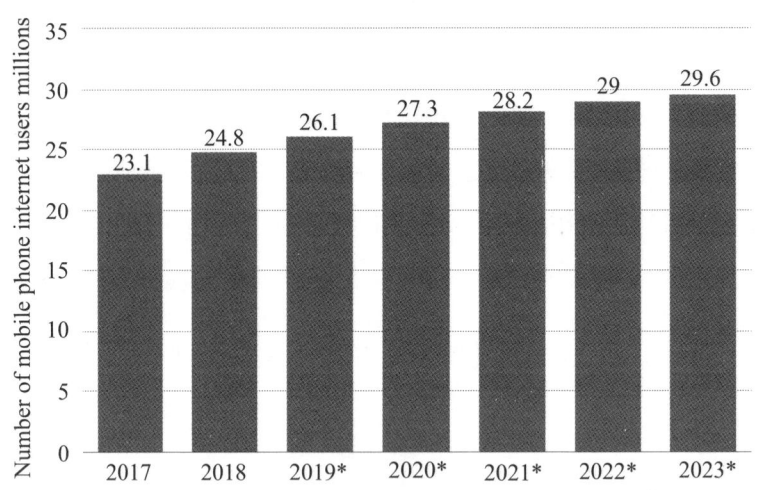

2017—2023 年阿根廷移动互联网用户增长预期（单位：百万）

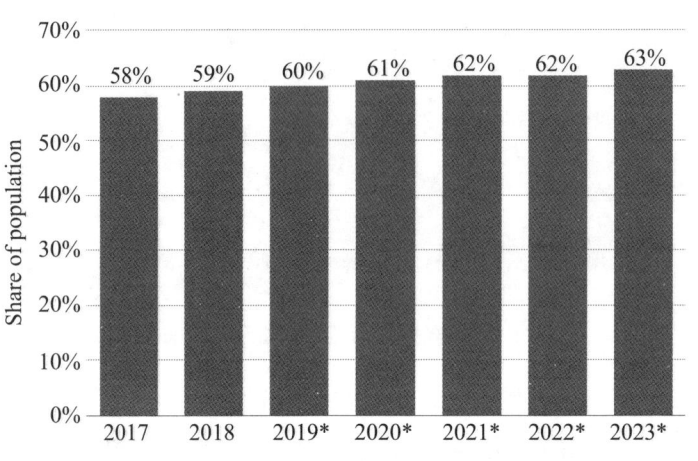

2017—2023 年阿根廷社交网络普及率增长预期

根据互联网数据统计机构 Statista 的数据，从 2017—2023 年阿根廷的移动互联网用户预计还将增长至少 500 万人。同期，社交网络用户普及率预期将从 58% 增长到 63%。

阿根廷人接收新闻的来源

根据路透社新闻研究所的报告，阿根廷人日常使用的新闻来源——电视占比为81%、广播30%、纸媒45%，比率最高的是互联网92%，其中社交媒体占比为74%。报告指出，阿根廷人不会刻意从社交媒体上获取新闻，通常是在使用社交媒体的途中偶然看到了平台上发布的资讯。在2017年，互联网已超过电视，成为阿根廷民众获取信息的主要来源。当年阿根廷民众使用频率最高的社交媒体是脸书（Facebook），其次是沃茨阿普（WhatsApp）、油管（YouTube）等等。根据最新的统计数据显示，2018年第三季度，油管（YouTube）跃居第一，成为阿根廷人使用最频繁的社交媒体。

阿根廷互联网市场的发达，与政府积极推广数字教育密不可分。在克里斯蒂娜政府时代，阿根廷政府提出"平等连接"倡议（The Connect Equality Initiative），提升全国学龄儿童使用互联网的比率，进而促进全民的数字教育。而在马克里时代，更加重视全民网络素养的提升。毛里西奥·马克里总统（Mauricio Macri）将"平等连接"倡议进一步升级为"国家数字教育计划"（Plan Nacional de Educación Digital），政府为偏远地区普及互联网提供互联网技术培训，包括编程技术、机器人技术和通讯技术。2016年，马克里政府还推出"数字国家计划"（Plan País Digital），旨在为全国超过1000个城市提供免费的公共无线网络。这使得阿根廷的移动设备拥有率在整个拉美地区位居前列，到2017年移动手机接入率突破140%，即平均每个阿根廷人拥有1.4部手机。

阿根廷首都布宜诺斯艾利斯正在成为伊比利亚美洲的"硅谷"。在阿根廷政府政策支持下，各国科技公司、孵化器和网络组织纷纷落脚布宜诺斯艾利斯。但与政府积极的推广政策相比，阿根廷的通讯基础设施建设尚未跟上，这给阿根廷互联网的发展带来了一定的困难。网络用户和移动设备的激增给薄弱的通讯网络造成负担，网速成为制约其发展的最重要因素。Ookla公司的"网络指数"软件统计数据显示，2013年阿根廷的网络用户下载速度，在182个国家中排名第106位，排在乌干达和老挝之后，排名从2011年第90位在不断下滑。阿根廷的网络平均下载速度为4.30 Mbps（兆比特每秒），仅为国际平均速度13.05 Mbps的三分之一。① 移动网络情况更糟糕。根据思科（Cisco）的数据，阿根廷2012年的平均移动连接速度为154 kbps（千比特每秒），远低于伊比利亚美洲地区200 kbps的平均速度，更不用说全球526 kbps的平均速度。②

阿根廷在2014年才首次发射自主研发的通讯卫星ArSat-1，随后在2015年发射了ArSat-2。但之后由于国家财政问题，ArSat-3的研发出现停滞，这项由国家牵头的公共项目最终被迫转让给私营企业。阿根廷政府对私营企业进入互联网行业没有限制，想要提供互联网服务的公司只需获得国家通信监管机构的许可。2016年，政府第2483/2016号决议简化互联网行业许可证的注册流程，企业可以在线注册许可证。但是就通信基础设施来说，同样也被垄断在几家大集团的手中，缺乏竞争的市场环境，运营商也对改善网络环境缺乏兴趣。

反过来说，政府依然掌握着为运营商分配频谱的权力，而阿根廷是世界上为运营商分配频谱最少的国家之一，这也限制了通讯网的进一步发展。在克里斯蒂娜政府时代，由于政府与号角集团的竞争加剧，2010年阿根廷政府吊销了号角集团下属Fibertel的营业执照，限制了号角集团对基础建设的持续投资。到马克里时代，政府缓和了与号角集团的关系，归还了Fibertel的营业执照。出于整合市场结构的目的，2018年有线电视集团与阿根廷电信公司合并。尽管在批准两家公司合并后，政府对其制定了限制措施，包括减少频谱、公开基础设施信息等。

2018年4月，阿根廷政府批准一项关于通信技术和基础设施的法案，民间称之为"短法案"（the short bill），旨在修复目前传媒法制中，企业

---

① MOUNT I. Why is Argentina's Internet so outrageously slow？［J/OL］. ZDNNatalia Aruguete. The relationship between media and news sources：A content analysis of et. 2013-03-22.

② MOUNT I. Why is Argentina's Internet so outrageously slow？［J/OL］. ZDNNatalia Aruguete. The relationship between media and news sources：A content analysis of et. 2013-03-22.

合并相关条款中的漏洞，允许电信公司提供卫星电视服务，还对基础设施共享以及未来频谱分配做出规划。此法案的出台大大推动了阿根廷传媒巨头之间的融合合并。经过资源整合后，新的有线电视集团和阿根廷电信公司成为市场上唯一提供固定宽带的供应商，阿根廷的电信垄断也进一步增强了。

由于社交媒体的特性，以及阿根廷媒体与政治之间的关系，社交媒体已经成为阿根廷新一代政治运动的主要工具。阿根廷的政治活动家利用社交媒体进行联合、组织活动，引发阿根廷政府进一步严格了对网络媒体的审查。同时，数字技术的发达也让政府频繁遭遇网络攻击，在2016—2017一年时间里，超过24%的数字媒体遭遇了网络攻击，甚至阿根廷安全部也曾经遭遇过黑客入侵。

为了保护信息安全，阿根廷政府正努力提升其网络安全防护能力。2016年1月，马克里任命现代化部技术和网络安全副部长，以制定国家网络安全议程。2017年1月，布宜诺斯艾利斯市成立了首个计算机安全事件应对小组，重点就网络安全问题向公民提供咨询，并致力于提升公民网络安全意识。

（三）阿根廷传媒市场外资力量

多数时候，阿根廷对外国资本都持欢迎态度。在1992—1998年期间，跨国公司在阿根廷电视和多媒体产业中的销售额由0上升到45%。其中，1994年外资正式进入阿根廷文化产业，之后阿根廷出版业的非本土化趋势越来越明显，欧美发达国家的出版物以及资本投资在阿根廷出版业中占据重要地位。同时，阿根廷有多家外国媒体机构长期经营。美国的特纳广播系统在阿根廷的传媒业中已经占据一席之地，在全部媒体集团中位列第十。除此之外，墨西哥的特莱维萨公司也在阿根廷传媒市场中占据相当分量。外资媒体在阿根廷的蓬勃发展，与阿根廷的外商投资环境密切相关。①

---

① Deloitte. Investing in Argentina［EB/OL］. 德勤财务咨询网，2017-11.

阿根廷在宪法层面保护外国资本，宪法第 20 条规定外国投资者和本国投资者享受相同待遇，可以在同等审核标准下获取阿根廷本国信贷的支持。为保障外国投资者在阿根廷的权利，政府颁布了一系列与投资有关的法律法规。主要包括：《外国投资法》《商业公司法》《民法典》《商法典》《劳动合同法》《劳动条例法》《工业和服务业废料综合处理法》等。其中，《外国投资法》是阿根廷颁布的第一个有关投资的法律，并于 1993 年进行了修改，以期改善阿根廷的投资环境。《外国投资法》是阿根廷协调外资活动的基本法律，旨在为外国企业在阿根廷进行投资活动提供法律保障，以保护其投资收益和利润权利。根据最新的《外国人投资法》，外国投资者可在多个领域进行投资活动，甚至可以进入一些敏感部门，包括石油、交通、媒体（广播、电讯、报纸、杂志等）；所有的外资企业在阿根廷享受国民待遇；外国投资者可以向境外汇款及其获取的投资收益，也可在境内继续扩大投资等。在阿根廷合法框架内，外国投资者能够以任何手段进行贸易和投资，不需要国家进行担保。只要不违反《垄断法》，经济活动不需要事先批准。

此外，《商业公司法》、《民法典》和《商法典》对外国投资企业在阿根廷的投资选择形式做出了规定：可以采用公司、合伙、合资、独资、分支机构、特许经营、代理机构或许可协议等形式，也可以通过兼并、购买阿根廷法律承认的任何法人组织或与其他合资等形式进入市场。①

但是，多年以来，阿根廷的外国直接投资流入一直不稳定。联合国贸发会议发布的《2019 年世界投资报告》显示，2017 年至 2018 年，阿根廷外资流入增长 5.8%，至 2018 年底达到 1.22 亿美元。2018 年，阿根廷在拉丁美洲和加勒比地区外国直接投资比例最高的国家中排名第三。其中，美国、西班牙和荷兰占阿根廷外国直接投资的一半以上，其他主要投资国包括巴西、智利、瑞士、乌拉圭、法国、德国和加拿大。这些投资主要面向制造业、采矿和石油开采、贸易、银行和其他金融实体、信息和通信以及

---

① 康立. 阿根廷投资环境研究［D］. 太原：山西师范大学，2016.

农业。①

自 2018 年起，阿根廷经济开始陷入衰退，失业率居高不下，通胀水平高达 55%。随着目前国际经济形势的转变，阿根廷的经济已然遭到重创。2019 年 9 月，马克里签署一项法令，宣布将采取一系列外汇管制措施以减少金融市场波动。②阿根廷政府下令市民和贸易者在购买外汇或向国外转账之前，必须获得国家央行的批准，以维持阿根廷比索的汇率。

种种因素让阿根廷开始重视推进与中国的经济关系。中阿经济联系日益紧密，经贸关系得到突飞猛进的发展。中国已成为阿根廷第二大贸易伙伴和第一大农产品出口对象国，而阿根廷则成为中国在拉美的第四大贸易伙伴。2017 年，中国与阿根廷签署了 16 项经贸合作协议，涉及金额达到 170 亿美元。2017 年 6 月，阿根廷被批准加入亚洲基础设施投资银行，成为亚投行的 6 个拉美成员之一。③在此背景下，阿根廷在薄弱的通讯基础设施环节开始加强与中国的合作共建。中资企业华为已经在阿根廷取得一定影响，在 5G 和电信网全云化项目上展开广泛合作。阿根廷主流电信运营商更是支持中国资本，认为在电信领域，中国仍将是阿根廷重要战略合作伙伴。④

（四）阿根廷传媒市场垄断格局

阿根廷新闻传媒业的特点是以号角集团为首，呈现出高度集中的特征，公共媒体影响力较小。随着互联网技术的铺开，网络媒体在阿根廷取得长足的发展。同时，政府对外资进入传媒领域的限制较少，因此大量外国传媒集团纷纷在阿根廷设立子集团，包括《纽约时报》、路透社、英国广播

---

① LLOYDS BANK. Foreign direct investment in Argentina ［R/OL］.劳埃德银行，2020-05.
② 王婧.阿根廷实行外汇管制稳定金融市场［J/OL］.经济参考报，2019-09-03.
③ 方旭飞.中国与阿根廷：开创全面战略伙伴关系的新时代［J/OL］.光明网理论频道，2018-12-03.
④ 国际在线.阿根廷主流电信运营商：华为目前是今后也仍将是重要战略合作伙伴［J/OL］.国际在线，2019-06-13.

公司等新闻机构均在阿根廷开展业务。

Company	Origin	Activity	Brands
Grupo Clarín	Argentina	TV, radio, press, publishing	Clarin.com, Mitre, Canal 13, pymes, La Razon, ClarinX, Olé
Grupo América	Argentina	TV, Radio	la red am910, noticias 24, canal 10, américa, AMERICA
Torneos	Argentina	Sports TV broadcasting	FOX Sports, TyC Sports
La Nación	Argentina	Press, TV, Radio	LA NACION, Rolling Stone
Grupo Ambito	Argentina	Press	ámbito financiero, Buenos Aires Herald, El Ciudadano
Turner Broadcasting System	USA	Entertainment, production and distribution	C-SAT, CNN, Cartoon Network, TNT

Source: CACE, Forbes Argentina.

Company	Origin	Activity	Brands
DirecTV	USA	Satellite television	DIRECTV, DIRECTV Cinema, DIRECTV sports
The Walt Disney Company	USA	TV, radio, publishing, films and music	Disney Channel, Disney Junior, XD, Patagonik Film Group
Albavisión	USA	Television and radio	Continental, radio imagina, PRINCIPALES
Televisa	Mexico	TV, radio and publishing	COSMOPOLITAN, Men'sHealth, Women'sHealth, NATIONAL GEOGRAPHIC, parati

Source: CACE, Forbes Argentina.

2017 年阿根廷传媒垄断格局

三、阿根廷传媒行业的法律规制

传统上，阿根廷的媒体是政治的武器，历届政府都曾经试图放弃国家媒体，但没有任何一任政府真正放弃这一领地。

在 1983 年军政府垮台后，阿根廷的社会制度发生了巨大的变化，建立了现代的民主制度。研究当今的阿根廷新闻法制，1983 年以后的时期更具现实意义。在内斯托尔·基什内尔（Néstor Kirchner）时代，政府与媒体针锋相对，媒体居于主导地位。如今，这样的格局已经远去，马克里政府正在为公共媒体提供资金支援。随着阿根廷政治格局的变化，曾经亲近基什内尔政府的媒体也已经式微，如今马克里政府掌握着阿根廷的公共媒体。在基什内尔时代，政府希望以法律形式终结媒体的垄断，目的在于限制反对政府的媒体发展。现在，马克里政府则采取了另外一种路径，政府统率公共媒体。尽管路径不同，却也引发了人们对于两种方式"殊途同归"的担忧。总的来说，阿根廷缺乏真正意见独立的媒体。[1]

正是由于媒体与政治的紧密关系，本节将以阿根廷的政治变迁为线索，将传媒法制的发展划分为三个阶段。从基什内尔时代、克里斯蒂娜时代到马克里时代，梳理阿根廷传媒法制重要节点事件。

（一）相关法律规定

参照美国现行法律体系，阿根廷的法律体系是以1853年《宪法》为基础建立的，同样属于大陆法系。阿根廷没有成文的新闻法，而是在《宪法》、《民法》和《刑法》中对新闻出版活动的权限做出规定，并以宪法的形式授予公民言论自由的权利。

阿根廷对新闻业的管理和法制，经历了一个漫长的转变时期。阿根廷《宪法》历经1860年、1866年、1898年、1957年和1994年多次修正，1994年的宪法改革就国家和新闻界的关系加入了若干肯定表达自由的条款。[2] 阿根廷《宪法》第14条规定，阿根廷的所有居民有权在报刊上不经事先审查发表观点。第32条具体规定，联邦国会不得通过限制出版自由的法律，或者对它确立联邦司法管辖权。同时宪法第43条第3款专门保护新闻信息来源的秘密性质不受破坏。而第75条第19款也赋予国会管制广播电视媒体的权力。

---

[1] COX R. In Argentina, the media is a weapon [J/OL]. 布宜诺斯艾利斯时报网站，2017-10-21.

[2] 展江. 阿根廷记者与新闻法制改革 [J]. 新闻爱好者，2005（12）：19-20.

阿根廷最高法院曾经指出：新闻自由是阿根廷宪法中一条极为重要的条文，如果新闻自由没有足够保障，整个民主制度只会徒有形式。在阿根廷，创办任何媒体都不需要领取执照。但是，由于1930—1983年的军人统治期间宪政体系的中断，法制受到了极大损害。[①]展江教授指出，虽然阿根廷在民主化进程方面进步显著，新闻自由已经成为其法制的一个重要组成部分，但它仍然是对新闻界开展舆论监督、进行法律限制最多的国家之一。阿根廷政府除了对批评政府的行为设立"不敬罪"之外，其《刑法》和《民法》中的相关条款也约束了新闻自由。

在阿根廷的电信业中，约6%的份额由外国资本控制，西班牙是阿根廷最大的外国直接投资来源国，2009年西班牙对阿根廷的直接投资达220亿美元（28%）；美国是第二大投资国，达到130亿美元（17%）。到2011年，中国已成为阿根廷第三大外资来源国。

外汇市场同样是自由的，阿根廷对外汇流入和流出的限制相当少。马克里政府正在努力提供一个有利于商业发展的环境，消除投资障碍，以吸引发展经济所需的投资。目前阿根廷已经取消了境外支付的限制，投资者不再被要求在外汇市场结算所得，投资环境相当宽松。[②]

（二）政策环境变化

军政府垮台、恢复宪法之后，阿根廷的新闻传播业发展可以大致划分为四个阶段——第一时期，新成立的阿根廷民主政府解除了对媒体直接的出版审查；第二时期，将媒体公司的所有权集中在少数几个大集团中；第三时期，不同类型媒体间出现了技术融合；第四时期，不同媒体集团在地域上开始集中，首都布宜诺斯艾利斯成为传媒中心。

而军政府在1980年颁布相关法律促进新闻出版集团化，富有的企业

---

① 展江，张金玺，等.新闻舆论监督与全球政治文明[M].北京：社会科学文献出版社，2007：583-584.

② CASTRO SAMMARTINO ME. Argentina：Foreign Investments in Argentina： Legal Framework and Basics[EB/OL].Mondaq网站，2017-11-13.

主得以主宰新闻市场，阿根廷的新闻业出现了垄断和私人化的特征。1981年阿根廷正式实施《国家无线电台法》。这项法律的条文非常详尽，在此后的20多年里经过了多次修改，内容变动很大。总的来说，它的修改越来越有利于企业的利益，特别是大型企业集团的利益。

20世纪90年代，梅内姆执政的两届政府（1989—1995年、1995—1999年）推行新自由主义政策，通过修订法律框架，颁布国家改革法，允许一种媒体的企业同时拥有其他媒体的企业，为多媒体集团的出现开辟道路。通过放松管制和使外商直接投资媒体合法化，传媒产业逐渐私有化。从那时起，媒体所有权开始不断集中。这一过程的高潮是两个大型传媒集团的建立：设在布宜诺斯艾利斯的号角集团和西班牙电信公司设在阿根廷的子公司——阿根廷电信公司。

自2003年阿根廷遭遇历史上最严重的经济危机以后，传媒行业的法律规范经历了两次大规模调整，彻底重塑了阿根廷的传媒产业。以这两次政策调整为节点，可以将2003年以来的阿根廷新闻传媒业划分为三个阶段，即基什内尔时期（2003年5月14日到2007年12月）、克里斯蒂娜时期（2008年到2015年12月）和马克里时期（2015年12月10日至今）。

第一，基什内尔时代与传媒业的恢复。

在前总统梅内姆的第二任期内（1995—2003年），阿根廷进入持续的经济衰退期。此后几年，阿根廷经济状况持续下滑，在2001年爆发了全面的经济危机。至2002年年中，国内经济滑至最低点。数据显示，从1998年中期到2002年中期，阿根廷人均国内生产总值（GDP）由8000多美元降至2300美元，失业率由15.9%升至23.9%，大布宜诺斯艾利斯地区的贫困人口占该地区总人口的比重由27%升至55%（赤贫人口由8%增至25%），通货膨胀率由-1.8%飙升至41.0%。[①] 面对严峻的经济局势，民众纷纷走上街头游行。据媒体报道统计，仅2002年1月阿根廷就发生了

---

① 谢文泽.阿根廷经济：燃起新的希望——2003年阿根廷经济形势述评［J］.拉丁美洲研究，2004（1）：20-24.

2552次游行示威等群众抗议活动。① 对群众活动的报道让一些记者和媒体招致政府的不满，政府开始直接干预传媒业。尤其在总统大选前夕，一些较为激进的从业人员和媒体组织甚至遭到攻击。在经济危机和政治压力的双重打击下，这个以传媒业为骄傲的国家被迫在新闻传播发展方面削减开支，媒体的发行量和广告收入持续下滑，导致十几家媒体直接倒闭，其他媒体也是惨淡经营。

2003年5月，内斯托尔·基什内尔上台执政后，阿根廷迎来了新的发展契机。基什内尔上台后，稳定了阿根廷混乱的政治局势，逐步恢复经济发展。但是由于此前经济衰退带来的普遍冲击，阿根廷的媒体行业仍然困于严重的财政危机。尽管整体经济局势的好转遏止了传媒业进一步衰落的颓势，但一些媒体提出政府依然对困境中的传媒业征收"歧视性"税费，不利于传媒行业的恢复发展。据阿根廷新闻实体联合会的报告显示，在中小型企业税率为10.5%的前提下，中小型报社和杂志社需要翻倍缴纳税费。

2002年和2003年，政府开始对媒体实施补贴政策，情况开始有所好转。首先，阿根廷参议院通过决议，削减了引起不满的不平等税率，年广告收入低于4300万比索的中小型新闻组织得以大幅度减少成本。此外，基什内尔虽然维持了军政府时期的新闻法制，但在政府信息公开方面有所放松。2003年5月，众议院通过了一项政府反腐败办公室连同民间组织和社会活动家共同起草的信息公开法案，基什内尔于12月签署总统法令，保障公民能够获取政府信息。与此同时，基什内尔政府还以投放官方广告的形式对媒体行业实施调控，支持现任政府执政，积极报道前任政府腐败丑闻的媒体，获得了更多的广告收入。

2004年，政府通过一项新法令，延长媒体公司许可证期限，进一步实行税收减免，并且使媒体公司免受国家破产法的约束——该法允许外国债权人购买破产媒体的资产，实际上使得本国媒体成为国际传媒进入本土市

---

① 谢文泽.阿根廷经济：燃起新的希望——2003年阿根廷经济形势述评[J]. 拉丁美洲研究，2004（1）：20-24.

场的便利路径。在此背景下，阿根廷传媒产业得以开始恢复。根据阿根廷文化信息组织（Cultural Information System of Argentina）提供的数字，2004年媒体产业占阿根廷国内生产总值的2.4%，此后持续增长，到2009年时已经升至3.5%。①

在基什内尔就职之前，阿根廷国有媒体集团因经济危机而背负巨额债务，继而引发货币贬值。政府的传媒政策旨在维持现状，倾向于对传媒产业利好，得到了传媒业界广泛好评。其中，基什内尔政府时期通过的对传媒业影响最大的法规，就是2003年通过的《保护文化产品和资产法》，对外国投资国内媒体的比例设定了30%的上限，有力保护了本国传媒行业与国际传媒企业在本土的竞争。2005年颁布的第527号补充条款，为现有电视播出许可延长了10年有效期。此后在2007年，政府又授权号角集团收购国内两大有线电视运营商——Cablevisión和Multicanal，进一步整合了本国广播电视行业。

第二，克里斯蒂娜时期与《视听传媒法》。

自2001年以来，阿根廷政府加大了对传媒产业的关注，推进传媒所有制改革。这些对阿根廷的媒体集中产生了正反两面影响，早期政策倾向于提高媒体的集中度，但后期转向消除高度集中带来的影响。到2007年，基什内尔完成了第二任期的平稳过渡。在同年举行的大选中，基什内尔的妻子克里斯蒂娜·费尔南德斯·基什内尔成功获选，成为庇隆夫人之后阿根廷第二位女性首脑，也是阿根廷历史上第一位民选女总统。虽然基什内尔挽救了阿根廷经济，给克里斯蒂娜留下了较好的政治遗产，但她的政途并不顺利。上台之初，克里斯蒂娜一项针对农业出口税的改革引起国内民众不满，导致全国性的罢工和游行。正当此时，处于阿根廷传媒业领头地位的号角集团旗下媒体对克里斯蒂娜多持批评态度，导致政府与集团之间

---

① SINCA.Cuenta Satélite de Cultura［EB/OL］//Noam E Mand the International Media Concentration Collaboration. Who owns the world's media—media concentration and ownership around the world［M］. London：Oxford University Press，2016：575．

的关系急剧恶化。由此开始，克里斯蒂娜决定改革传媒法规，以限制传媒集团的权力和影响。在此期间一项值得注意的是2009年克里斯蒂娜政府废除了自梅内姆时期便存在的诽谤罪。

接下来，执政的正义党决定对军政府统治时期延续下来的广播法进行修订，以打破号角集团一家独大垄断国内传媒市场的局面。2009年10月，政府提出了一个新的视听服务监管框架，尽管号角集团奋力抵制，但最终参议院以多数赞同票通过了这项法律，即《视听传媒法》（Ley de Servicios de Comunicación Audiovisual No. 26.522）。克里斯蒂娜政府期望通过这项法律，改善行业集中化的现象，并且提倡建立新的国有媒体，使公共频道多样化。根据《视听传媒法》，广播电视行业被强制拆分，将营业执照一分为三发放给私营媒体、国营媒体以及非营利性媒体，还规定频道必须预留播出时间播出政府指定的节目。这项法律赋予政府拥有对媒体更多的控制权，也意味着政府在和媒体财阀的斗争中获得胜利。无论是在决策领域还是内容生产领域，该法都趋向联邦制。对传媒行业来说，这有助于限制集中和加强市场导向。

在机构设置方面，克里斯蒂娜决定组建联邦视听传媒服务局（Autoridad Federal de Servicios de Comunicación Audiovisual，AFSCA）。服务局由7名董事组成，其中2名（包括主席）由国家行政机构直接任命，3名由国民议会任命（法律还进一步规定其中2名应属于议会少数党），2名由联邦视听传播委员会（Consejo Federal de Comunicación Audiovisual，CFCA）任命（其中1名须来自国立大学信息科学、传播学或新闻学领域的学者）。同时，政府还设立了观众检察员以及视听与儿童顾问会。联邦视听传媒服务局有权颁发营业执照，对节目内容进行监管，并对违反者处以罚款。

同时，《视听传媒法》还限制了媒体的过度集中，规定将单个企业或个人能够持有的营业执照从24个削减到至多10个，持股不能超过35%，一个区域内的多家电子媒体不得相互持股（cross-ownership）（并不包含印刷媒体）。这项法律引起的最主要争议在于，禁止单一组织或个人在一个地区的有线电视运营商和开路电视运营商中同时持股。在同一时间内，有线电视运营商只能拥有一个信号。在内容方面，政府规定媒体播出的内容应遵循一定的比例，即政府制作的内容占60%，企业制作的内容占30%，独立制作的内容占10%。此外，广播电视行业还与阿根廷其他文化产业联系在一起，为获取波段而缴纳的税费，其中一部分将用于扶持电影和音乐行业。

虽然克里斯蒂娜政府通过《视听传媒法》发放执照的权力来限制反对其执政的媒体，但实际上阿根廷政府对这一法律的执行并不严格。2010年，反对这项法律的媒体集团提出法律申诉，指责这一法律违宪，损害了宪法保障的言论自由权。虽然阿根廷联邦最高法院当年已经宣判《视听传媒法》并不违宪，但提起诉讼的媒体集团仍不放弃，就与媒体所有权相关的4项条款继续提起申诉。

不知出于何种原因，政府最终暂停了该项法律的实施。比起促进新的立法以解决传媒业中存在的问题，政府的目的更多在于削弱号角集团在传媒业中的地位。这导致联邦视听传媒服务局并未正式建立，仅在2012年有两名由国民议会少数党选出的董事真正得到任命。另外，虽然规定称非营利性媒体可以获得其中三分之一广播电视许可证，但却没有明确具体的标准，也就是说非营利性媒体只是暂时获得许可证，或是只能保有改革前已经获得的许可证，并未明确划分如何确保三分之一的份额。由于《视听传媒法》规定了引进投标应该遵循的程序框架，在没有管理部门的参与下，由规划局和公共投资服务部负责的地面数字电视推广项目中，营业许可证大多匆忙授予与政府立场一致的私营媒体。同时，由于政府通过投放大量的官方广告，鼓励更多私营媒体站在和政府同一的立场，也影响了国营媒体经营收入，这也进一步引发了传媒行业的普遍不满。

受到打压的号角集团不断对这一法律提起诉讼，指控其侵犯财产权，并且威胁言论自由。2013年10月，阿根廷最高法院发表意见，认为《视听传媒法》提出的原则是基于言论多样性，国家有权在必要时对媒体集中做出限制，因此《视听传媒法》符合宪法并且具备可执行性。对此，号角集团仍然表示不满，决定继续提起上诉。而在最高法院认定《视听传媒法》合宪后，监管部门便有权对超过许可证数量的 20 多家媒体集团进行重组。这就意味着，阿根廷法律首次强制媒体集团放弃执照，并正式将媒体集团重新划分为若干企业，以减少视听部门的大集团垄断。根据法律，必须确保重组后的公司之间没有合作关系或反竞争关系。然而，由于克里斯蒂娜政府本身不够强硬，监管能力弱，而媒体集团又过于强势，在许多重组案例中，包括号角集团在内的多数集团，仅在大股东之间重新分配股权，并未实现真正意义上的拆分，非营利性媒体也并未如期获得准入。

更有甚者，阿根廷电信公司免于重组。作为开路电视市场的巨头，阿根廷电信公司同时还拥有固定电话服务许可证的交叉持股。以《视听传媒法》的规定来看，阿根廷电信公司并不能同时取得这两大领域的营业许可。然而，阿根廷政府并未对这一企业实施改组。与其他因为高度集中而遭到改组的媒体集团相比，政府对这一西班牙电信公司旗下企业给予了特别优待，结果招致大量舆论批评。

在《视听传媒法》颁布多年后，垄断媒体、资本集中和外资持股仍然是阿根廷媒体结构的显著特征。这一法律的颁布，很大程度上仅是克里斯蒂娜政府与号角集团之间的政治斗争，对非营利性媒体的支持和发展方面并未取得实质进步。虽然《视听传媒法》以多元声音为出发点，最终也并未得到落实，公共媒体依然有明显的政府倾向性。从管理层面来说，对许可证的发放缺乏专业管理。政府对全部许可证的来源和流向并不了解，不仅削弱了发放程序的公开透明性，也影响了波段的分配，阻碍了广播电视行业的进一步发展。

除此之外，2011 年反恐法修正案，增加了对媒体报道恐怖主义行为做出惩罚的规定。根据这一法律，如果新闻机构发布了"恐吓"公众的报道，将根据法律承担责任。尽管克里斯蒂娜政府表示，该措施并非旨在针对媒体，但在 2014 年，记者胡安·巴勃罗·苏亚雷斯（Juan Pablo Suárez）发布了一则圣地亚哥·德尔埃斯特罗（Santiago del Estero）警察抗议的视频片段，政府援引这一法案指控苏亚雷斯涉嫌报道恐怖主义。

第三，马克里时期政府与媒体关系恢复。

在克里斯蒂娜执政时期，政府与号角集团一直冲突不断。在克里斯蒂娜看来，《视听传媒法》旨在反垄断，而号角集团坚称这一法律意在政治层面打击唯一敢于公开批评她的媒体集团。2015年大选中，马克里当选，很快缓和了政府与号角集团之间的矛盾。进入马克里执政时期，政府和私营媒体之间的关系得到普遍改善。

与克里斯蒂娜时期相比，马克里政府被认为在传媒政策方面带来很多进步变革，一改前任政府与媒体之间剑拔弩张的对立现象。首先，在社会要求政府信息公开的多年尝试后，国民议会终于2016年9月通过了一项信息公开法案，设立了专门的信息公开机构，允许每个阿根廷公民向政府机构对允许范围内的信息提出公开申请，并且规定相应机构必须在15天内予以回应。与此同时，这条规则同样适用于接受国家资助的私营企业。

此前，克里斯蒂娜政府对持不同意见的媒体采取打压方式，多次明确对这些媒体和记者提出批评。而到马克里上台之后，政府开始对传媒法制进行大刀阔斧的改革，对媒体的态度一改从前，不仅恢复了政府定期的新闻发布会制度，还停止从政策层面打压激进媒体和记者，而记者采访也不再受到法律限制，拥有更大的采访自由度。马克里还进一步签署法令，废除媒体和电信法（又称阿根廷数码法）。虽然并未直接触及2009年颁布的《视听传媒法》，但马克里签署的多项法令均旨在修订《视听传媒法》。支持修改法律的舆论认为，随着互联网技术在阿根廷的普及，各家媒体集团都将目光转向网络媒体，这意味着《视听传媒法》已经跟不上数字化时代的变化。2016年1月，联邦法院在一家消费者协会对电台的诉讼中，实质上否决了马克里提案的原则内容，但随后在4月的国民议会上，这一法令最终还是得以确立。

在克里斯蒂娜政府时期，监管机构在发放媒体牌照时存在明显"偏见",几乎只向国营媒体或亲政府媒体组织发放牌照,被其他媒体和各界指责造成"社会不公"。对此,马克里撤销了对媒体拥有牌照的限制,解除了对媒体公司之间销售执照的禁令,并从 2018 年开始允许电信公司介入有线电视服务领域。2016 年 8 月,马克里政府建立了新的官方广告发布原则,停止将国家广告的行政化分配,重新制定了防止政治偏见的分配标准。政府继而大幅削减对一些媒体的投资预算,同时加上持续走低的经济形势,一些媒体集团的营收受到影响。

在此过程中,马克里政府对传媒政策的改革也招来不少争议和批评。程序合法性的问题,马克里认为,在克里斯蒂娜政府留下的混乱局势中有必要采取高压手段予以稳定。因此,他在签署法令修改《视听传媒法》的过程中,选择了直接绕过国民议会的方式,此举被认为是"反民主"的。监管机构主管的任命从法律层面上,需要得到参议院召开特别会议进行批准,但由于 2016 年参议院多数席位由马克里所属政党胜利阵线(Fernández's Victory Front)控制,因而为他绕过这一过程带来了便利。同时,马克里明显偏向私营媒体的政策,也进一步加剧了传媒业的垄断。号角集团和电信公司合并,垄断了全国 40% 的电视网。由于号角集团的强势,合并后的新集团几乎包揽阿根廷境内所有的内容生产,还能享受政府给予的税费减免政策。此外,马克里政府还多次拖延一项新的传媒监察法的出台。

由此可见,在阿根廷传媒领域,难以制定推出具有长期性、稳定性和内在一致性的传媒法规。在绝大多数时候,随着当政政府、党派甚至领导的政治需求变化,传媒法规也会随即受到调整、发生变化。

第三节 智利的新闻传播

智利是世界上地形最狭长的国家,被称为西半球"美丽的裙边"。这里有"世界旱极"阿塔卡玛沙漠、壮丽的安第斯山脉、神秘的复活节岛以及热情奔放的奎卡舞。智利还素有"铜矿之国"的美誉,是世界上唯一出产天然硝石的国家。这里物产丰富、人杰地灵。据文物考证,早在一万两千年以前智利领土上就有了人类活动,主要为印第安人土著。1561年西班牙人征服了智利,建立了长达两个半世纪的殖民王国,直至1810年智利才重新获得独立。尽管独立较晚,但智利的国家发展水平很高,具有稳定的政治环境,全球化的、自由的经济环境,以及较低的腐败率和贫困率,在伊比利亚美洲与阿根廷及巴西并称为"ABC强国"。与国家经济发展水平相应,智利的新闻媒体也较为发达。本节将从发展历程、格局现状、法律规制、重点媒体四个方面对智利的新闻传播予以梳理论证。

一、发展历程

以政权更迭为标志节点,智利媒体的发展历程可以分为三个时期。

第一个时期从1810年智利独立到1973年军事政变,是新闻媒体初创和自由发展时期。西班牙殖民者并没有在智利发行任何正式的新闻印刷品,智利的第一份报纸《曙光报》是1812年独立运动初期由一位反皇家的修道士私人出版的。这一时期,智利被誉为拉美地区资产阶级的"民主橱窗"。智利各党派实力相对平均且竞争激烈,言论自由的新闻传统十分浓厚。当时圣地亚哥有10份日报,涵盖了所有的意识形态范围。其中包括左派共产主义的《世纪报》、社会主义的《最后时报》、极左派的《纯粹智利报》(Puro Chile)和《号角报》、中间派基督教民主党的《新闻报》以及中右翼或极右翼的《信使报》、《最后消息报》、《最后消息晚报》、《第三版时报》和《论坛报》。

第二个时期是从1973年到1990年的严格受限时期。1973年,在美国暗中支持下,智利爆发了反对阿连德社会主义政府的军事政变。在此期间,智利进入了皮诺切特将军(Augusto José Ramón Pinochet Ugarte)独裁统治时期。

在军事政府的高压控制下,独立报纸几乎全部消失。印刷媒体集中在两个支持军政府的右翼媒体集团手中:《信使报》的所有者爱德华家族拥有全国报纸约 50% 的发行量,《第三版时报》的所有者比科·卡尼亚斯(Picó Cañas)家族拥有约 30% 的发行量。1972 年 10 月,政府控制了全国 125 家电台。① 皮诺切特将军利用这些媒体宣传他的经济和独裁政策,并实施了所谓的"国家安全政策",用以限制公民权利及新闻自由。

第三个时期从 1990 年至今,是智利新闻传媒的商业垄断时期。1990 年,智利民主联盟通过大选上台执政,实现了从军人政权向文职政府的和平过渡,但这并没有引起新出版物的爆炸式增长。《信使报》继续主导着印刷媒介,仍是该国最具影响力的报纸。

二、格局现状

对于智利新闻传播的格局现状,将从整体分布情况以及报纸、广播、电视、互联网等不同媒体业态的情况入手展开说明。

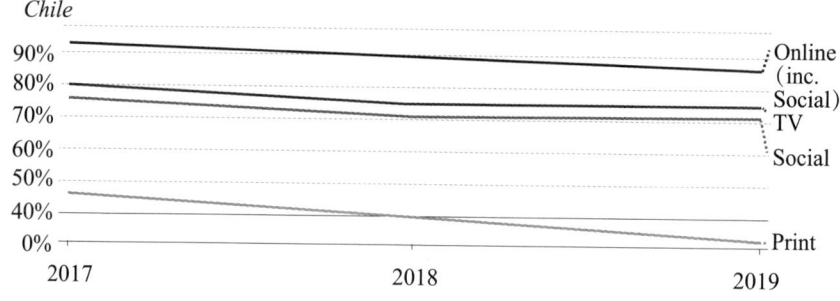

---

① WHITTEN-WOODRING J,DOUGLAS A. Historical Guide to World Media Freedom:A Country-by-Country Analysis[M]. Chicago:American Library Association,2014:173.

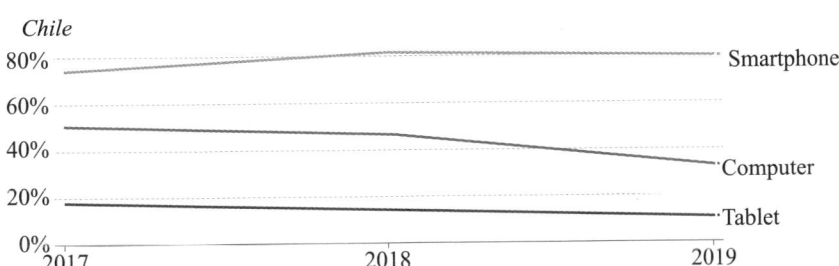

智利公众新闻获取渠道，上：媒介渠道，下：终端渠道

随着数字化时代的到来和科技的发展，今天的智利媒体格局是网络媒体的天下，近90%的智利用户选择通过互联网获取新闻。在智利国家数据库中的509家注册媒体中，超过一半（216）是数字媒体，仅133家印刷媒体、115家广播电台和45家电视台。越来越多的智利人开始使用移动设备关注新闻，智能手机已成为过去三年中获取新闻的主要方式（80%），计算机则处于衰退状态。到2017年为止，有1400万智利人使用互联网，约占人口的78%。智利的网络访问没有任何限制，网民可登录任何合法网站。[①] 因为网络的开放性，智利网络市场已经被美国的巨型媒体挤占。据alexa.com网站2010年的数据，全部访问量占据前三的网站均是美国公司，分别为谷歌平台、脸书和微软平台。访问量最多的新闻媒体网站则分别是《信使报》的网络版Emol.com、《最后消息报》的网络版Lun.com和《第三版时报》的网络版Latercera.com。

电视仍然是智利最重要的传统新闻来源。大多数电视新闻活动集中在智利人口稠密的中央山谷，特别是智利最大的城市圣地亚哥。智利有六个主要电视频道。包括国有但自治的国家电视台TVN、智利大学电视台、天主教大学电视台、瓦尔帕莱索天主教大学电视台等。[②] 电视节目很大程度上依赖于外国节目和电影，来自美国的电影和电视节目占主导地位。但智利的肥皂剧十分有名，出口到许多其他拉美国家。许多智利人都表达过对

---

① BBC. Chile profile – Media ［J/OL］. 英国广播公司网站，2018-02-27.
② 王晓燕. 列国志——智利［M］. 北京：社会科学文献出版社，2004：281.

智利电视节目质量的不满，其新闻和评论非常有限，而肥皂剧、综艺节目和足球比赛节目过多。

近年智利的印刷品市场正逐渐衰落。智利的报纸市场很小但很成熟。相比之下，杂志数量很少且流通量很低。据智利全国新闻协会（ANP）统计，全国共四家主要报纸占据了大部分印刷品市场，分别为信使报集团的《信使报》和《最后消息报》、Copesa 传媒集团的《三点钟报》和《四点钟报》。其中小报《四点钟报》销量最高，《信使报》的政治影响力最大。[①]非订阅性的报纸大多数是在街上的小售货亭出售。

广播曾是互联网普及以前最受欢迎的媒介，能覆盖到智利最偏远的地区和最底层阶级。最著名的电台是政府运营的全国性广播"智利全国广播电台"。[②]但随着数字媒体的兴盛，现在智利的广播虽然仍保持部分收听率，但主要起音乐伴奏、谈话节目功能而非传播信息。许多广播公司没有新闻编辑室或记者、编辑等长期工作人员。只有在灾难发生时，广播才能作为新闻来源发挥重要作用。例如，2010年2月智利地震期间广播收听率达到数年内最高峰。

三、法律规制

智利《宪法》规定了公民享有完全的言论出版自由。智利《宪法》第三章第十条规定，凡在智利共和国的居民，其享有的下列权利，均受宪法的保障：

> 人民的意见自由，包括言论自由和出版自由；出版，不受任何方式的检查；但此种自由如有滥用或构成犯罪时，仍应依法受制裁。[③]

[①] GODOY S, GRONEMEYER M E. Mappping Digital Media: CHILE [EB/OL]. 开放社会基金会网站，2012-10-23.

[②] PERRONE C. Chile - Culture Smart! The Essential Guide to Customs &Culture [M]. London: Kuperard, 2018: 284.

[③] 赵雪波. 世界新闻法律辑录 [M]. 北京：社会科学文献出版社，2010: 49.

皮诺切特军政府统治时期，宪法规定的新闻自由几乎完全得不到保障。1990年智利重归民主政体以后，颁布了多部法律以改善新闻自由状况，包括1992的TVN法律（确保智利国家电视台是独立的公共广播机构）、2001年有关新闻自由的法案、2008年的信息公开法案、2010年的电信法案。

特别是智利国会2011年通过的新《新闻法》，该法令废除了《国家安全法》中关于将藐视权力定为犯罪的条例。《国家安全法》第6条曾规定，侮辱总统、武装部队指挥官、国会议员、最高法院等公共当局的人将被判刑。2011《新闻法》还规定，记者没有任何义务披露其消息来源；法院不能阻止媒体报道有争议的刑事案件；所有关于新闻犯罪的起诉都将由普通民事法庭进行，军事法庭审判记者煽动叛乱成为历史。2011《新闻法》是智利新闻自由史上一次伟大的进步，但《国家安全法》和《刑法》中仍有部分条款允许官员禁止出版物发行并对记者提起煽动诽谤诉讼。

四、重点媒体

同其他拉美国家一样，智利的媒体所有权高度集中。两大媒体集团——信使报集团和Copesa传媒集团占据了智利大部分（90%）印刷媒体份额，以及数字媒体行业的大部分份额。信使报集团拥有的主流报纸《信使报》、小报《最后消息报》、每日晚报《最后消息晚报》、圣地亚哥自由报等21家地区性报纸、电子门户网站Emol以及Universo、Digital FM、Positiva FM广播电台。Copesa传媒集团拥有全国性日报《三点钟报》、《四点钟报》、《脉速报》（Pulso）、《新情况》和《保拉》杂志（Paula）以及网络电台Radio Zero。媒体批评家认为，影响智利民众意见表达自由的并非来自政府的言论封锁，而是来自商业资本的垄断霸权。

信使报集团旗下的《信使报》是智利历史最悠久、发行量最大的报纸，也是迄今为止世界上仍在出版的历史最悠久的西语报纸。1827年，《信使报》在瓦尔帕莱索创刊，1900年创办了圣地亚哥版。它是一份传统右派报纸，立场保守。该报为独立报纸，每日发行，由爱德华家族（Agustín Edwards family）控股，能较客观地评论国内外大事，主张智利经济开放。其读者层次较高。《信使报》还被誉为"智利的《纽约时报》"，是一份历史记录报，同时还拥有声誉很高的艺术和文学版，在很长一段时间内是智利唯一的"大报"。信使报集团旗下的另一份畅销报纸《最后消息报》则以八卦和娱乐新闻著称。《最后消息报》也是一份日报，1902年创刊。1994年《最后消息报》成了智利第一家完全以数字化方式制作的报纸。主要刊登社会、文化和体育新闻，政治新闻较少，以小市民为主要读者。在互联网领域，信使报集团创办了Emol网站。它曾是《信使报》的线上版本，但现在已经拥有独立的新闻编辑室制作内容，其编辑与《信使报》的编辑相互独立没有交流。

Copesa传媒集团旗下则拥有报纸《三点钟报》。该报1950年创刊，起初它被称为《第三版时报》，因为它是现已解散的报纸《时报》的晚间版本。在20世纪50年代后期，《三点钟报》从《时报》独立出来，变成了一份早报。《三点钟报》也是独立报纸，发行量很大。主要为中产阶级和下层社会代言。过去是小报风格，近年开始重点报道政治、商业事件，影响力逐渐攀升。1984年，Copesa传媒集团又创办了另一份小报《四点钟报》，代替《三点钟报》报道那些耸人听闻的新闻，如性、犯罪、明星娱乐新闻。该报是一份免费的日报，销量很大。Radio Zero是Copesa传媒集团与其他数字媒体合作的音乐网站，主要面向年轻观众的流行音乐市场。

过去几十年间，智利最大也最受欢迎的电视台是智利国家电视台（TVN）。它又称7台，也是智利唯一的公共电视公司。1964年成立，总部位于圣地亚哥，其董事会由智利总统任命，面向全世界放送节目。1970年的第377号法律规定，智利国家电视台必须是公共、自治、多元和具有代表性的公共服务媒体，受教育部指导。智利国家电视台还要根据国家电视委员会（CNTV）制定的标准管理其放送的节目。天主教大学电视台则是智利第二大电视台，智利第13频道（简称T13）。第13频道由智利天主教大学的一组工程师于 1959 年 8 月 21 日在圣地亚哥创办，为免费电视频道。2010 年由于财政困难，智利天主教大学出售了大部分股份，现在 67% 由企业家安德罗尼科·卢克希克（Andrónico Luksic）拥有，仅余 33% 仍归大学所有。另外一家传媒机构 Mega，是智利的第一家私人广播公司，创办于 1990 年。2016 年 6 月，美国的探索频道收购了 Mega Channel 27.5% 的股份。经过多次节目改革，Mega 拥有了许多最受欢迎的娱乐节目和最受关注的新闻节目。目前，Mega 旗下电视节目的收视率已远超智利国家电视台占据榜首。

在广播方面，最有名气的是智利国家电台和智利电台。其中，智利国家电台是隶属于智利政府的官方电台，建立于军政府时期，是在没收原社会党"社团电台"和左派革命党"国家电台"的基础上创办的，直属于国家社会宣传局的领导。而智利电台则是智利历史最悠久的电台，目前主要股份掌握在教会手中，主要反映教会当局的观点。此外，西班牙的大型跨国传媒集团普利萨也在智利拥有多家广播电台。

互联网是智利人获取新闻的主要方式。由于 1990 年政府决定将互联网市场完全开放，智利本土网络被美国公司挤占的现象十分严重。据 2019 年 6 月的统计结果，访问量最高的六家网站都是美国公司所有。排名第七、访问量最大的智利本土网站是 Biobiochile.com，是智利 Biobío 独立广播电台的线上机构。[1] 该公司的口号是"完全的独立"，因此它甚至没有加入智利广播联盟。智利两大媒体集团经营的网站 Emol.com 和 Latercera.com 则分别排在第 20 位和 22 位，主要提供新闻资讯服务，包括报纸网络版也有独立的电子新闻内容服务。在网络领域的垄断现象也非常突出，互联网接入服务大约 80% 的市场份额由两家智利电信公司 VTR 和 Movistar 瓜分。

---

[1] Similar Web. Top websites Ranking: Top sites ranking for all categories in Chile [EB/OL].西米勒网络网站，检索时间：2019-08-01.

Rank	Website	Category	Change
1	google.com	Computers Electronics and Technology > Search Engines	=
2	youtube.com	Arts and Entertainment > TV Movies and Streaming	=
3	facebook.com	Computers Electronics and Technology > Social Networks and Online Communities	=
4	google.cl	Computers Electronics and Technology > Search Engines	=
5	xvideos.com	Adult	=
6	instagram.com	Computers Electronics and Technology > Social Networks and Online Communities	+1
7	bancoestado.cl	Finance > Financial Planning and Management	-1
8	xnxx.com	Adult	=
9	twitter.com	Computers Electronics and Technology > Social Networks and Online Communities	=
10	live.com	Computers Electronics and Technology > Email	=

智利民众最常使用的网站排行

第四节 秘鲁的新闻传播

秘鲁地处南美洲西部，是本地区较大的发展中国家。在古印第安语中，秘鲁意为"玉米之仓"，因此地盛产玉米而得名。因有安第斯山脉南北纵贯，秘鲁各地地形气候差别极大，西部多山而干旱，首都利马更是被称为"世界不雨城"，东部地区则湿润多雨，多是亚热带森林和草原。

前哥伦布时代，秘鲁诞生了美洲最大的国家印加帝国，建立了璀璨的印加文明，其建筑技术、医学、织布和染色技巧相当发达。至16世纪，秘鲁遭到西班牙侵略者入侵，印加文明毁于一旦。西班牙殖民统治者管理了这片沃土两百余年,直至 1821 年秘鲁才重新获得独立,建立起了现在的秘鲁民主共和国,实行多党制和三权分立。秘鲁国旗由红白两色组成,白色象征自由、民主、和平与幸福,红色象征人民在独立战争中取得的胜利。目前,秘鲁经济发展水平不高,仍有近半数人口生活在贫困之中,媒体产业也并不发达。在本节中,将对秘鲁新闻传播的发展历程、格局现状、法律规制及重要媒体予以介绍说明。

一、发展历程

秘鲁的新闻传播发展历经三个时期,即早期西属殖民地的早期报刊、商业报纸的兴起和近代曲折的传媒发展。

早期的秘鲁新闻业辉煌璀璨,被认为是西属美洲新闻业的先驱。秘鲁的新闻出版始于殖民地时期,第一份出版物被称为《利马格塞塔》("格塞塔"即意为报纸)。这份出版物刊有题为"利马新闻"的专门版面,内容包括船只信息、风土人情和社会状况等。1790 年,秘鲁第一份真正的报纸《利马日报》在利马创刊出版,次年又出版了一份《秘鲁水星报》。这两份报纸不仅使秘鲁闻名美洲,也在很大程度上推动了秘鲁人的民族情绪并最终走向独立革命。

尚在殖民地政府统治时期,秘鲁新闻传播就迎来了第一个繁荣发展期。1810 年,西班牙政府在利马颁布殖民地宪法,规定新闻自由不受宗教限制。各种形式的印刷品开始广泛流传,革命的种子也随之萌发。但好景不长,随着宪法不久废除,秘鲁只剩殖民地官方的"格塞塔"仍在出版。1821 年秘鲁独立后,西蒙·玻利瓦尔(Simón Bolívar)下令出版一份《秘鲁人报》。该报 1825 年出版,1826 年起成为秘鲁政府的官报,刊登法律、政府条文和政务信息。

1839 年,秘鲁新闻传播业迎来了第二次发展契机。官方报纸逐渐式微,商报兴起并展开了激烈的竞争,脱颖而出的《经济报》开始了它对秘鲁报业长达两个世纪的垄断。1912 年,《纪事报》创刊出版,给秘鲁新闻业翻开了崭新的一页。《纪事报》是秘鲁第一份商业小报，刊载大量漫画和小道消息，很快赢得了广大民众青睐，获得了巨大的成功。

1968年，左倾军政府夺取政权，胡安·贝拉斯科·阿尔瓦拉多（Juan Francisco Velasco Alvarado）开始实行独裁统治。1971年7月26日，阿尔瓦拉多将军突然派出警察占据首都利马的所有报社，将这些报社强制转变为军政府的宣传机构，并且安插他所信任的人员进入各家报社担任编辑。阿尔瓦拉多将每一份报纸分派给支持他的各种社会力量（如工会、知识分子等），由他们来负责各家报社的具体管理，言论自由完全成了空中楼阁。直至1980年，秘鲁重又恢复民主制度后，这些报社才被重新归还给原本的私人所有者。但是整个90年代，秘鲁都在政府与左翼反政府游击队组织之间的反复斗争之中，秘鲁政府多次宣布进入紧急状态，借此解除新闻自由的保障。

二、格局现状

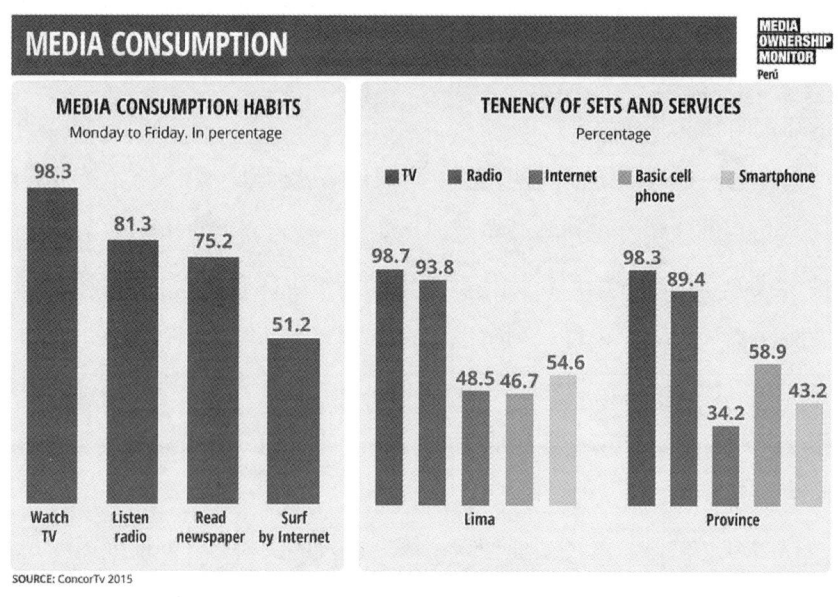

左为媒介消费习惯，右为终端使用习惯

秘鲁的媒介使用率很高，媒体对个人身份建构和舆论塑造都很重要。根据 Kantar IBOPE Media 的报告，秘鲁人最喜欢的媒体是电视，电视也在秘鲁家庭调查中"最常见的电器"稳居第一位。对于各个年龄段的受众，每日平均观看电视时间超过三小时，远高于其他国家的平均水平。电视的广告销售总额从 2014 年到 2016 年间翻了两倍。而且随着经济持续蓬勃发展，越来越多的秘鲁人开始订阅付费电视。2016 年秘鲁有 410 万付费电视用户，比 2015 年增加了 100 万。尽管现在互联网已经进入秘鲁人的生活，电视仍然是秘鲁家庭的主屏幕，每周一到周五下午六点后电视都保持极高的收视率。

广播是秘鲁覆盖面最广的媒体。因为地形狭长多山，许多生活在偏远山区的秘鲁人依赖广播作为第一新闻来源。秘鲁广播公司（Radio Programas del Perú，简称 RPP）是秘鲁广播界最具影响力的新闻提供商，同时也拥有秘鲁最大的无线电覆盖范围，可以覆盖全国 97% 的国土。

秘鲁的报业历史悠久。创办于 1825 年的《秘鲁人报》和 1839 年的《经济报》，两份近百年的报纸至今仍在出版，而且是这个国家最具影响力的报纸。其中，以《经济报》为核心的经济报集团占据了秘鲁 60% 的报纸市场，旗下拥有 9 家报纸和 15 家数字媒体（其中两家是近年从竞争对手处购买的）。目前，秘鲁大多数报纸都有数字版本和社交媒体账号，通过脸书和推特发布新闻已经成为常态。

从报纸的数字化转型已经可以看出，秘鲁媒体的网络化进程开始较早。1991 年，阿尔韦托·藤森政府（Alberto Fujimori）发送了第一封电子邮件；1993 年，秘鲁科学网络机构（RCP）成为秘鲁域名和 IP 号码注册管理的管理员；1994 年，秘鲁第一个网页创建；1995 年，政治期刊 Caretas 成为传统纸媒中第一个推出在线版本的先行者。随后，该国的主要媒体《共和国报》《经济报》分别于 1996 年和 1997 年发布线上版本。如今，互联网已经成为秘鲁人获取新闻的主要媒体之一。截止到 2018 年的数据显示，秘鲁有超过 1200 万互联网用户，超过秘鲁总人口的 39%。① 这一数字使秘鲁在南美洲地区的互联网普及程度上排名第五，仅次于巴西、阿根廷、哥伦比亚和委内瑞拉。网络流量最高的秘鲁数字新闻媒体仍是传统媒体巨头《经济报》，该报除发行报纸数字版之外还经营多家新闻网站。实际上，秘鲁网络数字内容的最大分销商、广告承接商依然是来自美国传媒公司，尤其是社交媒体脸书（Facebook）。在 2013 年时，秘鲁约有 50% 的人口使用社交媒体，如今这一数字已经接近 80%，社交媒体已经成为秘鲁人日常生活中密不可分的一部分。

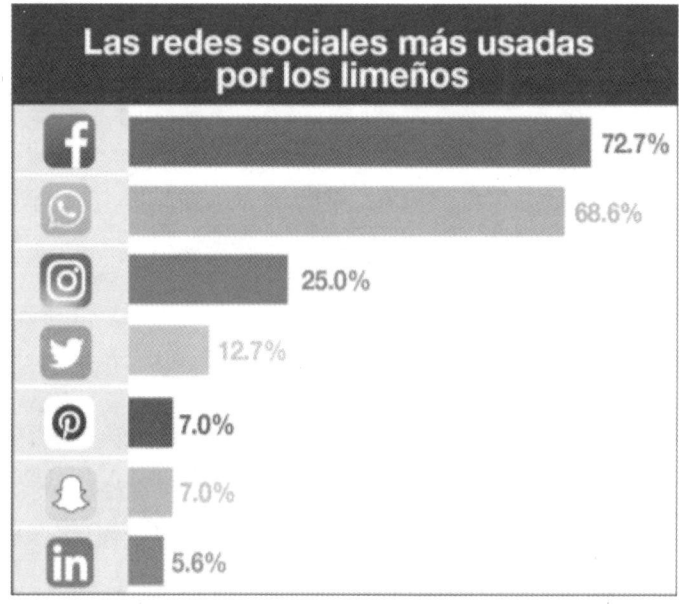

秘鲁网民最常使用的社交媒体平台

三、法律规制

秘鲁《宪法》第二章第二节的条文对新闻出版自由做出明确规定：

---

① Reporters Without Borders，OjoPublico. Media Ownership Monitor：Peru［R/OL］. 秘鲁媒体所有观察网，检索时间：2019-04-08.

第六十三条 国家应保障出版自由。任何人均有以出版或其他方法，自由表示其思想及意见的权利，但须负法律所规定的责任。著作人与发行人对犯法的出版物，应负责任，并对被害人负连带的赔偿责任。

第六十四条 犯法的出版物，由有管辖权的普通法院审理之。①

尽管在宪法层面提出了保障新闻自由，但在实际中，秘鲁政府仍可以诽谤罪起诉记者、媒体和新闻活动家，此类事件至今仍不时发生。

秘鲁一直没有成立专门的媒体监管机构。根据2004年的《广播电视法》，由交通运输部负责广播许可证的审核颁发。

1997年，秘鲁新闻理事会成立。这是一个由该国主要媒体创办的非营利性民间协会，媒体可以根据自主意愿加入秘鲁新闻理事会。理事会以捍卫媒体的新闻言论自由为主旨，同时还希望通过同业协会的方式来促进和提高秘鲁新闻界的从业伦理道德。为此，秘鲁新闻理事会设立了专门的道德审议机构，由7名民间代表组成。理事会做出的道德审议裁决，在秘鲁国内具有公认的效力。在此过程中，也有不少针对非理事会成员媒体的投诉递送到道德审议机构。通常情况下，理事会的道德审议机构会视情况决定是否仍进行裁决。

四、主要媒体机构

目前，经济报集团是秘鲁最大的私人媒体集团，在全国范围内拥有9家报纸和15家网络媒体。集团旗下还拥有免费电视频道，在普通秘鲁民众中拥有大量忠实观众，综合收视为秘鲁媒体之最。根据秘鲁证券市场监察机构的报告，2015年秘鲁媒体总收入约7.57亿美元，其中经济报集团及其子公司的收入就达到4.11亿美元，占媒体产业总收入的60%。

---

① 赵雪波.世界新闻法律辑录[M].北京：社会科学文献出版社，2010：46.

在秘鲁传媒市场占据第二大份额的媒体集团，是一家美国公司——亚视集团（ATV），其总部设在迈阿密。亚视集团通过压倒性的财力，在秘鲁36个免费电视频道中绝对控股达到11个，以及秘鲁现有注册网站中16%的站点。就排序来说，秘鲁的国营媒体集团排在第三，但其旗下仅有一个电视网络（秘鲁电视台）、两家广播电台和报纸《恩普雷萨》（*Empresa*）等媒体机构。①

成立于1837年的《经济报》，是经济报集团旗下最大的媒体，是秘鲁现存最古老的报纸，也是世界范围内目前仍在发行的最古老的西语报纸之一。《经济报》以"订阅，自由，知识"为口号。该报编辑观点保守，主要面向商人和土地所有者，但凭借其客观的报道、平衡的观点，《经济报》也赢得了一般读者的赞誉。另外，《秘鲁21》是经济报集团旗下另一份重要报纸，自2002年出版以来迅速成为秘鲁最主要的新闻媒体之一。在内容上，该报以讽刺性漫画及卡通出版物闻名。除此以外，秘鲁还有一份全国发行的日报——《共和国报》。该报于1981年创刊，最初是由国会成员创立以表达政府反对派意见的报纸。《共和国报》是中左翼报纸，向来以其直率犀利的评论而闻名，曾经凭借如剑笔锋推动多个政客的最终垮台。

秘鲁广播公司是秘鲁最大、最具影响力的电台。1963年10月7日，秘鲁广播公司第一次播音，最初为专注于广播剧的娱乐性广播电台，自1978年开始转变成为新闻资讯广播机构。随着技术的发展，秘鲁民众现在可以通过互联网收听秘鲁广播公司的节目。2011年，秘鲁广播公司创立了自己的电视新闻频道，开始拓展电视新闻业务。

秘鲁电视台是一家非营利性公共广播电视公司，旗下拥有22家成员电视台。秘鲁电视台的频道编号为七，因此又称第七频道。秘鲁电视台于1958年成立，是秘鲁第一家电视台，之后从1978年开始播放彩色节目。因管理不善等原因，如今秘鲁电视台已经在秘鲁电视传媒中沦为收视倒数

---

① Freedom House. Freedom in the World — Peru Country Report［R/OL］. 自由之家网站，2019-09-08.

的频道之一。但是近年来,作为公共广播电视机构,秘鲁电视台致力于传播秘鲁的自然人文,制作了不少纪录片等文化类精品节目,在国际上获得广泛赞誉。

第三章　伊比利亚美洲主要西语国家传媒市场调查

根据前文梳理，从新中国成立以来至今，中国已经通过报纸杂志、广播电视以及网络媒体多业态、多渠道建立起了功能交互、协调有序的全媒体传播网络和大外宣格局。然而纵观当前的国际传播格局，中国的对外传播能力与经济社会发展水平并不完全匹配。同一些发达国家的主流媒体相比，中国的声音还不够大，传播影响还不够强。中国的发展成就常常与从国外媒体上收获的印象大相径庭，不少国外媒体有意无意让自己的认知水平落后于中国的发展速度，这使得国际舆论格局中常常出现"两个中国"的反差：一个是客观真实的中国，能够基本呈现今日中国的改革面貌和发展势头；另一个则是国际上部分戴着"有色眼镜"人士眼中的中国，对中国的认知仍然停留在几十年前的水平，一些人甚至将中国的发展看作威胁和挑战。

对此，本次调研拟从国际传播、传播效果与受众研究的视角切入，通过对伊比利亚美洲主要西语国家的传媒市场和受众特点开展网络问卷调查，对相关国家的网络媒体发展现状、受众市场构成和媒体使用习惯，以及国际传播竞争进行数据采集和分析研究，以期对伊比利亚美洲主要西语国家的传媒市场特点、受众传媒偏好、涉华资讯消费等展开深入了解，并基于此就中国媒体对伊比利亚美洲西语国家的对外传播予以解析，探索其内在规律、外在秩序以及能够切实提升传播效果的建设性方案路径。

第三章　伊比利亚美洲主要西语国家传媒市场调查

第一节　调研方案

在此次调研中，研究团队通过专业的海外民调机构零点网络调查开展具体工作，并与伊比利亚美洲当地最权威的民调机构（ESOMAR 会员机构）合作，共同推动本次海外调研的执行。

在调查方法选择上，综合本次调研的执行时间和经费预算，为了确保受访对象经过科学准确的选择、访问过程可控以及访问结果有效，本次研究将采用在线调查法。

本次调研的主要内容包括但不限于：（1）用户特征；（2）接触渠道；（3）使用习惯；（4）涉华认知。

概念阐释及具体内容说明如下表所示。

调研核心内容

考察角度	具体内容
用户特征	通过样本配额和问卷调查，收集受访者的年龄、性别、文化水平、职业、收入、语言水平等基础背景信息。
接触渠道	受访者接触各类资讯平台的渠道； 了解外部资讯，尤其是获取涉华资讯的渠道。
使用习惯	使用媒体形态——传统媒体/新媒体，侧重询问广播和客户端使用情况； 使用媒体习惯——时长、频次、场景、主要关注领域、资讯类型等； 使用媒体品牌——世界主流媒体、本土媒体、中国媒体三者的认知度、占有率、使用情况和评价。
涉华认知	受访者对日常媒体使用中涉华信息的关注度、认知度、认可度； 受访者关注涉华信息的类型与领域。

在确定此次调研范围的过程中，除了将前文涉及的四个伊比利亚美洲主要西语国家——墨西哥、阿根廷、智利和秘鲁，作为本次调研的主要调查对象以外，同时还将西班牙和美国西语族裔人群纳入了考察范围。主要考虑因素在于：其一，面向西语世界的国际传播在很大程度上是一个整体市场，西班牙和美国西语族裔人群与伊比利亚美洲西语国家同在西语国际传播的体系内，因而其所获取的媒介资源和传媒资讯在很大程度上是一致的；其二，对伊比利亚美洲国际传播的主要国际媒体均来自西班牙和美国，这两个国家又分别作为伊比利亚美洲的前殖民宗主和美洲近邻，对伊比利亚美洲在各方面具有深远影响。因此，在本次调研中，特别将西班牙和美国西语族裔纳入考察范围，一方面可以由此了解西语国际传播市场的整体特点，另一方面也可以将伊比利亚美洲西语国家和欧美西语群体放在同一对照体系下，具体定位二者作为国际传播受众市场的差别，以便更好地、有针对性地制定相应的传播策略。

根据统计学规定，在95%置信区间内，最大误差一般控制在5%以内可满足一般性的抽样要求，在2%以内则可满足精准化抽样要求。考虑到调查样本代表性和成本控制，本次调研的样本量选取最终面向墨西哥、阿根廷、智利、秘鲁四个地区传媒大国，以及西班牙、美国两个主要对伊比利亚美洲国际传播强国，共计六个国家。根据每个国家在人口统计学、经济社会指标等基础数据特点，选取500人组成的代表样本，形成总样本量为3000人的调查样本。

在全部有效问卷回收后，经过逻辑查错形成最终数据库。调研人员使用SPSS 13.0专用软件进行统计分析，显著性检验P值取<0.05，误差估计在95%的置信度下进行。在统计分析中预期使用有效样本量分析、交叉分析、均值分析等基础分析方法。

第二节　调研数据

根据此次调研的结果，相关统计数据经 SPSS 13.0 专用软件进行分析处理，相应数据结果如下。

对 3000 名调研对象的人口统计学个人基础信息调查显示：

1. 从年龄分布来看，18—34 周岁的受访者近 30%，35—54 周岁的受访者占 15% 左右，55 周岁以上的受访者占 6% 左右。

2. 从受教育程度来看，接受过本科及以上的受访者约占 60%，接受过高中及以下教育的受访者约占 40%。

3. 从职业分布来看，受访者职业分布较为均匀，人数最多的为企业工作人员，达到 20%，其他职业包括：在校学生、自我雇佣者、体力劳动者、家庭主妇、学校教职员、政府工作人员、NGO 或社会工作人员、服务业从业者、军人警察、智库工作人员以及失业、退休和从事其他职业的人员。

上述对样本的基础信息描述，基本符合案例国家的人口统计基本概貌，对各国的样本选择过程符合各国的基础传媒市场特征。

一、触媒习惯

触媒习惯指媒体用户对不同传播内容、传播渠道和传播媒体的接触使用习惯。

（一）新闻资讯关注

总体来看，主要西语国家民众对于新闻的敏感度较高，对于国际类新闻资讯的需求也较为旺盛。有 76.5% 的受访者表示比较或非常关注时事新闻，64.2% 受访者表示比较或非常关注国际类新闻。

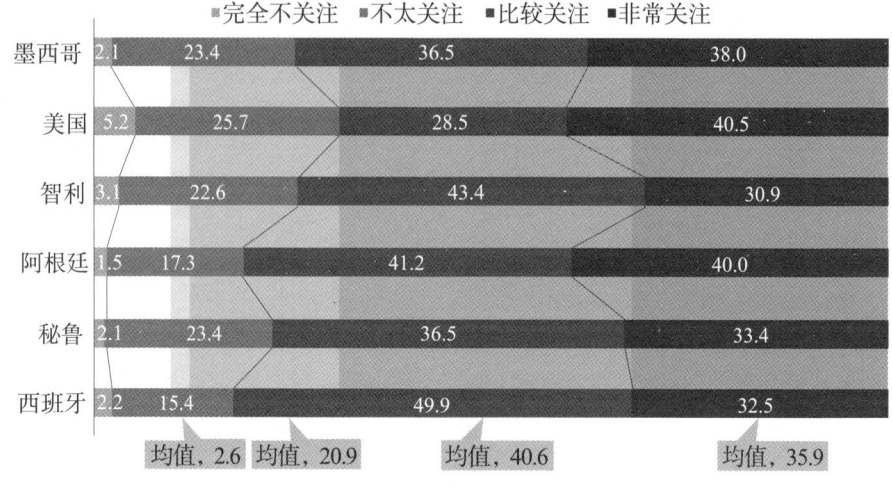

受访者对时事新闻关注度百分比

可以看到，伊比利亚美洲西语国家民众基本上都对新闻类资讯的关注度较高。绝大多数受访者给出的都是"比较关注"或"非常关注"的正向积极反馈，除美国以外其他所有国家表示关注的总比例都达到了七成以上。部分国家如阿根廷和墨西哥，表示"非常关注"时事新闻的占比分别为40%和38%。

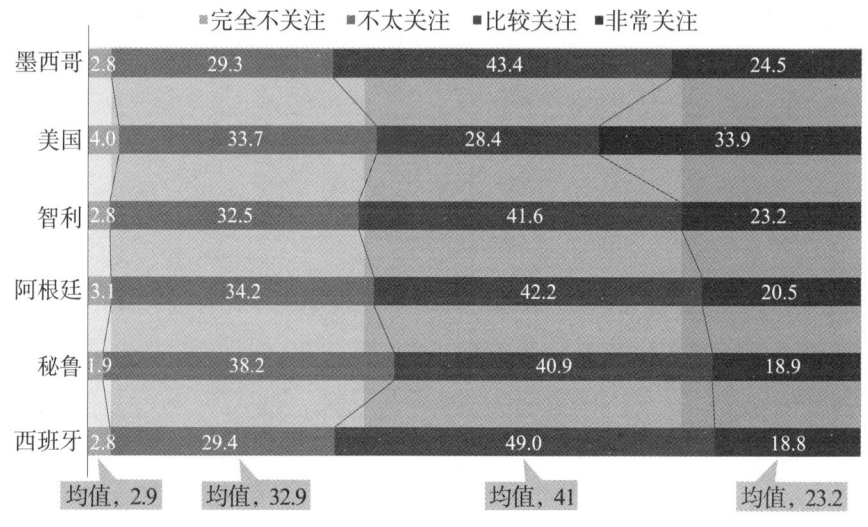

受访者对国际类新闻关注度百分比

而就国际类新闻资讯来说，同样给出积极正向反馈的受访者占到绝大多数。其中，阿根廷表示关注国家新闻资讯的受访者总比例达到81.2%，而总比例最低的则是美国的西语裔群体，但也能够达到69%。由此可以认为，伊比利亚美洲西语国家民众普遍对国际新闻有着较高的关注和需求，国际传播的基础市场较为活跃广泛。

（二）主要资讯渠道

在获取新闻资讯的媒体渠道选择上，调研数据显示，电视和网络媒体是主要西语受众最为依赖的、最重要的媒体渠道。

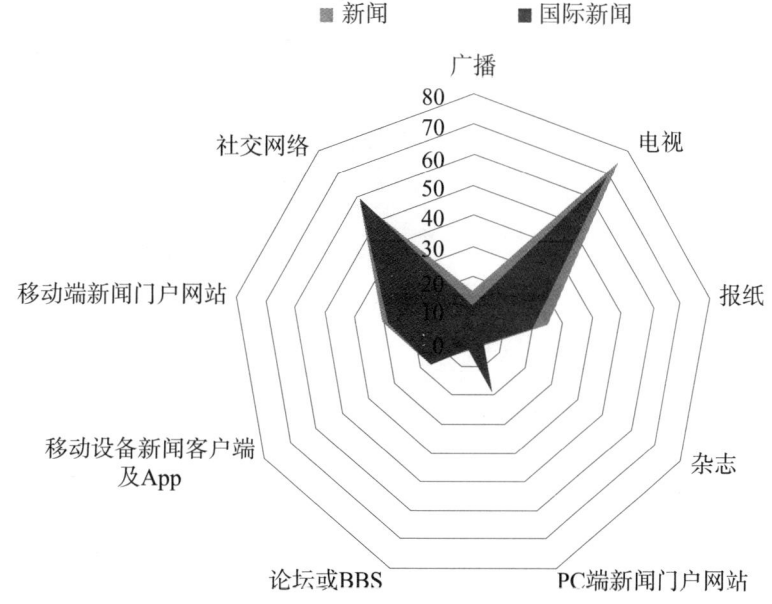

获取新闻信息和国际类新闻的渠道百分比

尽管此次调查采取了网络调研的形式，相对来说网络用户或网络渠道在调研中成为潜在多数，进而有可能影响到调研结果的准确性和可靠性。但是最终调研数据表明，选择通过电视获取新闻信息和国际新闻的受访者比例仍然领先于其他媒体渠道，分别占比74.7%和69.3%，足以证明电视在各类媒体，特别是传统媒体中的绝对主导地位。

社交网络、移动端新闻门户网站、移动设备新闻客户端及App等在内的网络媒体，亦是获取新闻信息和国际新闻极其重要的渠道；细分来看，网络媒体中最受欢迎的是社交平台，作为获取新闻信息和国际新闻的渠道分别占59.5%和58.6%，仅次于电视。调查显示45岁以下受访者对网络媒体的依赖度更高，在此年龄段有63.5%的受访者通过社交平台获取新闻资讯。

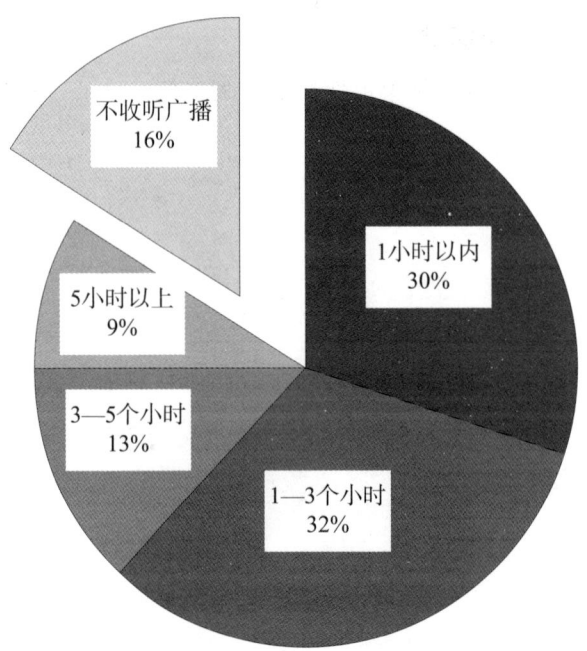

最近一年内平均每天收听广播时长

在传统媒体当中，广播依然属于伊比利亚美洲主要西语国家开展信息传播的主流媒介，但其边缘化趋势也日益明显。通过广播获取新闻信息和国际新闻的受访者相对较少，而且有16%的受访者表示在最近一年内从未收听过广播。

各国获取新闻信息的渠道百分比

新闻资讯获取渠道	平均	西班牙	秘鲁	阿根廷	智利	美国	墨西哥
电视	74.7	76.8	75.2	74.8	75.8	75.2	70.1

（续表）

新闻资讯获取渠道	平均	西班牙	秘鲁	阿根廷	智利	美国	墨西哥
报纸	25.1	32.5	36.5	17.0	24.0	17.1	23.3
杂志	4.0	5.8	2.9	3.7	3.4	5.7	2.6
PC端新闻门户网站	16.2	14.1	11.1	25.2	14.9	15.6	16.3
论坛或BBS	2.4	2.2	1.4	2.5	1.8	3.4	3.0
移动设备新闻客户端及App	15.9	12.9	14.8	13.1	15.2	23.4	16.5
移动端新闻门户网站	30.4	28.4	28.1	34.8	37.6	21.1	32.1
社交网络	59.5	53.6	68.4	59.0	62.6	45.5	67.1
广播	14.6	15.5	14.8	15.4	16.0	11.4	14.3

对于不同国家的民众来说，获取新闻信息的主要传媒渠道大致呈现出较明显的特点，与当前伊比利亚美洲国家的传媒市场基本特征相一致。使用最多的媒体渠道仍是电视，基本能达到七成以上；其次是社交网络，大多数国家可以达到50%以上，其中秘鲁最高68.4%，再次是墨西哥67.1%；尤其需要注意的是，对于新闻门户网站和移动新闻客户端，使用率都不高，基本都在15%上下。其中移动端新闻门户网站相对较好，但也主要在三成上下浮动，最高为智利37.6%。

各国获取国际类新闻的渠道百分比

国际新闻获取渠道	平均	西班牙	秘鲁	阿根廷	智利	美国	墨西哥
电视	69.3	72.2	67.0	68.5	72.1	71.3	64.8

(续表)

国际新闻获取渠道	平均	西班牙	秘鲁	阿根廷	智利	美国	墨西哥
报纸	19.7	29.0	24.7	14.9	16.7	13.8	18.4
杂志	3.9	4.8	5.2	2.8	2.0	6.6	2.5
PC端新闻门户网站	19.1	14.9	18.7	26.4	17.5	16.2	20.7
论坛或BBS	3.7	3.5	4.0	3.8	2.9	3.5	4.7
移动设备新闻客户端及App	16.8	11.2	17.9	15.3	15.7	23.9	17.0
移动端新闻门户网站	28.4	25.5	28.0	33.7	34.0	18.0	30.5
社交网络	58.6	49.8	68.2	59.9	64.4	44.5	63.3
广播	10.9	15.1	6.0	9.9	12.2	9.4	12.9

另外值得注意的是，西班牙与秘鲁的受访者较多选择通过报纸获取新闻信息和国际新闻。这一方面是由于，欧洲具有悠久的新闻传播发展历史，传媒市场的基础比较扎实，欧洲民众长久以来形成了较好的纸媒阅读习惯。尽管如此，近年来欧洲地区的纸媒市场大幅萎缩，29%的受访者选择报纸为获取国际新闻的主要渠道，而通过社交网络获取国际新闻资讯的受访者已经达到了49.8%，远远超过报纸。而对于秘鲁来说，该国民众在电视（67%）、报纸（24.7%）、移动端的客户端（17.9%）和门户网站（28%）、社交网络（68.2%）等多个渠道中的比例都普遍高于大多数受访国家。可以推断，秘鲁民众整体对于国际新闻资讯的关注度要相对较高。

（三）媒体接触习惯

在伊比利亚美洲主要西语国家中，民众的触媒习惯体现出"电视—社交网络—网站（含PC端和移动端）—报纸—广播—杂志"，由高到低递减的基本特征。

其中，广播电视作为伊比利亚美洲主要西语国家传统上的主流媒体，在受访民众的媒体接触习惯上体现出明显的差别。广播具有"清晨化""新闻化"的特点，而电视则体现为"夜间化""娱乐化"。

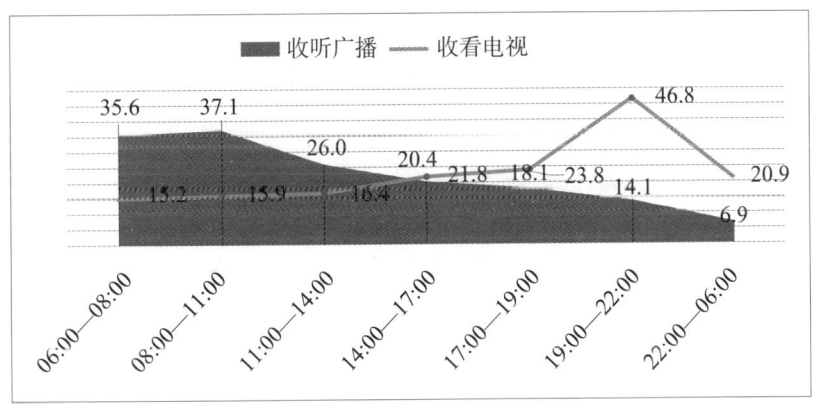

最常收听广播或收看电视的时段百分比

广播的"清晨化"特点是指，绝大部分听众选择在06:00至11:00收听广播，11:00后收听广播的人数逐渐递减。由于06:00至11:00通常为人们起床、吃早饭以及乘坐交通工具通勤的时段，因此可以推断听众大多为伴随性的"浅收听"，甚至可以进一步将晨间广播定位为"早高峰伴侣"。而与广播恰恰相反，电视则呈现出"夜间化"特点，17:00之后收看人数更多，并且在17:00到22:00的时段迎来一天的收视最高峰，这也与电视传播的"黄金时段"法则相一致。

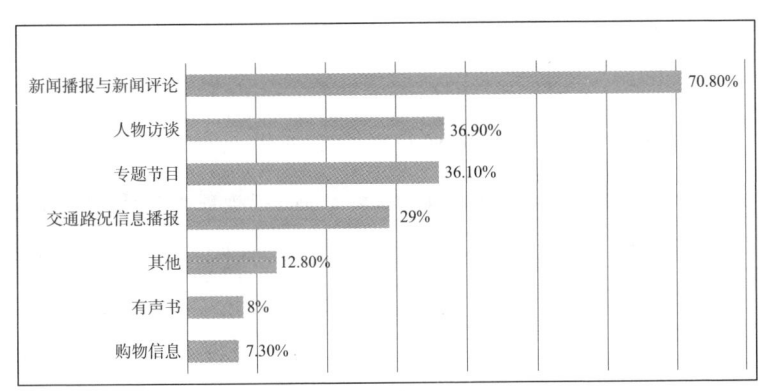

最喜爱的广播节目类型

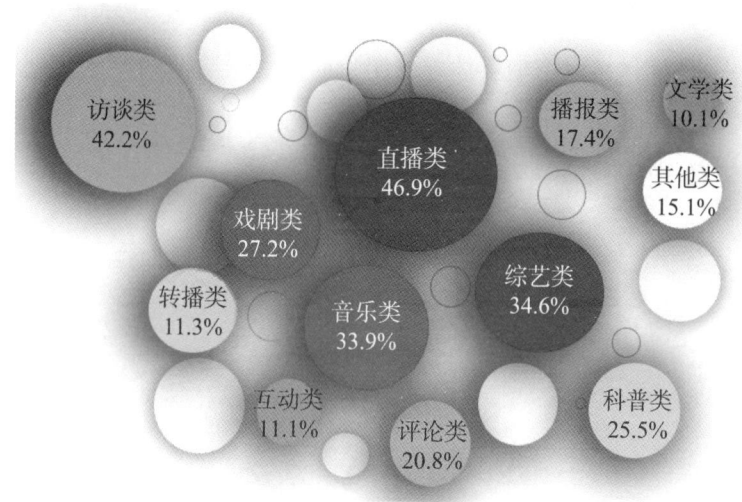

最喜爱的电视节目类型多选题

广播相比电视新闻性更强，而电视的娱乐特质则高于广播，呈现"娱乐化"特点，这源于听众和观众对于节目内容的偏好。一方面，为收听"新闻播报与新闻评论"而收听广播的受访者占70.8%，说明获取新闻是收听广播最主要的目的；另一方面，直播、访谈、综艺、音乐等类别是最受喜爱的电视节目类型，可见通过电视获取新闻的观众人数固然庞大，但这部分观众收看电视的初衷并不在于获取新闻，而更倾向于通过收看电视达到娱乐放松的效果。

（四）社交媒体使用

与广播电视传统主流媒体不同，网络媒体的使用在各国都呈现出较为一致的特点。相对于网站和客户端等，社交媒体已经普遍成为各主要西语国家民众获取新闻资讯的最主要平台。

在众多社交媒体中，脸书（Facebook）的用户规模和覆盖面是最大的。一方面，脸书（Facebook）等社交媒体的用户规模庞大，奠定了新闻资讯传播的坚实市场基数；另一方面，在用户使用社交媒体的资讯获取中，娱乐类和科技类的信息排序最高，并且均以超过了半数。国际新闻类资讯位列第三，也达到了49%的高比率，略高于政治类、健康类和财经类的新闻资讯。

第三章 伊比利亚美洲主要西语国家传媒市场调查

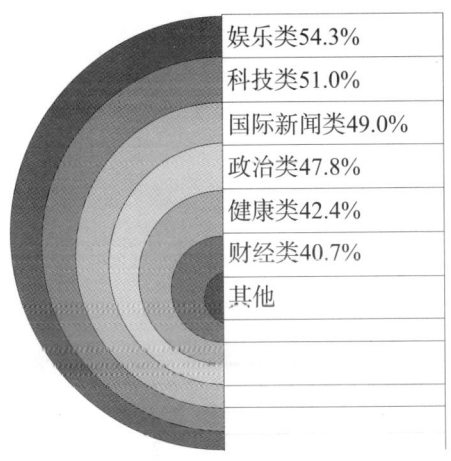

通过社交平台关注的内容

娱乐类54.3%
科技类51.0%
国际新闻类49.0%
政治类47.8%
健康类42.4%
财经类40.7%
其他

在移动端应用 App 中，调查显示下载了新闻资讯类 App 并使用的受访者有 46.1%。换句话说，在伊比利亚美洲主要西语国家中，专门的新闻资讯类 App 在传媒市场上的潜在用户尚不足半数。在大多数国家移动网络用户的使用习惯中，移动端 App 并不是经常下载使用的应用产品，因其需要单独占据智能手机的内部存储，而且相对社交媒体等综合性资讯平台来说，占用的移动网络流量也要更多。因此，在伊比利亚美洲主要西语国家中，移动端应用 App 并没有成为时事新闻传播的主流渠道。

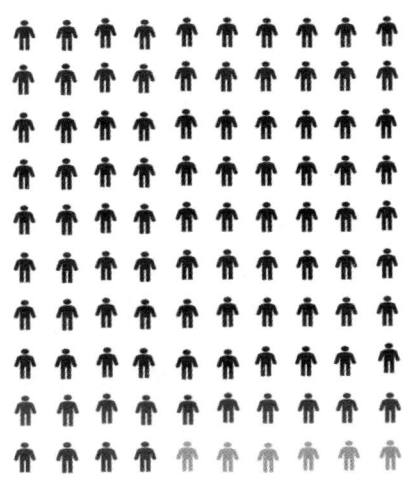

社交平台高黏性用户
社交平台黏性用户
社交平台低黏性用户

社交平台用户黏度

历史、格局与竞争

对于社交媒体使用来说，受访民众普遍使用程度较高。本次调研将"经常，有空就会打开看看"与"总是，随时随地登录浏览"社交平台的受访者划定为社交平台"高黏性用户"，属于高黏性用户群体和高黏性用户的比例占据绝大多数，可以达到80%；远远超过"偶尔，比如只在午休等特定的某个时段"浏览社交平台的一般黏性用户（16%）和"很少浏览社交平台"的低黏性用户（6%）。

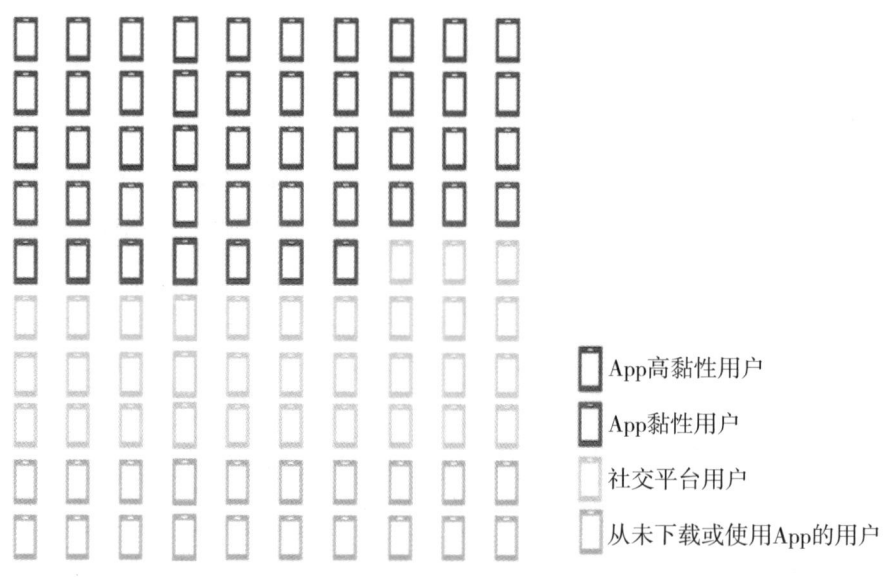

新闻资讯类 App 用户黏度

同理，调研将"下载了很多新闻资讯类 App 并经常使用"和"只下载了一些新闻资讯类 App 并经常使用"的受访者划分为新闻资讯类 App 高黏性用户，将"下载了很多新闻资讯类 App 并偶尔使用"和"只下载了一些新闻资讯类 App 并偶尔使用"界定为一般黏性用户。对比来看，尽管对新闻资讯类 App 使用体现出黏性用户特征的受访者可以达到47%左右（其中包括20%的高黏性用户和17%的一般黏性用户），略高于社交媒体用户的比例（33%），但是明确表示从未下载或使用新闻资讯类 App 的受访者可以达到20%。甚至可以说，社交媒体的高黏性用户和新闻资讯类 App 高黏性用户两者之间有大部分重叠，社交平台用户中实际已经包含了大部分新闻资讯类 App 用户。

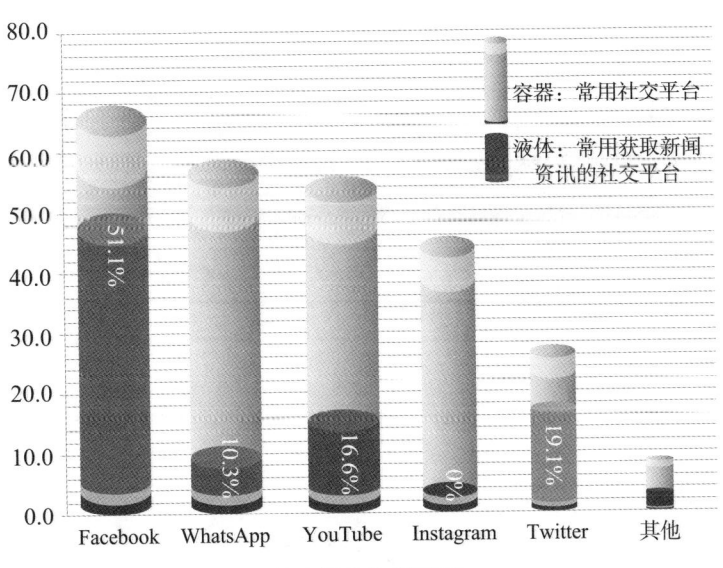

社交平台选择偏好

尽管社交媒体传播呈现出多平台、多元化的特点，但脸书（Facebook）在受访国家民众中的重要性远远胜过其他社交媒体平台。首先，73.2%的受访者选择脸书（Facebook）作为最常使用的社交媒体平台，51.1%的受访者选择脸书（Facebook）作为最常使用的获取新闻资讯的社交媒体平台，在两组数据中均位列第一；其次，脸书（Facebook）覆盖的用户年龄层也相对最全面，无论是44岁及以下的青壮年，还是45岁及以上的中老年，选择脸书（Facebook）作为最常使用社交媒体平台的占比都在70%以上。相比之下，选择其他社交媒体平台的受访者年龄覆盖则不太平均，呈现出平台选择的年龄差异；最后，调查显示脸书（Facebook）对于18岁至44岁之间的受访者群体吸引力相对更大。

调研数据还显示，新时代的移动网络媒体阅读不再只一味强调"碎片化"的即时短阅读。对于移动网络媒体来说，通常阅读时间比较短，从1分钟以内到几分钟时长不等。本次调研将移动网络媒体阅读时长大致

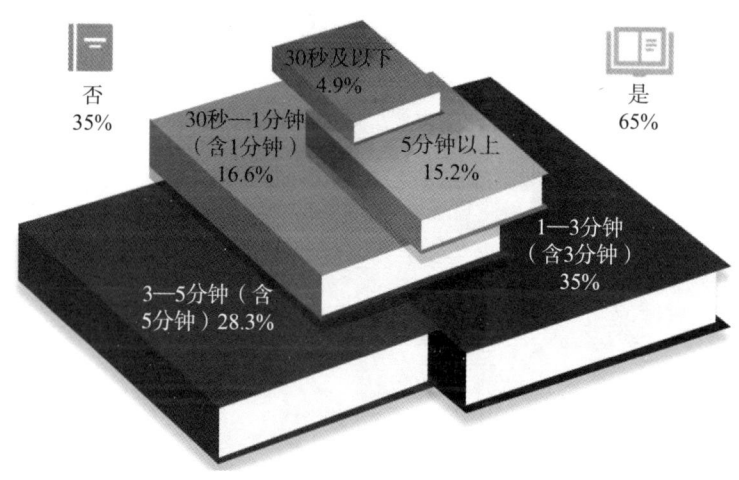

移动网络媒体阅读时长

划分为三个类别：一为阅读时长在1分钟以内的快速阅读；二为阅读时长1—3分钟的中度阅读；三为阅读时长在3分钟乃至5分钟以上的深度阅读。调研结果显示，表示倾向于深度阅读的受访者总计达到44%，愿意中度阅读的受访者为35%，选择阅读时长在1分钟以内的快速阅读总计为21.5%，其中阅读时长不到30秒的碎片浏览仅为4.9%。由此可见，即便是在移动网络的场景化新闻资讯消费背景下，长篇阅读、深度阅读已然成为新媒体用户的主要诉求。可以说，移动网络媒体也不再单纯"以微取胜"，挖掘深度、探索广度、引人思考、值得推敲的精品资讯、深度内容，已经成为移动网络用户的核心关注。

另外，本次调研的前期标杆研究显示，其他国际传播媒体在伊比利亚美洲主要西语国家的社交平台运营策略，明显将脸书（Facebook）作为在这一地区进行新闻资讯传播的主要平台渠道，这与这些国家民众本身的社交媒体使用习惯高度一致。总的来看，它们的脸书（Facebook）账号大多主题多元且内容丰富，既有政治、社会类新闻，也有经济、自然、科技、环保等类别的新闻资讯。此外，推特（Twitter）账号发布的推文内容与脸书（Facebook）内容基本一致，但在更新频率和互动频率方面明显低于脸书

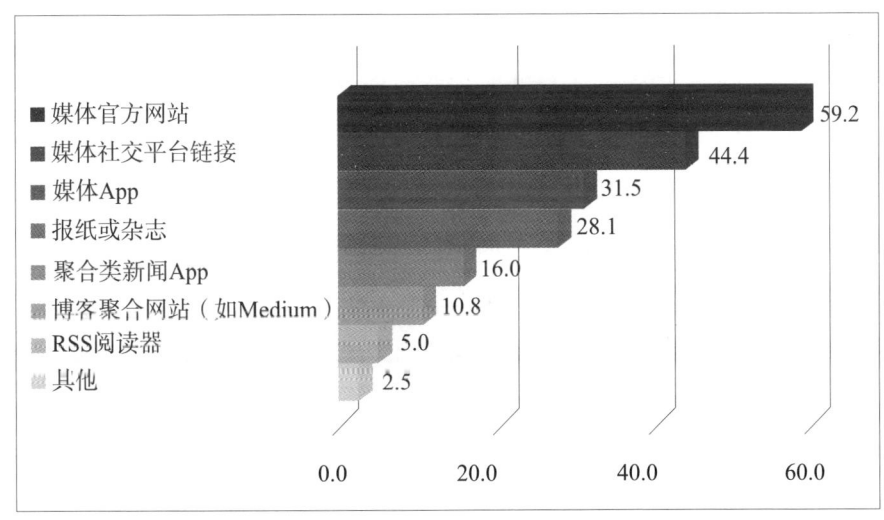

阅读长篇报道或评论的平台选择偏好百分比

（Facebook）。举例来说，英国广播公司BBC World的西语频道BBC Mundo是在整个西语世界传播影响力最大的国际传播媒体之一。BBC Mundo不仅通过脸书（Facebook）发布重大国际新闻的相关报道，还会不断发布后续跟踪报道，有时会多次重复发布一条热点新闻，补充新闻事件最新进展和不同落点聚焦，除此之外也会不时推送一些社会文化类的软资讯。

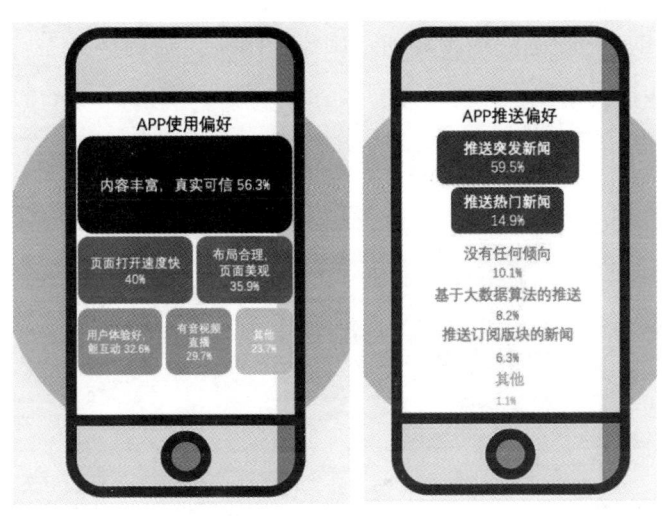

App 使用偏好　　　　App 推送偏好

在新闻资讯类应用App的选择上，伊比利亚美洲主要西语国家受访民众认为，"内容丰富、真实可信"的新闻资讯内容质量是首要决定因素，"页面打开速度""布局合理、页面美观"等使用体验则是第二层级的考量因素。同时，受访者对"用户体验好、互动性强"（32.6%）、"音视频直播"（29.7%）等移动网络传播的特质性要求也相对较高，强互动性和音视频传播已经成为移动网络传播相对于传统媒体乃至传统网络的主要优势。在新闻资讯类应用App的发布内容中，受访者普遍对于"推送突发新闻"的接受度较高，达到59.5%的比例。其外对于其他内容的新闻资讯，包括热门新闻或大数据算法的推送都没有达到显著的支持，占比分别为14.9%和8.2%。

二、传媒生态

在伊比利亚美洲地区，传媒的市场发展和媒体生态在很大程度上呈现出较为一致的特点：一方面是本土媒体持续保持一定的市场份额，另一方面是来自主要国际传播媒体的传播影响。

（一）本土媒体分布

对于伊比利亚美洲的主要西语国家的本土主流媒体分布特征大体相似，电视媒体占据绝对优势，成为各国收视最高、影响最大的传媒业态。

各主要西语国家最常收听或收看的本土媒体前3名

比例	西班牙	秘鲁	阿根廷	智利	美国	墨西哥
60%及以上	Antena 3 62.7%	América Televisión 64.5% / Latina Televisión 62.0%		Canal 13 60.5%	Univision 67.7% / Telemundo 64.7%	TV Azteca 60.2%

第三章 伊比利亚美洲主要西语国家传媒市场调查

（续表）

比例	西班牙	秘鲁	阿根廷	智利	美国	墨西哥
50%—60%	LaSexta 50.1%	RPP Noticias 57.8%	Telefe 56.2% Canal 13 55.0%	Mega 59.1%		Televisa 52.6%
50%及以下	Cuatro 44.6%		Todo Noticias 40.8%	Televisión Nacional de Chile 41.8%	CNN en español 31.7%	El Universal 39.2%

注：西班牙三台（Antena 3）、西班牙六台（LaSexta）、西班牙四台（Cuatro）、秘鲁美洲台（América Televisión）、秘鲁拉丁台（Latina Televisión）、秘鲁节目电台（RPP Noticias）、阿根廷联邦台（Telefe）、阿根廷 13 台（Canal 13）、阿根廷全新闻台（Todo Noticias）、智利 13 台（Canal 13）、智利 Mega 电视台（Mega）、智利国家电视台（Televisión Nacional de Chile，简称 TNC）、美国联视（Univision）、美国西班牙语电视台（Telemundo）、美国有线电视新闻网西语频道（CNN en Español）、墨西哥阿兹特克电视网（TV Azteca）、墨西哥特莱维萨电视网（Televisa）和墨西哥《宇宙报》（*El Universal*）。

根据前期文献研究和此次调研数据，各个主要西语国家都有当地民众最为常用的本土主流媒体。在调研中，不同国家受访者均应要求列出了最常收听或收看的广播电视频道，其中占比超过半数的本土媒体都达到了两家以上。具体来看：在秘鲁，本土主流媒体的常用度都比较高，彼此之间差距较小，竞争较为激烈；相对来说，阿根廷和智利的本土主流媒体则常用度稍低，前两名媒体之间差异很小，竞争较为激烈，而第三名则与前两名有一定差距；对于西班牙和墨西哥来说，本国的本土主流媒体的常用度有较为明显的梯度差异。

从媒体类型来看，西班牙和阿根廷民众最常使用的本土媒体前三名均为电视媒体；秘鲁、智利和墨西哥三国中，民众最常使用的本土媒体前两名也是电视媒体，第三名为广播媒体；美国较为不同，前三名都是广播电视媒体，同时提供网络传播服务。而且，上述各个主要西语国家的主流媒体大部分已有悠久历史，只有西班牙六台（LaSexta）、西班牙四台（Cuatro）稍显年轻，分别建立于2001年和2005年。同时，所有这些媒体在触及网络、建立社交平台时间也较早，至今业已吸引大量粉丝，建立起了属于自己的社交媒体，脸书（Facebook）粉丝数量均在百万人以上。

综上所述，各个主要西语国家的本土主流媒体数量与常用程度差异并不大，就不同的媒体业态来看，电视明显表现强劲，稳稳占据地区第一大新闻传播媒介的地位。

（二）国际传媒渗透

前文已经有所述及，伊比利亚美洲地区部分国家的传媒市场开放程度较高，不仅允许外资介入本国新闻传媒，也允许外国传媒直接进入本土传媒市场。在此背景下，伊比利亚美洲形成了蔚为大观的国际传媒渗透态势。

最常收听或收看的国际媒体

比例（%）	西班牙	秘鲁	阿根廷	智利	美国	墨西哥
70%—80%		CNN español	CNN español	CNN español		
60%—70%						
50%—60%						CNN español
40%—50%	CNN español	Telemundo			BBC mundo	Telemundo Univision
30%—40%	BBC mundo	BBC mundo	BBC mundo	BBC mundo		BBC mundo
20%—30%		Univision	Telemundo	Telemundo		
20%—10%	Telemundo RT español	Azteca América RT español	Univision Estrella TV	Univision	Telesur RT español Radio Exterior DW español RFI español	Estrella TV RT español
CRI en español 收看比例	3.6	1.7	2.5	0.2	8.6	2.9

第三章　伊比利亚美洲主要西语国家传媒市场调查

注：美国有线电视新闻网西语频道（CNN en Español）、英国广播公司世界频道西语版（BBC Mundo）、美国 NBC 环球旗下西班牙语电视网络（Telemundo）、美国尤尼维什西班牙语免费电视网（Univision）、今日俄罗斯电视台西语频道（RT en Español）、阿兹特克美洲电视台（Azteca América）、委内瑞拉南方电视台（TeleSUR）、美国埃斯特雷拉西语免费电视网络（Estrella TV）、德国之声电视台西语频道（DW Español）、西班牙国际广播电台（Radio Exterior）、法国国际广播电台西语频道（RFI Español）。

目前，主要西语国际媒体在该地区西语国家的渗透呈现出明显的国别差异化的特点。

在开展海外调研之前，研究团队已经通过文献研究对伊比利亚美洲主要西语国家的传媒市场进行了背景调查。其中，在伊比利亚美洲主要西语国家传媒市场最为活跃、最具影响的国际传媒机构包括：美国有线电视新闻网西语频道（CNN en Español）、美国西班牙语电视台（Telemundo）、英国广播公司世界频道西语版（BBC Mundo）和今日俄罗斯电视台西语频道（RT en Español）等国际媒体均在脸书（Facebook）粉丝数、推特（Twitter）粉丝数、移动端应用 App 下载量等多项指标中表现突出。

在本次海外调研覆盖的六个国家中，国际媒体渗透程度差异与上述文献研究得出的推断保持一致契合。具体来说：在欧洲，西班牙受访者最常收听收看的国际媒体中，英国广播公司世界频道西语版（BBC Mundo）与美国有线电视新闻网西语频道（CNN en Español）等英美传统品牌明显处于优势地位，可以划分属于第一梯队，而今日俄罗斯电视台西语频道（RT en Español）、美国西班牙语电视台（Telemundo）则紧随其后，属于第二梯队；在秘鲁、阿根廷、智利、墨西哥等伊比利亚美洲国家，美国有线电视新闻网西语频道（CNN en Español）无疑是最强势的国际媒体，这与上述国家作为"美国后院"的地理位置不无关系，英国广播公司世界频道西语版（BBC Mundo）和美国西班牙语电视台（Telemundo）等则属于第二梯队；在美国，老牌国际媒体英国广播公司世界频道西语版（BBC Mundo）的收看收听人数遥遥领先，其他包括今日俄罗斯电视台西语频道（RT en Español）在内的几家国际媒体的受众均在 10% 左右。

总而言之，有线电视新闻网在美国作为本土媒体，其旗下西语频道（CNN en Español）在其他五国作为关注度第一的国际媒体，其国际话语权不言而喻；与此同时，英国广播公司世界频道西语版（BBC Mundo）也在主要西语国家具有相对稳定的关注度；另外，还有一些国际媒体分别在不同国家具有一定关注度。而与上述主要国际媒体相比，中国媒体对伊比利亚美洲西语国际的传播明显均处于弱势地位。

（三）核心传播策略

根据结合前期文献研究与海外调研数据，部分本土与国际媒体能够在伊比利亚美洲激烈的传媒竞争中脱颖而出，成为主要西语国家传媒市场中的主流声音，重在采用了明星主持人策略。

在伊比利亚美洲主要西语国家中，广受欢迎的广播电视媒体普遍都采取以主持人为核心的节目组织形式，当家主持人往往成为一档新闻资讯类节目的招牌门面，受众对一档节目的内容质量和信任程度的判断也往往与主持人自身的口碑挂钩。因此，"主持人效应"成为媒体在伊比利亚美洲西语国家建立传播力、影响力的重要策略路径。

Cadena SER 移动端 App 首页各大节目均以主持人为招牌门面

西班牙最受欢迎的赛尔广播电台（Cadena SER），在晨间收听人数最多的节目是 *Hoy por hoy*，亮点就在于节目主持人。这档节目的第一位主持人从 1986 年开始接手该节目的主持工作，一直延续到 2005 年，形成了极强的主持人效应，主持人本身的良好形象和业界口碑也成为节目广受欢迎的重要基础。目前，这档节目由两位主持人共同负责，在 06：00—10：00 晨间段由艾马尔·布雷托斯（Aimar Bretos）主持，内容以国内外新闻为主，侧重政治领域；而 10：00—12：20 的上午档由哈维尔·鲁兹（Javier Ruiz）担纲，内容包括娱乐、运动、生活等等更为丰富的主题，节目基调也更轻松幽默。从 2019 年夏天开始，两人成为该台的领衔主持人。此前布雷托斯已在这家电台工作多年，鲁兹此前曾在该台工作并于 2019 年回归，二人都是广受欢迎的明星主播。全新的主持搭档，相应节目内容的改版升级，上述变动都在电台的社交媒体平台上得到听众的积极反馈，获得了大量正面评论。

知名主持人奥斯卡·马里奥·贝特塔的个人网站

根据 2019 年第一季度的数据，墨西哥收听率最高的新闻类电台节目主持人排名前十位中，有七位来自属于方程式电台（Radio Fórmula）。其中，位列第一的西罗·戈麦斯·莱瓦（Ciro Gómez Leyva）在社交平台上非常活跃，他的脸书（Facebook）账号有156万粉丝，推特（Twitter）账号有54.2万粉丝，平均每天发布推文数十条，内容绝大部分是不超过五分钟的本人节目片段或本人节目播出预告。排名第二的是奥斯卡·马里奥·贝特塔（Óscar Mario Beteta），拥有以本人名字为域名的网站（https://oscarmariobeteta.com/），OMB网站是一个综合性的新闻网站，提供包括国际、金融、网络资讯（Atrapados en Las Redes）、电台节目（En Los Tiempos de La Radio）等方面的丰富内容。他的个人的推特（Twitter）账号粉丝数量12.1万，平均每天发布10—30条推文，内容多为来自OMB网站的新闻、电台节目内容、政治经济类新闻等。

三、涉华认知

在本次调研中，还特别针对伊比利亚美洲主要西语国家民众的涉华认知开展了基础调研。一方面了解当地民众对于中国相关的资讯需求，另一方面了解民众对于中国资讯的获取渠道、对中国媒体的接触和评价，以期对中国媒体面向伊比利亚美洲主要西语国家的对外传播形成立体认识。

（一）资讯需求偏向

调研数据显示，伊比利亚美洲主要西语国家民众普遍对于中国资讯有着较强的需求意向，希望能够更多地了解中国，希望通过多方渠道更多获取有关中国的资讯信息。在调研过程中，包括历史文化、经济、政治、科技、社会、民生等关涉中国各个领域的主题关键词都在受访者给出的关注资讯列表中，而美食、旅游、汉语学习等具体层面的主题也在受访者的关注资讯之列。可以说，受访者普遍对于中国资讯有较高的关注度，并且在关注的主题领域上较为广泛，除了政治、经济、国际等宏观层面的中国资讯以外，历史、文化、民生、社会等深入中国现状国情等微观层面的新闻资讯也开始成为海外受众的关注点，对于中国的资讯需求已经从对"遥远国度"的浅层探索开始向对"亲近友邻"的深层了解转变。

最感兴趣的中国资讯主题

在涉及中国的综合资讯当中，受访民众首选与中国文化主题相关的新闻资讯，"历史人文""文化消息""文化"等关键词成为调研中反复出现的主题关键词。结合前期文献研究，现有大量海外调研数据都表明，海外受众普遍对于中国绵延数千年的历史文化有着非常浓厚的兴趣。因此在相关涉华传播内容中，也尤以中国历史文化为主题的资讯节目、综合报道、纪录影片等，广受世界各地受众的普遍关注和欢迎。

（二）涉华资讯渠道

由上述调研数据可以看出，伊比利亚美洲主要西语国家对于中国资讯有着极高的需求，中国资讯的供给传播在当地传媒市场具有极大的进入可能和增长空间。那么，当地民众获取到的中国资讯主要由谁提供呢？

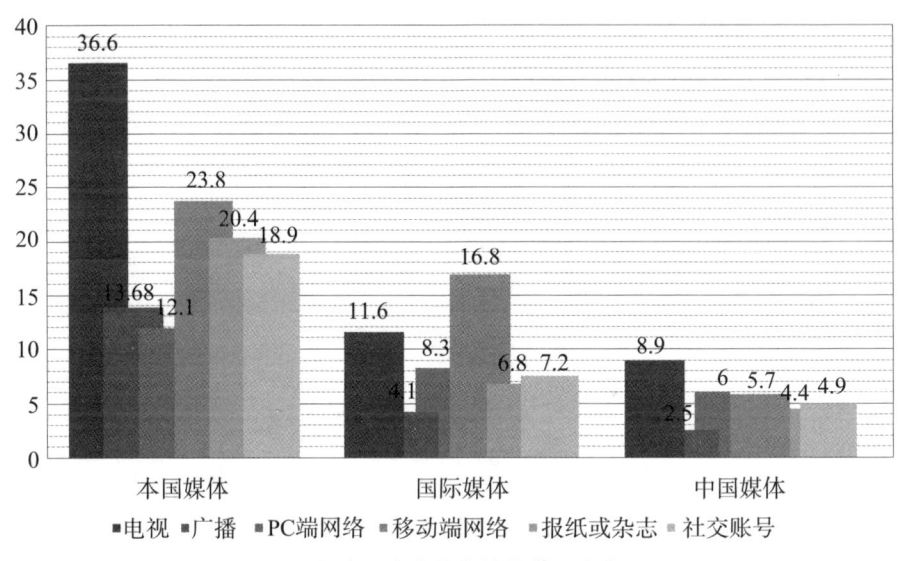

了解中国有关信息的渠道百分比

　　根据调研数据，当地民众对于中国资讯的接触获取首要仍是通过本国媒体渠道，其中尤以本国的电视为最重要的中国资讯获得来源；其次为本国网络媒体（总计35.9%）。值得注意的是，尽管印刷媒体在整体市场份额中所占比重并不大，在大多数国家并不是民众获取新闻信息和国际新闻的主流渠道，但是在获取中国相关资讯的过程中，仍有20.4%的受访者选择了本国报纸或杂志作为信息来源。而在以国际媒体作为获取中国资讯来源的受访者中，则是以网络作为最主要的来源渠道（总计25.1%），其中又尤以移动端网络为主（16.8%），以国际电视媒体作为中国资讯来源的受访者也达到了11.6%，明显高于其他媒体类型。这与移动网络在国际传播当中的便利性特点有很大关系，在实现跨国境、跨地区的国际传播过程中，互联网具有先天的到达优势。

　　研究更进一步调查了"当中国发生重大事件时，更倾向于选择的媒体"，结果显示：即便重大事件的新闻源地就在中国，中国媒体相对具有采访和报道的接近性与便利性优势，然而伊比利亚美洲主要西语国家受众首选的新闻资讯来源却不是中国媒体。相对于日常资讯获取以本国媒体为主，在有重大事件发生时，伊比利亚美洲主要西语国家的民众更多倾向于以国际

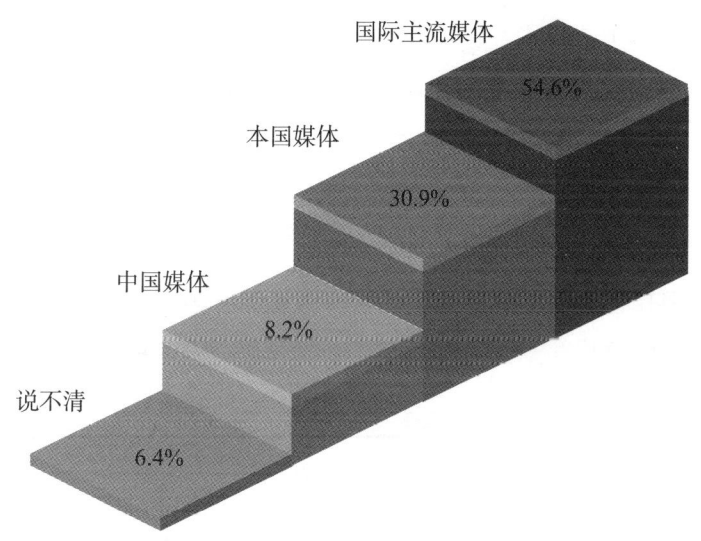

当中国发生重大事件时，更倾向于选择的媒体

媒体为首要资讯来源，比例高达54.6%，其次是本国媒体（30.9%），而选择中国媒体的仅为8.2%。可以说，在伊比利亚美洲的国际传播竞争格局中，"西强我弱"的局面依然显著，中国媒体仍处于非常不利的地位。既然是对中国资讯的获取，调查国家民众依靠国际媒体甚至多过本国媒体，而国际媒体也大多为来自西班牙、美国的大型国际媒体机构，中国媒体依然处于主要西语国家民众的视野边缘，国际主流话语语感相对较弱。

（三）国别认知差异

调研数据显示，在所有受访者中高达87.9%的人群均表示"没有来过中国"，因此其对中国的认知评价基本没有办法形成源于个人经验和直观观察的一手认知和客观评价，在极大程度上依赖于来自媒体的新闻报道和其他资讯。正因如此，切实提升中国对伊比利亚美洲传播的重要性更进一步凸显。就对中国的认知和评价来说，总体来看，受访各国民众对中国的总体印象都是以正面为主，但是在具体的认知评价上，各国又有所差异。通过调研数据可以看到，各国对中国的评价都是以"比较正面"比例最高，其中伊比利亚美洲四国受访民众给出这一选项的比例普遍较高，都达到了半数上下，其中秘鲁（57%）和墨西哥（54.2%）最高，智利（49.7%）和阿根廷（48.7%）。同时，伊比利亚美洲四国对中国持有整体正面认知评价的比例都远远高于负面评价，其中仍以秘鲁的认知评价最为积极，正面与负面的比例为75.6%：12.1%；其次是墨西哥，69.8%：19.3%，之后是智利（60.6%：26.5%）和阿根廷（63.5%：19%）。同时，结合拉美晴雨表民调的多年报告对比可见，整个拉美地区的民众对中国的认知程度和总体评价都在缓慢地逐步提升过程中。

媒体传达的中国总体印象

	非常正面	比较正面	比较负面	非常负面	不知道
秘鲁	18.6%	57.0%	11.3%	0.8%	12.3%
墨西哥	15.6%	54.2%	17.0%	2.3%	10.9%
智利	10.9%	49.7%	23.2%	3.3%	12.9%
阿根廷	14.8%	48.7%	17.1%	1.9%	17.5%
西班牙	5.9%	39.6%	36.1%	5.9%	12.4%
美国	13.2%	33.3%	25.3%	6.6%	21.6%

而相对来说，西班牙和美国西语族裔的受访者对中国的认知评价较为分散，没有形成较为普遍的一致性。其中，西班牙受访民众对中国持"比较正面"和"比较负面"认知评价的比例相差无几，分别为39.6%和36.1%，而持有"非常正面"和"非常负面"的两极认知评论的受访者占比又都为5.9%。结合前期文献梳理所得认识，这与大多数欧洲国家民众抱持的对中国的认知评价基本一致，即好坏参半各有观感。与此相对，美国西语族裔又是另一番景象。尽管持"比较正面"认知评价的美国西语族裔受访者仍属多数，但是33.3%的比例是六个国家中最低的，其次是"比较负面"占比25.3%。整体来说，美国西语族裔人群对中国的认知评价还是正面多于负面，持"非常负面"极化观点的受访者占比仅为6.6%。另外值得注意的一点是，美国西语族裔受访者中选择"不知道"选项的人数要

远远高于其他国家，已经达到了受访人员的二成以上。这一现象，也与美国民众普遍对国际新闻和其他国家事务关注不高的新闻消费总体特点相符。

对本国与中国目前的双边外交关系认可度

	非常认可	比较认可	不太认可	非常不认可	不知道
秘鲁	15.5%	53.7%	16.5%	2.7%	11.5%
墨西哥	16.0%	51.7%	15.8%	3.3%	13.5%
智利	16.3%	49.3%	17.1%	1.5%	15.7%
阿根廷	13.8%	43.7%	20.0%	2.3%	20.2%
西班牙	5.3%	40.6%	23.1%	4.1%	26.8%
美国	12.8%	21.8%	28.5%	14.6%	22.4%

在此基础上，本次调研还对各国民众对本国与中国的双边外交关系的认可程度做了调查。数据显示，除了美国以外，伊比利亚美洲西语四国和西班牙的受访民众均对本国与中国之间的双边外交关系持有较为积极的认可态度。可以看到，各国受访者对两国双边外交关系的认可程度，基本与该国民众对中国的认知评价相一致，换句话说对双边关系的认可与对中国的总体评价是紧密相关的。而对于美国西语族裔来说，对当前中美关系持有不认可观点的受访者占多，但也仅略微超过四成（43.1%），而选择"不知道"模糊态度的受访者却超过了二成以上（22.4%）。这一结果一方面反映了美国国内对于当前中美关系乃至其他政治议题的撕裂态度，阵营站队在很大程度上影响了美国国内各族群对于中美关系的认识和评价，另一方面也同样凸显了相当一部分美国少数族裔对于政治议题的"漠不关心"。

第四章 伊比利亚美洲的国际传媒市场竞争

乌拉圭作家爱德华多·加莱亚诺（Eduardo Galeano）在其闻名传世的著作《拉丁美洲被切开的血管》一书的序言中说道，"自从发现美洲大陆至今，这个地区的一切先是被转化为欧洲资本，而后又转化为美国资本，并在遥远的权力中心积累"。① 一句话勘破了伊比利亚美洲乃至整个拉丁美洲的历史命运及其与欧美之间的关系，先是受到欧洲殖民宗主国的传统植入，后又受制于美国近邻的强大影响。

在世界历史上，伊比利亚美洲及其所在的拉丁美洲是发展中国家中最早成为殖民地的地区，也是最早取得独立的地区。与其政治经济体制的整体特点相似，其传媒市场既有外资实力强大的特点，也有自身某种独立性的特点。就西方国家的影响来看，除了早先的宗主国西班牙之外，美国由于地理相近同时又作为迅速崛起的传播大国，在伊比利亚美洲西语国家中拥有更为强大而直接的影响力。这些欧美国家对伊比利亚美洲新闻传媒的辐射影响、传播策略既有相同，更有不同。与此同时，这些国家之间也形成了激烈的传播竞争，使得这一地区成为世界传播巨头争相竞逐的舞台。

---

① 加莱亚诺. 拉丁美洲被切开的血管［M］. 王玫，等译. 南京：南京大学出版社，2018：3.

第一节 殖民传统延续：西班牙传媒对伊比利亚美洲国际传播

本节从历史的视角，一方面，通过回顾西班牙对伊比利亚美洲的殖民历程来分析探究其对伊比利亚美洲的塑造；另一方面，通过对西班牙传媒格局演变的梳理来探究其对伊比利亚新闻传播的影响，由此来说明如今西班牙的国际传播是大航海时代以来其殖民历史的延续与发展。本节包括四部分内容：第一，发现与征服，讲述西班牙的殖民战争历程，阿兹特克帝国和印加帝国的沦陷与伊比利亚美洲的形成；第二，欧化与本土化，讲述伊比利亚美洲在冲突中融合，在融合中如何孕育现代文明的种子；第三，历史与当代，厘清西班牙自进入印刷时代后各个时期新闻传播的发展脉络及传播格局的演变历程；第四，扩张与辐射，遴选具有代表性的西班牙传播巨头，依据其对伊比利亚美洲传播市场的扩张与兼并对这一新形式的"再殖民化"进行讨论和分析。在上述基础上，还将对传统意义上领土与人口的物质殖民和当代新兴意义上资本、技术、传播的"信息殖民"进行讨论。

一、发现与征服：两大文明的碰撞

殖民是指一个实力较强的国家跨越自身边境建立殖民地或行政附庸机构，征服并掠夺不发达国家的过程。在这一行动的基础之上，诞生了一个名词——"殖民主义"。《韦氏新国际大辞典》这样解释"殖民主义"："殖民主义是多种经济、政治及社会政策的综合体。帝国性的强权借此维系或扩展对其他地区、民族的控制。"① 由此可以看出，殖民是一种控制与被控制的权力关系。大航海时代以来，殖民的主体主要是欧洲，客体主要是欧洲以外的世界。在世界近代史研究中，一条重要主线就是欧洲对世界的瓜分与支配。当人类逐渐由分散走向了集中，"历史"也就逐渐变成了"世界史"。

卡尔·马克思（Karl Heinrich Marx）曾经对"殖民主义"有着这样的分析和概括："英国在印度要完成双重的使命：一个是破坏性的使命，即消灭旧的亚洲式的社会；另一个是建设性的使命，即在亚洲为西方式的社会奠定物质基础。"② 他的这一理论在学术界被冠以"双重使命学说"。马克思认为殖民者充当了两种角色：破坏者和建设者。他们破坏和建设的对象便是所谓的"东方世界"。作为"东方世界"版图中一个重要组成部分的伊比利亚美洲，首当其冲经受了欧洲的"剑与十字架"。

在欧洲早期的扩张中，伊比利亚半岛起到了"急先锋"作用。宗教是促成欧洲海外扩张的一个重要因素，但无论哪里都没有像在伊比利亚半岛显得那样重要。西班牙人和葡萄牙人对他们长期反穆斯林的圣战记忆犹新，始终为这种记忆所激励着。对欧洲其他民族来说，伊斯兰教是一个遥远的威胁，但在伊比利亚人眼里，则是一个传统的、永远存在的敌人。半岛上的大部分地区都曾处于穆斯林统治之下，即便到15世纪，南部的格拉纳达仍是穆斯林的据点。此外，穆斯林还控制着附近的北非海岸，而土耳其人的海上力量又在不断增长，使整个地中海都感受到它的影响。③ 而身处半岛的西班牙又是基督教分支天主教的顽强堡垒，使得伊比利亚成了两大宗教斗争的前沿阵地。西班牙人对伊斯兰教的反抗，一方面是出于一种宗

---

① BABCOCK G P. Webster's Third New International Dictionary of the English Language [M]. Massachusetts: Merriam-Webster, 1993.
② 马克思, 恩格斯. 马克思恩格斯选集：第1卷[M]. 中共中央编译局组, 译. 北京：人民出版社，1995：768.
③ 斯塔夫里阿诺斯. 全球通史（第七版）[M]. 吴象婴, 译. 北京：北京大学出版社，2013：407.

教情绪,保卫自身宗教的纯洁性和使之发扬光大;另一方面则是出于一种民族情感,历时8个世纪的"收复失地运动"便是点燃他们爱国热情的最佳注脚。

此外,《马可·波罗游记》中对于东方世界"遍地黄金、香料盈野"的描写,大大刺激了欧洲贵族和新兴资产阶级到东方寻宝的渴望。天主教会在寻宝的动机上也与前者高度契合,甚至为谋取东方财富的行为披上了神圣的宗教外衣。与此同时,西班牙已经发展成为一个中央集权的君主专制国家。在重商主义原则的指导下,王室大力支持新航路的开辟,兴办航海学校、培养专业水手、收集航海资料、组织探险活动。

和当时大多数人的身份一样,哥伦布也是一位虔诚的基督教徒,坚信自己的航海事业是带着神圣使命的。西班牙伊莎贝拉女王(Isabel I la Católica)为他的宗教热忱所深深感动,毅然支持他的远航探索。为了弘扬基督教,哥伦布需要克服重重困难,践行上帝的意志。他从1492年8月出发,时隔两个多月登上了他称之为"圣萨尔瓦多"的小岛(该词寓意救世主),随即宣布其地属于西班牙领土。虽然此行没有带回大量黄金,但它极大地推动了此后航行的进程。

弗里德里希·恩格斯(Friedrich Engels)曾说过:"黄金一词是驱使西班牙横渡大西洋到美洲去的咒语;黄金是白人刚踏上一个新发现的海岸时所要的第一件东西。"[①]地理大发现的直接后果是掀起了海外殖民掠夺的狂潮,这成为西欧资本原始积累的重要来源。征服与反抗成为亚、美、非三洲殖民地的两大主题。

此后,西班牙分别以古巴和巴拿马为据点,形成了两大征服圈。1516—1518年形成第一个弧形圈,从古巴席卷墨西哥,摧毁阿兹特克帝国,然后自墨西哥高原中部向南、北方向辐射,逐步征服了北美洲和中美洲;另一个弧形圈属于巴拿马,1523—1524年向北推进到尼加拉瓜,1531—

---

① 马克思,恩格斯.马克思恩格斯全集:第21卷[M].中共中央编译局,译.北京:人民出版社,1965:450.

1533年取道太平洋往南，征服了印加帝国。征服者以秘鲁为基地，与来自委内瑞拉和拉普拉塔地区的殖民者共同完成了对南美洲的征服。[①] 而其中两个代表性的例子，一是埃尔南·科尔特斯（Hernán Cortés）对阿兹特克帝国的征服，二是弗朗西斯科·皮萨罗（Francisco Pizarro）对印加帝国的征服。

1519年，科尔特斯和他手下的一小撮人从古巴向墨西哥挺进，他只有不到600名随从、若干门小炮、13支滑膛枪和16匹马。短短两年半，他们取缔了阿兹特克帝国，成为该土地上的新主人。有关科尔特斯的故事，斯塔夫里阿诺斯（Σταυριανός）在他的《全球通史》中是这样介绍的："科尔特斯上岸后先毁掉所有的船只，以向部下表明，如果他们失败，已无返回古巴的希望。接着，经过几次战斗之后，他与仇视阿兹特克霸主的各部落达成协议。假如没有这些部落提供的食物、搬运夫和战斗人员，科尔特斯远不可能赢得那些胜利……数月后，他回来了，以一支由800名西班牙士兵和至少25000名印第安人组成的部队围攻都城。战斗十分激烈，并拖延了四个月。最后，1521年8月，残余的守城者交出了他们的城市，该城几乎已完全化为瓦砾。如今，墨西哥城就坐落在它的位置上，原先的阿兹特克人的首都几乎未留下一处遗迹。"[②]

与之相比更为偏激的是弗朗西斯科·皮萨罗（Francisco Pizarro）的故事。1531年，皮萨罗离开巴拿马开始对印加帝国的远征，他带领的团队只有180人和30匹马。由于印加帝国的国王过分轻敌，未加防范，致使皮萨罗长驱直入，最终使得国王自己成为侵略者的阶下囚。随后，皮萨罗展开疯狂的敲诈活动，要求帝国给予他们赎金。当这一要求得到满足后又背信弃义地处死国王。由于帝国人民早已习惯家长式的管理，以至于入侵者几乎没有遭遇任何抵抗。1533年，攻陷印加帝国首都库斯科，传统的土著文明逐渐消亡，代之建立起来的是西班牙的殖民统治和西欧的异域风格。皮萨

---

① 贝瑟尔.剑桥拉丁美洲史：第1卷[M].中国社会科学院拉丁美洲研究所，译.北京：经济管理出版社，1997：165-166.
② 斯塔夫里阿诺斯.全球通史（第七版）[M].吴象婴，译.北京：北京大学出版社，2013：418-420.

罗直接推动了新兴港口城市利马的建设，而它直到现在仍是秘鲁的首都。纵观世界历史，以少胜多的战役恐怕也再无出其右吧。

对新大陆的发现与征服完成了所谓破坏的"任务"，接下来的建设"任务"才是一场文明之间"软实力"对抗的持久战。

二、欧化与本土化：现代拉美的雏形

伊比利亚美洲是拉丁美洲的一部分，在文化上从属于拉丁美洲文化。因此，本节的论述将在拉美文化的大范畴下推进。在考察拉美文化的时候，需要厘清几个核心问题：

现代拉美的文化模式是什么？

西班牙的殖民统治在多大程度上塑造了拉美文化？

而拉美的本土化又保留了多少？

有关文化的定义，学术界莫衷一是，无一定论。1871年，爱德华·泰勒（Edward Tylor）在其《原始文化》一书中第一次提出了现代文化的概念："文化或文明，就其广泛的民族学意义而言，是包括全部的知识、信仰、艺术、道德、法律、风俗以及作为社会成员的人所掌握和接受的任何其他的才能和习惯的复合体。"[1] 阿诺德·约瑟夫·汤因比（Arnold Joseph Toynbee）在阐述文化和文明形成的机制时提出了"挑战-回答理论"，即认为"文化或文明是为回答某种挑战而出现的，在回答挑战的运动中，由于该文化本身的特性和挑战的类型、来源、剧烈程度等因素的作用，逐步形成有别于本身文化原体，也有别于其他文化的独特文化模式"。[2] 依照此逻辑，拉丁美洲的文化是在长期的历史演进中，由传统印第安土著文化、伊比利亚的欧洲天主教文化以及来自大三角贸易的非洲黑人文化共同塑造的。这一新的复合型文化已经偏离了原来的文化原体，成为独具一格的文

---

[1] 泰勒.原始文化[M].连树声,译.上海：上海文艺出版社,1992:1.

[2] 汤因比.文明经受着考验[M].沈辉,等译.杭州：浙江人民出版社,1988:22-55.

化模式。

新航路开辟以前，生活在拉美地区的人们在应对自然环境和自然资源挑战的过程中，创建了属于自己的文化，例如，玛雅文化、阿兹特克文化。随着1492年哥伦布和其他殖民者的登陆，代表着殖民统治的天主教文化成为传统印第安文化的挑战，拉丁美洲在欧化与本土化之间面临抉择。

政治上，西班牙国王借用拉美古文明中的政治统治机制，设立了市镇辖区的地方行政单位，分为西班牙市镇辖区和土著市镇辖区。这在一定程度上保留了阿兹特克帝国的遗风。在秘鲁总督区，则仍沿袭印加帝国的地方行政酋长制。通过对比不难看出，北美13个殖民地最终走向了统一，建立了美利坚合众国，实现了从大西洋到太平洋的扩张，而拉丁美洲则经历了政治上的分裂。绵延至今，拉美现代政坛上无休止的政变就是政治转型失败的间接恶果。直到现在，美国一直沿用1787年宪法，而拉美则平均每个国家采用的宪法已超过十部。

经济上，拉丁美洲的农业生产主要是通过三种组织形式进行的：印第安人村社、大庄园和种植园。[①] 采用的征调制是借鉴印加帝国的"米达制"和阿兹特克帝国的"科阿特基特尔制"。在移植了大庄园制的同时，保留土著村社公有制。白银生产也成为伊比利亚美洲主要地区经济的核心。此外，西班牙还通过垄断贸易的方式确保利益最大化。

在人种和社会生活方面，两种文化的交融形成了特定的种族和社会阶级。人口通婚混血现象大量出现，除了在美洲出生的西班牙后裔克里奥尔人外，还有土著和白人混血的后代梅斯蒂索人，白人同黑人混血的后代穆拉托人，土著和黑人混血的后代桑博人。而这些混血人种之间又互相混血，形成了一个复杂的、无法分清的新混血人种。[②] 殖民者在原先的古代城址上建立了一些市镇，以城市为中心形成了"中心-外围"格局。在拉丁美

---

① 董经胜，林被甸.冲突与融合——拉丁美洲文明之路[M].北京：人民出版社，2011：88.

② 冯燕玲.强势文化与弱势文化的关系——西班牙在拉美殖民的反思[J].海淀走读大学学报，2004（2）：47.

洲，除葡萄牙人的巴西以外，主要的文化形式是西班牙式，明显标志是绝大多数人说西班牙语并信奉罗马天主教。人们看到，它还表现在建筑式样方面，如房屋带有庭院或院子、窗户装有铁条和房屋的正面朝向人行道等。城镇规划以中心广场而不是以主要街道为基础同样说明了这一点。许多服装也是西班牙式的，其中包括男人用的宽沿毡帽或草帽、妇女用的棉布遮头物——薄头纱、头巾或装饰头巾等。在家庭结构方面也仿效了男子占支配地位和严密监督年轻女性的典型的西班牙形式，这是一种认为体力劳动对有身份的人是不体面、不合适的倾向。①

宗教上，天主教教会成为西班牙对印第安人精神控制的御用工具。马克思曾说，在西班牙，教会已成为专制政体最牢固的工具。② 政府与教会的沆瀣一气延伸到了域外的殖民统治上。到18世纪末，拉丁美洲殖民地共有十个大主教区。教会强迫印第安人无偿劳动，修建宗教建筑物，仅在墨西哥一地，就修建了12000座教堂。此外教会还搜刮财富，霸占土地，强迫人民缴纳祭祀费、婚配费、丧葬费和什一税，并设有宗教异端裁判所，对离经叛道的教徒施以惩罚。③

而在语言方面，殖民统治大大拓展了西班牙语的传播，使拉美成为世界上最重要的西语阵地。据史料记载，最初奔赴美洲大陆的西班牙殖民者大多数来自南方的安达卢西亚和埃斯特雷马杜拉、加那利群岛等省份。④ 西班牙著名语言学家梅嫩德斯·皮达尔（Menéndez Pidal）和恩里克斯·乌雷尼亚（Enriquez Ureña）均认为，15—16世纪的安达卢西亚方言和今天的美洲西班牙语有着非常大的共性。当一种语言由它的发源地传到另一个地

---

① 斯塔夫里阿诺斯.全球通史（第七版）[M].吴象婴，译.北京：北京大学出版社，2013：616.
② 马克思，恩格斯.马克思恩格斯全集：第10卷[M].中共中央编译局，译.北京：人民出版社，1962：461.
③ 张家唐.拉丁美洲简史[M].北京：人民出版社，2009：62-63.
④ 里瓦罗拉.美洲西班牙语及其历史[M].巴拉多利德：巴拉多利德大学出版社，2001：129.

方，被一个庞大的、占主导地位的群体使用时，它会同化其他的不同方言。[①]在发音习惯和语法特点上，伊比利亚美洲的西班牙语充分继承了近代西班牙南部省份。早期印第安语对美洲西班牙语的影响主要集中在词汇方面，土著语言在吸收了西班牙语的同时也大大丰富了西班牙语。由于西班牙传教士（一般都有较高的文化素养）初期的积极努力，开办学校、普及西语；由于西班牙历史上采取过严厉的语言政策；由于拉美不少国家较早办起了大学和出版业，文化事业比较发达；由于现代通讯与传播媒介的迅速发展，国际交流频繁，特别是由于权威的西班牙皇家语言科学院及拉美各国相应的分支机构两个多世纪的不懈努力和卓越贡献，拉美西班牙语保持了它的统一性与规范性，没有像当年罗马帝国征服欧洲一些国家时，在普及拉丁语的过程中产生了诸如西班牙、葡萄牙、意大利、罗马尼亚、法国等多种拉丁语系语言，这无疑是西班牙语值得荣耀的一例。[②]但大同也存在着小异，拉美作为一个较为统一的西班牙语世界，也存在多样性和复杂性的特征，如何对各个语言分支进行较为完整地保留也是一项艰巨的挑战。

基于上述内容，可以看到西班牙对伊比利亚美洲的殖民统治对现代拉美社会影响巨大，但印第安土著文化原体的许多要素仍不可忽略。秘鲁历史学者欧亨尼奥·陈-罗德里格斯（Euguenio Chang-Rodríguez）认为，虽然"西班牙人用剑和十字架统治了美洲"，但"新大陆也征服了自己的征服者，给予他们一种新的美学观点、新的思维方式、新的行动方式，从而具备了一种新的生存方式"。[③]应该说，拉丁美洲并不能简单地归纳为伊比利亚天主教文化的一个"亚文化"分支。相反，它是多种文化在美洲大地上冲突、融合的结果。它具有许多与天主教文化不同的特性，如边缘性和从属性、

---

① 皮达尔.西班牙语史[M].马德里：桑蒂亚纳出版社，2008：122.
② 陈泉.拉美西班牙语的形成与特点[J].外国语（上海外国语学院学报），1994（1）：63.
③ 陈-罗德里格斯.拉丁美洲的文明与文化[M].白凤森，等译.北京：商务印书馆，1990：67.

剧烈的运动性、混合性和外源性。①但不可否认的是，由于强有力的殖民统治，伊比利亚天主教文化拥有着不对称的强势地位，这一点构成了现代拉美社会的文化内核。

但天主教本身并不利于资本主义的发展和社会的现代化。天主教伦理提倡禁欲主义，教导人们轻视对物质财富的追求，以精神上的满足来弥补物质上的不足。同时天主教伦理还对人们所从事的世俗活动制定了许多清规戒律，教导人们现在的吃苦、贫困是为了积福，以便死后能够进入天堂。②美国学者戴维·S.兰德斯（David S. Landes）认为，在这种模拟伊比利亚社会的环境中，完全没有北美式的技术、好奇心、首创精神以及公民利益。西班牙本身在这些方面就落后，原因在于其精神上的同质性和顺从性。③学者王晓德认为，拉美地区难以走出不发达状态，显然并不在于这一地区缺乏如资源、劳动力、资金等物质上的必需保证，而在于其独立以来很长时间没有形成一种与现代社会相一致的文化精神。拉美国家可以拥有资本主义社会的所有外在形式，但西班牙留给这块土地上的文化遗产却很难产生真正的资本主义精神。④这也是伊比利亚美洲文化模仿性和混合性的必然结果。

三、历史与当代：传媒格局的演变

学界一般认为，早在公元10世纪，伊比利亚半岛上就出现了手抄书的传播形式。在1450年古登堡发明印刷机以前，口语传播和手抄书已经成为西班牙社会的两大传播方式。在1472年，西班牙人从德国引进一台印刷机，才正式迈入"印刷时代"。但媒介转变的过程并非一蹴而就，在

---

① 韩琦.拉丁美洲文化与现代化［M］.北京：社会科学文献出版社，2013：44.
② 王云飞，熊利娟.拉美政治、经济与社会发展不协调的文化因素分析［J］.河南工业大学学报（社会科学版），2016，12（4）：145.
③ 兰德斯.国富国穷［M］.门洪华，等译.北京：新华出版社，2001：458.
④ 王晓德.试论拉丁美洲国家现代化步履维艰的文化根源［J］.史学集刊，2004（1）：68-72.

相当长的一段时间里，由于贵族的拥护，手抄书并没有迅速濒临消失。

随着伊比利亚半岛的扩张和崛起，在政治、经济、社会等方面的综合发展中，印刷术迅速在西班牙国内普及。塞维利亚和巴塞罗那成为出版重镇，并催生了诸多形式的新闻传播载体。例如，"新闻纪事"（Crónicas），主要记述美洲发现和西班牙的征服殖民过程；"偶然"（Ocasionales），记录日常事务之外关于临时、突发事件的报告。哥伦布发现美洲的过程中，就是采用这种方式来向西班牙王室汇报情况，随后很快被政府公布，一般以书的版式印刷，封面配有图片；"报告"（Relaciones），即关于社会重大活动的专项报告，例如，关于西班牙殖民活动和征服北非的各种专项报告；还有一种名叫"通告"（Avisos），定期向宫廷外的贵族通报宫廷内重大事件的报告。[①]

进入 17 世纪，随着伊比利亚半岛逐渐走向衰落，荷兰作为"海上马车夫"一跃而起，加上国内社会矛盾加深，西班牙面临着内忧外患的局面。旧有传播媒介在传播速度上的迟缓，已经无法跟上局势的纷繁复杂和瞬息万变。在此背景下，新的传播媒介，"公报"和"信使报"登上历史舞台。公报可以持续定期出版，刊登的题材也广泛多样，具有明确新闻传播的目的。学界也一般认为，1661 年《马德里公报》的创办标志着西班牙近代新闻传播的诞生。

18 世纪西班牙的新闻传播主要分为两种：一种为民众阅读的历书、年鉴，出版间距较长。这类刊物统称为"通俗传媒"，是一种民间文化的集合，在某种意义上也是 19 世纪大众报纸的雏形；另一种为供文人阅读的报刊，通常出版间距较短。该时期的主要报刊有以下几种：（1）《马德里公报》创办于 1661 年，该刊百年来一直由私人印刷出版。1762 年，卡洛斯三世（Carlos Ⅲ）宣布王室拥有该报出版的特权，将其变成官方信息传播媒介，主要报道王室的观点和决策。（2）《西班牙文人报》是一份文化、文学

---

① 路燕萍. 西班牙新闻传播的发展脉络及当代传媒格局[J]. 国际新闻界，2012，34（4）：114.

性质的出版物，宗旨是"对西班牙出版的所有书籍进行公正的评价"。创刊于1737年，共出版了五年。（3）《马德里日报》由弗朗西斯科·马里亚诺·尼波（Francisco Mariano Nipho）于1758年2月创办，最初名为《新闻、奇闻、学界、商界和政界新闻日报》。这是西班牙第一份定期发行的日报，每期两版。1788年，该报更名为《马德里日报》。（4）《西班牙信使》于1738年由萨尔瓦多·何塞·玛涅尔（Salvador José Manuel）创办，起初名为《历史与政治信使》，1784年改为现名。（5）《马德里邮报》。1786年，在马德里出现了一份《盲人邮报》，翌年更名为《马德里邮报》。主要刊登一些文学、科学、技术、经济方面的言论，也有许多社会批判、介绍风俗习惯的文章。该报"信函讨论"栏中，有一位卢梭崇拜者化名为"天真的军人"，撰写信函文体，批判国家机构、揭露社会不公正和许多愚昧无知的现象。（6）《审查报》是1781年到1787年间发行的一份周报，被誉为西班牙18世纪最重要、最具影响力的报纸。启蒙运动思想家为它撰稿，以政治批评为特色。因此，该刊出版期间得不断与当局进行斗争。①

19世纪初，在拿破仑入侵下沦陷的西班牙王室被押往法国。自由派掌权并颁布了西班牙史上第一部宪法——《加的斯宪法》，第一次明确提出新闻出版自由。但好景不长，1814年王储费尔南多七世（Fernando Ⅶ）复辟，废除宪法，新闻自由也成为保守派和自由派权力争斗的战场。

从1808年拿破仑入侵到1814年费尔南多七世复辟，报刊发展进入一个短暂的黄金时期，大致可分为三种类型：激进自由派、保守派和亲拿破仑的报刊。1820—1823年，自由派主政，激进自由派报刊也迎来了再度繁荣。19世纪30年代，随着自由派人士陆续回国，带回了浪漫主义思想和英国报刊的经营模式，此后西班牙出现了当代版式的新闻类报纸。1865年，西班牙第一家通讯社——"通讯中心"成立。在1869年宪法和1883年出

---

① 路燕萍.西班牙新闻传播的发展脉络及当代传媒格局［J］.国际新闻界，2012，34（4）：114-115.

版法中，都明确重申了新闻出版自由。

法律开的绿灯得以让西班牙近代新闻传播事业迅速发展。在19世纪末，西班牙主要的新闻类报刊包括：（1）《先锋报》，1881年由加泰罗尼亚的戈多兄弟（Carlos and Bartolomé Godó）创办，初期只发行加泰罗尼亚语版，至今已有近140年的历史；（2）《阿贝赛报》，1903年由托尔夸多·卢卡·德·特纳（Torcuato Luca de Tena）创办，最初为周报，1905年改为日报，由订书钉装订成杂志版式，政治立场上倾向于君主制；（3）《争论报》，创办于1910年，1936年西班牙内战爆发导致停刊，由天主教出版社出版，旨在捍卫天主教思想，是一份有着政治关怀、宗教思想、文化内涵的高质量报纸，它的创办开辟了宗教报刊的新天地；（4）《太阳报》，创办于1917年底，该报谋求于革新国家的社会和政治，西班牙哲学家何塞·奥尔特加·伊·加塞特（José Ortega y Gasset）是该报的主要企划者。1910年之后，西班牙报刊努力向大众报纸转型，不再使用古板的语言，在词汇和风格上更加灵活，排版新颖并且搭配新闻照片，积极报道普通民众的文化消费（斗牛、足球、戏剧等），及时刊登最新电影海报，定期发行经济、娱乐、艺术、体育、女性和儿童的专刊或增刊。这些报纸已经比较符合大众传媒的特点，但远没有达到英美大众报纸那样高的发行量，彼时的西班牙仍是一个城市化落后、国民识字率低下的国家，因而读者群较为狭小。[①]

20世纪40年代，西班牙开始进入到弗朗西斯科·佛朗哥（Francisco Franco）的独裁统治之下，社会制度与社会民主潮流相悖，因此到70年代佛朗哥去世，专制结束之前，西班牙的新闻传播业发展都较为低迷。这一时期的新闻法律规定了严格的审查制度，使媒体无条件为政府服务，主要包括1938年和1966年新闻法。1938年的新闻法参考了意大利法西斯在1923年出台的新闻法，规定国家授权所有出版物，也可以终止任何出版物，且对方不得上诉反对。此外还规定，政府可以任免报社管理者和编辑，包

---

① 路燕萍.西班牙新闻传播的发展脉络及当代传媒格局［J］.国际新闻界，2012，34（4）：115-117.

括一些私人媒体均在该法限定之列。佛朗哥独裁时期，记者受到非常严格的控制，许多人都在内战后受到"清理"。同时要求，记者都必须在政府正式注册，并为日常检查提交报告，以消除任何可能有害于专政政权的资料，甚至所有广告也都没有免除被审查。[①]在西班牙内战和"二战"中，西班牙的广播成为独裁政府的重要帮手。1937年，以佛朗哥为首的反对派在萨拉曼卡城创建国家广播电台，负责宣传其政治纲领。在佛朗哥统治的30多年间，国家广播电台作为公立部门也一直被政府控制。[②]

1966年的新闻法推动了西班牙新闻传播的发展，其最重要的革新就是消除了之前的审查制度，并且放松了对报刊和出版社的直接管制，出版公司还获准自由任免管理人员和编辑。国家仍旧保留了惩戒权，根据一些并不十分明确的规范，完全按照自己的理解来实施惩罚。这也促使西班牙新闻界出现了新的规范形式——自我审查，并相应结合国家的制裁手段。由于新闻制度相对专断，以及缺乏规范的标准，导致对新闻界的制裁混乱、镇压残暴，包括高额罚款，没收报纸和杂志，关闭出版社。因此，这项改革与以前相比，被视为部分的自由化，而不是建立西方民主国家真正的新闻自由和规章制度。[③]在此背景下，有的报纸在文章中对政府进行了隐晦的批评，最终还是遭到了严厉的制裁。1969年，《堡垒报》和《新日报》的主编遭到撤换；1971年，《马德里报》遭到停刊。

在广播电视方面，所有国内和国际常规新闻，都只专属官方网络——西班牙国家电台，私营广播公司需要每天转播两次来自官方电台的内容。通常来说，在佛朗哥政权下，广播电台并没有同印刷媒体一样享有自由。无线电广播的市场结构发生了变化，这主要是为了改变之前混乱的状况。在1963年，西班牙全国共有471家广播电台，其中71%都没有广播执照。在曼努埃尔·弗拉加·伊里瓦内（Manuel Fraga Iribarne）担任信息与旅游部

---

① 刘倩.西班牙媒体责任体系探析［D］.北京：中央民族大学，2008：11.
② 路燕萍.西班牙新闻传播的发展脉络及当代传媒格局［J］.国际新闻界，2012，34（4）：115-117.
③ 刘倩.西班牙媒体责任体系探析［D］.北京：中央民族大学，2008：12.

期间，主导推动扭转了这种局面，广播电台的总数降至200家左右，分为六个广播网络。大约有一半以上的广播电台属于国有，另一半则由天主教教会和各大商业集团所有，其中最重要的是西班牙社会广播电台。整个佛朗哥时代，广播中有关政治的信息受到严格限制。尽管事先检查的做法已经淘汰，但是私人广播电台还是被禁止播放自己制作的新闻节目，直到佛朗哥专制灭亡和民主过渡时期才有所改变。在这一阶段，西班牙人没有选择权，也只能无奈接受西班牙国家电台的信息。[①]1973年，西班牙政府对电视业实行垄断，合并所有电台、电视台，成立了西班牙公共（广播）电视台（RTVE）。全国只设有两家电视制作中心，一家在马德里，另一家在巴塞罗那，全国所有的地方电视信号必须经过马德里才能对各地进行转播。这种对媒体的集中控制，是西班牙政府为了加强对各个自治区的控制，避免各自治地区的分离主义倾向抬头。20世纪60、70年代，在大多数欧洲国家，电视台都是公共所有，在政治上保持中立。但在西班牙，由于佛朗哥的长期独裁统治，电视沦为政府的附庸，一直处在政府直接控制之下，并不能保持中立。因此，在这一时期，西班牙还没有形成相对独立的公共广播电视制度。[②]

1978年，西班牙在新颁布的宪法中明确规定保护言论自由。此时，国内已经结束了法西斯独裁统治，经济也开始缓慢复苏。在此背景下，西班牙的新闻传播业出现了大发展大繁荣的景象。1980年，西班牙政府制定了《公共广播电视法》。该法遵循了西欧公共广播的公众利益原则，规定广播电视业是国家基本的公共服务部门，电视台可以公开、自由地发表言论，并且受到法律保护。另外，该法特别强调西班牙的广播及电视台实行多元化控制，以培养公民的民主意识和尊重少数派利益的精神。[③]在报纸方面，1976年创办的《国家报》在四年内一跃成为仅次于《先锋报》的国内第二

[①] 刘倩.西班牙媒体责任体系探析[D].北京：中央民族大学，2008：13.
[②] 魏春洋，王汝霞.西班牙的电视业[J].中国电视，2007（9）：78-79.
[③] 魏春洋，王汝霞.西班牙的电视业[J].中国电视，2007（9）：79.

大报。之后，1989年创办《世界报》又后来居上，在发行量上也达到了第二大报的水平。随着20世纪末信息化的迅速发展，纸质传媒受到了互联网的巨大冲击。好不容易盼来民主春天的纸媒，在短暂的繁荣后又迎来了新的对手和挑战。

与此同时，90年代的广播电视格局也发生了重大变化，由于电信法对私营电视的解禁，使得西班牙私人电视台如雨后春笋般蓬勃发展。公共电视台与私人电视台竞争激烈，国家电视台一统天下的局面彻底瓦解。最终，私人电视台取代公共电视台，成为西班牙电视市场新的垄断者。

2008年以来，西班牙债务危机严重，经济大幅衰退，进而也影响到了西班牙传媒的发展，千人报纸拥有量严重下降，从2008年的85份下降到2009年的79份，此后又一降再降。2012年2月24日，《公众报》由于资金困难，正式宣布停止发行纸版报刊，仅保留网络版。① 而在传播全球化的今天，西班牙的电视业也面临着本土文化与外来文化的制高点之争。虽然西班牙拥有高度集团化的传播集团以及面向整个西语世界的传统势力范围，西班牙的新闻传播发展仍旧前路漫漫，既有广大市场和技术革新带来的机遇，又充满了国际竞争和媒介变迁带来的巨大挑战。

四、扩张与辐射：传播与殖民版图的吻合

自20世纪末以来，西班牙的传媒格局经历了结构性的变化，形成了多个大型传媒集团，开始崛起成为西班牙的国际传播媒体巨擘。其中，最主要的传媒集团包括：（1）西班牙广播电视公司，旗下拥有七个电视频道和六个广播电台，其中包括面向全球的西班牙国际频道和对外广播电台；（2）普利萨集团（PRISA），总部在马德里，是西班牙首屈一指的集传媒、教育、文化和娱乐于一身的多元化综合集团。目前，普利萨集团旗下还拥有西班牙发行量最大的报纸《国家报》，参与出版多家杂志，如《电影狂》

---

① 路燕萍. 西班牙新闻传播的发展脉络及当代传媒格局［J］. 国际新闻界，2012，34（4）：118.

《滚石》等，在西班牙和拉美地区拥有 400 多家广播电台和多家电视台，其中著名的有西班牙广播协会电台、收听率很高的流行音乐电台"Cadena Dial"，电视四台（TV Cuatro）等。此外，还有泽塔集团（Zeta）、戈多集团、Vocento 集团、Mediapro 集团等。

在纸质媒体方面，西班牙全国共有报刊 155 种、杂志 170 种，每日销售量达到 420 万份。在报纸日发行量的排行榜上，《国家报》和《世界报》首屈一指，日发行量分别为 39.19 万份和 40.87 万份；《阿贝赛报》为 25.67 万份；《先锋报》24.62 万份；《加泰罗尼亚报》为 16.78 万份；《道理报》14.28 万份。①

目前，西班牙有七家较大的通讯社，分别是：埃菲社、欧洲新闻社、阿尔塔斯新闻社、科尔匹萨新闻社、阿旺特新闻社、媒体服务社和伊比利亚美洲对话社。其中，被称为"世界第五大通讯社"的埃菲社，成立于 1939 年，现今拥有 3000 多名职业记者分驻世界各地，从 110 多个国家、180 多座城市全天候发送新闻信息。而欧洲新闻社是 1957 年成立的私人通讯社，科尔匹萨新闻社成立于 1996 年，堪称西班牙纸质传媒领域最大的私人通讯社。②

曾有学者将西班牙的全球传播战略特点归纳为三点，包括：（1）扎根原生地区：巩固语言在母语地区和一体化地区的地位；（2）重视历史基础：在具有历史基础的国家和地区重点开展文化传播活动；（3）关注人口重镇：重视西语人口集中的非官方语言地区以及具有经济发展。③ 西班牙的媒体传播策略与语言传播的战略布局具有高度相关性，伊比利亚美洲由于历史传统原因而成为西班牙媒体国际传播的战略重镇。在此过程中，西班牙一

---

① 中华人民共和国外交部.西班牙国家概况（新闻出版）［EB/OL］.中华人民共和国外交部网站，2019-12-31.
② 路燕萍.西班牙新闻传播的发展脉络及当代传媒格局［J］.国际新闻界，2012，34（4）：117-118.
③ 陆经生，陈旦娜.语言测试与语言传播：以西班牙语全球传播战略为例［J］.外语教学与研究，2016，48（5）：752.

些主要媒体机构在面向伊比利亚美洲的市场扩张和影响辐射上，充当了急先锋的角色。

（一）西班牙电信——鲸吞伊比利亚美洲市场的资本巨鳄

西班牙电信公司（Telefónica）成立于1924年，是伊比利亚半岛首屈一指的电信运营商，同时也是欧洲第二大电信运营商。它于20世纪末成功走上国际化之路，在世界资本市场上独树一帜。1997年，西班牙政府根据欧盟的指令出售其所占有的全部20.9%股份，推动西班牙电信实现民营化。1999年，公司开始正式使用Telefónica作为企业品牌。起初，公司实行四面开花的海外投资战略，高峰时期在40个国家开展业务，包括西欧、美国、拉美在内的广大区域都是其力图进入的市场。2000年前后，西班牙电信对国际化战略进行了调整，逐渐将精力和资源集中在拉美地区，并努力成为这个发展潜力巨大市场的领导者。

为何优先将精力与资源投注到拉美？其实这其中包含了多种因素构成的区位优势。其一，20世纪90年代，拉美各国电信业私有化改革，带来了大量的商机；其二，这一时期拉美的电信基础设施差、电话覆盖率低，大多还在使用模拟信号，移动电话和电信增值服务几乎没有，电信业存在巨大的增长潜力和消费需求；其三，以电信业为代表的基础部门亟待发展，而拉美各国政府缺乏相应的技术和资金，因此这一时期投资拉美电信业的成本较低；其四，由于拉美国家多为西班牙前殖民地，在电信这样的服务业领域，语言和文化的优势为西班牙电信提供了进入当地市场的便利，也容易赢得拉美消费者的认同。[①] 不难看出，无论是政策上的私有化，还是作为硬件的基础设施，抑或作为服务行业的基础部门，这些因素只能作为西班牙电信进入拉美地区的阶段性背景，为其大幅进入当地市场提供背书铺垫，而文化和语言的接近性则是西班牙电信能够在拉美地区传媒市场大行其道的根本原因。

---

① 陈涛涛，陈忱.拉美投资环境：区位优势、竞争和战略选择——基于西班牙企业投资拉美的实践［J］.国际经济合作，2014（2）：9.

目前，西班牙电信公司主要在欧洲、拉美的19个国家和地区拥有业务运营。在开启国际化的道路上，西班牙电信的第一个扩张对象便是拉丁美洲。1994年起，公司陆续进入波多黎各、委内瑞拉、哥伦比亚、秘鲁、智利、乌拉圭、阿根廷、巴西、萨尔瓦多、危地马拉、墨西哥等国的电信市场。尽管拉丁美洲几个主要国家在2002年时遭遇经济动荡，阿根廷比索对美元的平均汇率上升了68.4%，巴西雷亚尔对美元的平均兑换比率增长了19.5%，西班牙电信仍然从拉丁美洲以红利及经营手续费等方式盈利15亿欧元。[1]

随着拉美各国电信业私有化改革渐近尾声，不再有类似90年代那样多的投资并购机会，西班牙电信将自己在拉美的发展战略定位为整合现有资源、发挥已收购资产的协同作用为主，同时成立了西班牙电信拉美公司分管拉美业务。这一时期在全球经济形势和拉美投资环境不断变化的情况下，部分国际电信企业在拉美的业务出现了危机，而这对于西班牙电信来说，则是指向新一轮发展的机遇窗口。2004年3月，西班牙电信斥资58.5亿美元收购了南方贝尔在拉美的全部移动资产；[2]2006年4月，公司又以3.68千万到3.70千万美元获得了哥伦比亚电信（Colombia Telecom）的经营权。[3]2010年，西班牙电信收购了与葡萄牙电信在巴西合资的移动通讯企业Vivo。2010年底，西班牙电信将其在巴西的固定电话公司Telesp与移动电话公司Vivo合并，以削减其在巴西的运营成本，进而成为巴西第首家实现一体化运营的电信企业。截至2012年，在西班牙电信全球超过三亿的客户中，有两亿以上都是来自拉美地区。[4]

巴西是西班牙电信在拉丁美洲最大的市场，西班牙电信先后斥资55

---

[1] 滕辉，卢子芳.西班牙电信跨国经营的经验及启示[J].世界电信，2003（7）：9.
[2] 陈涛涛，陈忱.拉美投资环境：区位优势、竞争和战略选择——基于西班牙企业投资拉美的实践[J].国际经济合作，2014（2）：9.
[3] 臧晋.西班牙电信的国际化之路[J].通信企业管理，2007（3）：38.
[4] 陈涛涛，陈忱.拉美投资环境：区位优势、竞争和战略选择——基于西班牙企业投资拉美的实践[J].国际经济合作，2014（2）：9.

亿美元收购了拉丁美洲最大的固话网络——巴西圣保罗固定电话网和其他本地移动公司。2002 年，巴西的电信管制机构允许西班牙电信在巴西经营固定电话网的分公司 Telesp 在圣保罗州进入长途电话市场。第一年就占据巴西国内长途市场 36% 的份额、国际长途市场 32% 的份额。同年，西班牙电信的移动子公司 Telefónica Móviles 通过和葡萄牙电信结成战略联盟来提高其竞争地位，两家公司合资成立了 Brasilcel，到 2003 年 1 月份时已经成为巴西最大的移动运营商，拥有 2861 万用户，以及几乎覆盖巴西全国的网络。[①]

阿根廷是西班牙电信在拉丁美洲的第二大市场。伴随着阿根廷电信业的私有化和对外开放进程的深入，西班牙电信在阿根廷的业务已经得到了很大的发展，目前在阿根廷通信市场上占有接近一半的份额。目前，西班牙电信在阿根廷主要经营固定电话、移动电话、数据、因特网内容服务、电子商务以及相关业务。[②]

秘鲁和智利是西班牙电信在拉丁美洲的另外两个传统的电信市场。1998 年，西班牙电信在秘鲁投资了 20 亿美元经营固定和移动电话。目前除了以上两种业务外，西班牙电信在秘鲁还经营有数据、目录印刷、有线电视等业务。最近两年其移动电话和 ADSL 宽带接入业务大幅增长，巩固了西班牙电信在秘鲁电信市场的主导运营商地位。西班牙电信在智利主要经营固定和移动电话及其相关业务。目前其业务占智利国内长途市场 39%、国际长途市场 31.2%、宽带市场 29.7% 的份额。[③] 此外，墨西哥是西班牙电信在拉丁美洲的又一个战略重点，是连接拉丁美洲和北美洲的桥梁。2002 年，西班牙电信移动业务部门 Telefónica Móviles 购买了墨西哥

---

① 滕辉，卢子芳.西班牙电信跨国经营的经验及启示［J］.世界电信，2003（7）：10.

② 滕辉，卢子芳.西班牙电信跨国经营的经验及启示［J］.世界电信，2003（7）：10.

③ 滕辉，卢子芳.西班牙电信跨国经营的经验及启示［J］.世界电信，2003（7）：10.

的 Pegaso 移动公司，现在已经成为墨西哥第二大移动运营商，用户达到240万。①

西班牙电信在拉美的战略是通过与行业领先的本土大型集团建立联盟，开拓有发展潜力的业务。这些本土集团不仅在电话和电缆上投入巨大，而且也涉足其他领域。此外，得益于技术融合，电缆也可以作为一种传输信息的路径，让西班牙电信集团可以通过本土合作伙伴的电缆传送播出其生产的新闻和视听产品。

西班牙电信能够跻身全球顶尖运营商，排名第六，可谓相当不俗的成绩。尤其是，西班牙本国总人口不过四千万有余，可见其国际化战略的成功不言而喻。而国际化战略的核心在于充分掌控了传统的势力范围，把伊比利亚美洲作为自己"软实力"的"后院"，使得无论是传媒行业的投资还是新闻信息的传播都能实现纵深发展。

（二）埃菲通讯社——传播伊比利亚美洲消息的总汇窗口

埃菲通讯社成立于1939年1月，是西班牙最主要的新闻通讯社，也是整个西语世界中传播力、影响力最大的通讯社，甚至有观点认为可以将埃菲社视为全球第四大通讯社。埃菲社的所有权属于西班牙国家工业参与公司（SEPI），部分经费来源于政府拨款，社长也由政府任命，属于半官方性质的媒体机构，同时也是西班牙重要的对外传播媒体机构。

埃菲社的起源最早可追溯至19世纪。1865年，在尼洛·马利亚·法布拉（Nilo María Fabra）的推动下，西班牙第一个新闻通讯社——通讯员中心成立。1870年，通讯员中心与法国哈瓦斯通讯社签署合作协议，通过信息交换为西班牙国内提供国际新闻服务。1940年6月，埃菲社总部迁至马德里，同年在巴塞罗那建立了第一个国内分社。

多年以来，埃菲社一直注重对外拓展，以实现其成为世界主要新闻通讯社的目标。其中，伊比利亚美洲乃至整个拉丁美洲地区是埃菲社实施对

---

① 滕辉，卢子芳.西班牙电信跨国经营的经验及启示［J］.世界电信，2003（7）：10.

外策略的重点拓展区域。1965年,埃菲社在阿根廷开设第一个驻该地区的记者站。1966年1月2日,埃菲社启动了面向伊比利亚美洲的对外新闻服务。同年,埃菲社在美洲地区的所有国家均设立了记者站。1972年11月,埃菲社和中美地区多个重要新闻媒体联合创立中美洲新闻通讯社,总部设在巴拿马。

在广泛设站布点的同时,埃菲社还努力通过各项措施,逐步建立自身在西班牙及整个西语世界的权威影响地位。1976年,埃菲社出版关于世界范围内新闻服务写作规范的书籍《埃菲通讯社风格手册》,试图建立西语新闻内容生产制作的标准体系;1981年,埃菲社与伊比利亚美洲合作研究院联手多名西班牙语语言学家和知名学者创办"紧急西班牙语部门",致力于规范西班牙语的新闻资讯服务以及西班牙语语言的正确使用。

2002年,埃菲社在美国迈阿密成立新闻编辑中心,以更好地适应美国市场,提供美国客户所需的新闻内容;2005年,负责中美洲新闻服务的子公司——中美洲新闻通讯社并入埃菲社;2007年,迈阿密编辑室迁至哥伦比亚波哥大,并转变为美洲网络编辑室。此后经年,埃菲社持续推动海外拓展战略,不断开拓和巩固驻外新闻采编机构。目前,埃菲社在西班牙首都马德里、哥伦比亚首都波哥大、巴西里约热内卢和埃及首都开罗设有四个编辑总部,拥有来自60个不同国家的员工超过3000人,报道覆盖120个国家的180多个城市。埃菲社是伊比利亚美洲获取国际新闻的重要消息源,该地区超过40%的新闻来源都是埃菲社。[1] 如今,埃菲社提供多个语种的新闻,包括西班牙语、葡萄牙语、英语、阿拉伯语、加泰罗尼亚语和加利西亚语,每年发布包括文字、图片、音频、视频、多媒体等形式的新闻超过300万条。埃菲社在世界上拥有超过2000个媒体客户,其中在美洲地区的媒体客户数为884,同时也是西班牙国内拥有最多受众的媒体。[2]

---

[1] ENTMAN M.Framing: Toward Clarification of a Fractured Paradigm [J]. Journal of Communication, 1993, 4(43): 51-58.

[2] 罗苑晴. 埃菲社笔下的中国——以埃菲社对中国"两会"(2013—2015)报道为样本的考察 [D]. 北京:中国传媒大学, 2016: 12.

不仅如此，埃菲社能够紧跟媒体发展潮流，借助新媒体技术推出电视和网络平台。2007年，埃菲社与西班牙国家电视台联合成立西班牙语版本的美洲埃菲社电视台和葡萄牙语版本的巴西埃菲社电视台，首次开创了国际新闻的视听服务。在报道内容上，埃菲社对伊比利亚美洲的发展关注较多。不难看出，埃菲社的主要战略考量就是利用西班牙语在伊比利亚美洲的历史文化渊源，来巩固自身在西语世界传播体系中执牛耳的角色地位。

2018年是埃菲社在巴西开设站点的50周年，这个西语世界最大新闻机构在里约热内卢举办了大型照片展，以庆祝埃菲社在伊比利亚美洲地区半个世纪中取得的成就。埃菲社驻巴西主管表示，埃菲社起初在巴西的里约热内卢开设第一家地区办事处，随后在圣保罗和巴西利亚分别开设了办事处。如今，埃菲社在巴西的几乎所有州府都有分支机构，并且埃菲社也和各种类型的媒体开展合作。在巴西，埃菲社一方面向巴西人民传递了世界的信息，也向世界传播了巴西的声音，塑造了巴西的国际形象。①

埃菲社作为在伊比利亚美洲广泛开展新闻传播的国际传媒巨头，可以说是该地区新闻传播体系的大脑中枢。在新闻传播、文化交流、建构地区各国形象、实现拉美社会作为一个区域整体的整合方面都产生了重要作用。

（三）普利萨集团——国际传媒商业传播的佼佼者

普利萨集团是一家综合西班牙语和葡萄牙语、集结多种媒体业态的大型国际传媒集团，也是西班牙语世界最大的媒体集团之一。普利萨集团致力于在全球范围内传播文化、教育、新闻等信息。截至2018年底，普利萨集团旗下媒体已遍布24个国家，② 通过旗下诸如《国家报》等著名品牌媒体为全球受众输出内容。通过在巴西和美洲的西班牙裔社区的渗透，其受众市场规模已达到七亿。此外，普利萨集团在全球拥有1.52亿个独立浏

---

① 西班牙埃菲社.埃菲社举行进驻巴西50周年庆祝活动［N/OL］.西班牙埃菲社网站，2018-04-26.
② 普利萨集团.普利萨集团——一家全球化的公司［EB/OL］.普利萨集团网站，2018-01-12.

览器，处于世界通讯领域的最前沿。该集团可以根据消费者的不同需求和习惯，通过多种形式、多元渠道和立体平台为全球范围内的受众提供产品和服务。

目前，普利萨集团在伊比利亚美洲和欧洲的 22 个国家的新闻报刊、广播电视和出版业开展业务。1994 年，该集团发行了《国家报》墨西哥版，目的是为了可以从墨西哥开始，把这份报纸销售到包括美国、中美洲和加勒比海地区在内的广大美洲地区。1999 年，该集团通过与阿根廷《纪事报》的联合编辑部发行了另一个国际版，成为以西班牙版报纸加入美洲相关主题内容后的地区定制版。这一泛美洲版本可以通过巴西、哥伦比亚、智利、乌拉圭、巴拉圭和秘鲁的四万个销售网点上进行售卖。

此外，普利萨集团还进军了伊比利亚美洲的广播领域。1999 年，该集团买下了哥伦比亚蜗牛电台 19% 的股份，基于此创办了拉丁广播集团，拥有这一集团 50% 的股份。与其名字相一致，拉丁广播集团在包括智利、哥伦比亚、哥斯达黎加和巴拿马在内的整个拉丁美洲布点，同时也在美国和法国开展商业化运作。2000 年，普利萨集团与玻利维亚的 Garafulic 集团签署协议，共同创立三家公司以开展广播、平面媒体和互联网业务。这三家公司包括：广播投资公司，运营有三个覆盖玻利维亚全国的音乐频道；多媒体投资公司，旗下有日报《理由》、早报《新的一天》，以及发行量很大的大众报纸《号外》；以及数字投资公司，主要推进门户网站玻利维亚网（bolivia.com）的业务。

除了这些投资以外，普利萨集团持续拓展其在西班牙就已取得领先地位的主营业务——音乐和出版。通过入股 Muxxic Latina，致力于拉丁原创音乐人的唱片制作和国际市场唱片发行，同时希望发掘新的音乐人才。通过其子公司 Santillana，普利萨集团收购了阿根廷主要图书销售企业 Fausto 100% 的股份。这家公司的业务范围，不仅有图书销售，还涉及音像等多媒体产品的分销。

在普利萨集团的庞大业务版图中，最具代表性和影响力的媒体便是

《国家报》，集团目前对该报 100% 控股。《国家报》是西班牙的一家综合性日报，自称是独立于政党的报纸，于 1976 年 5 月 4 日正式创刊。当时，西班牙国内处于独裁者佛朗哥刚刚去世的大背景之下，独立报刊终于获得生存空间。在创办第一年，《国家报》的发行量便达到了 116600 份，到 1977 年升至 137562 份。[①] 到此时，《国家报》已经迅速成长为西班牙全国范围内发行量最大的报纸。在 2004 年时，《国家报》的发行量达到历史最高，超过 46.92 万份。自此以后，该报的发行量开始逐步下降，在 2007 年较前一年稍有回升到 435083 份后，继续进入长期的萎缩期。到 2018 年时，平均发行量仅为 163759 份。其中从 2011 年到 2018 年，报纸发行量更是呈现出一落千丈的断崖式下降。当然，这首先是由于全球范围内报业整体的缩水下滑，加之西班牙从 2008 年开始陷入漫长的经济衰退，包括新闻传媒在内的各行各业均受到极大冲击。

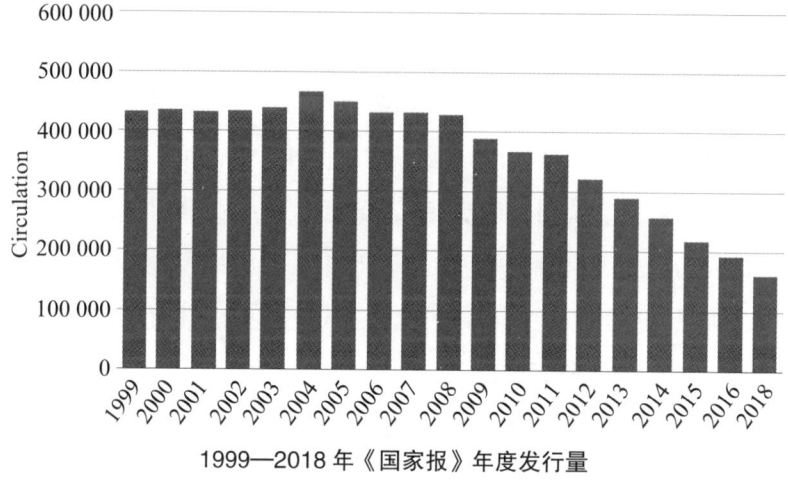

1999—2018 年《国家报》年度发行量

《国家报》是最早推出网络版的西班牙报纸之一，同时也是最早推出付费墙的西班牙报纸。1994—1995 年，《国家报》的网络版电子报纸上线，当时西班牙国内只有一份名为《今日》（*Avui*）的加泰罗尼亚语报纸已经

---

① VOLTMER K. Mass Media and Political Communication in New Democracies [M]. London: Psychology Press, 2006: 19.

建立电子版。2002年11月18日,《国家报》网站正式启用付费墙,要求其在线用户每年支付80欧元或半年50欧元的订阅费用,报纸网站用户量开始出现明显下滑,损失了超过40%的用户。为了挽回部分用户,网站的一些服务区域如搜索、主笔论坛、漫画、读者评论以及读者参与等部分仍可以免费阅读。尽管后来发布的年报显示,该报网站的在线订阅收入超过200万欧元,但付费阅读确实令《国家报》牺牲了很大一部分订阅收入。[①]与此同时,西班牙新闻出版稽查机构(Oficina de Justificación de la Difusión,简称OJD)以《国家报》网站新推出的"付费墙"违反相关规定,对该网站予以四个月的停办处罚。到2005年6月,《国家报》网络版重新出发,取消了原先的付费墙,改为仅对多媒体内容和历史资料检索库予以特别收费,其他新闻报道内容全部免费开放。

长期以来,《国家报》非常重视采编工作,在编辑守则中对媒体从业人员做出了明确的要求,甚至可以视为西班牙语媒体的标杆。主要原则包括:(1)编写任何一条新闻的目的在于告诉读者所发生的事情和思想;(2)记者的职责是把消息告知读者,不要在报道时加入个人的意见;(3)编辑的风格应是明确、简短、准确、流畅,使读者易懂并引起兴趣;(4)语言应通俗,但不庸俗,当必用生僻的字时,需向读者解释其意义;(5)句子应该尽可能短,要符合文法。段落也应简短,不可过长;(6)每条消息都应有标题、电头和具体的内容。标题应准确、具体,要引起读者的注意并能标出新闻的主要内容。标题要与所报道的消息相符,不能作出文内没有的结论。标题以及消息的开头要引起读者的兴趣,使读者未读全文就能知其内容;(7)消息要注明来源;(8)官方的公报的来源一定要注明,不能省略。[②] 严谨的编辑原则为《国家报》塑造了权威、可信任的形象,使得广大受众通过该报接收信息、感知社会形成了一定的路径依赖。

---

① 刘倩. 西班牙媒体责任体系探析[D]. 北京:中央民族大学,2008:19.
② 游长江,张何平. 西班牙《国家报》及其编辑守则[J]. 新闻战线,1981(1):46.

普利萨集团的整体战略与西班牙电信颇为相似，但普利萨集团更倾向于涉足报社、互联网和音乐领域，这些和内容、文化甚至意识形态密切相关的领域；而西班牙电信更倾向于电话、电缆、视听产品制作这些硬件设施。

（四）小结："信息宗主国"——继承殖民传统的新角色

通过在伊比利亚美洲扩张的方式，西班牙各媒体机构或集团稳固地建立了自己的势力范围，成为后殖民时期的新领域新形态的"宗主国"，这是对其历史上充斥征服、血腥色彩的殖民历史的延续和继承。在媒体产品的国际发行、企业投资、互联网广泛运行等各方面，西班牙大型传媒机构都在伊比利亚美洲盛行无阻，甚至达到绝对垄断的程度。究其原因，一方面是这些媒体集团在西班牙本土已经取得了地位，市场的饱和成为他们拓展海外业务的催化剂；另一方面，语言上的竞争优势，文化价值观上的接近性和趋同性，使得他们没有理由放弃这样得天独厚的优势。在伊比利亚美洲，他们主要采取四种扩张战略：（1）开展新业务；（2）促进优势产业；（3）建立联盟共同开发项目；（4）签署销售合同。当然，大规模地占有和瓜分使得在当地传媒市场出现了一定的扎堆现象，阿根廷首当其冲，此外巴西、智利、委内瑞拉、墨西哥、秘鲁、哥伦比亚和玻利维亚市场也受到大范围地冲击。这样的扩张和渗透，对于伊比利亚半岛来说是一把双刃剑。

从积极的方面来看，这对于伊比利亚美洲和西班牙可以说是"共赢的"。西班牙传媒集团给伊比利亚美洲国家带来的，除了资本以外，还有高素质的传媒管理团队，进而将行之有效的企业管理方法也带到了伊比利亚美洲地区。此外，西班牙企业的贡献并不仅仅在于他们把自己的资本带到了伊比利亚美洲市场，而且还在于他们选择在伊比利亚美洲扩张为这一地区吸引了其他外国投资，特别是欧洲和美国的投资。对于西班牙来说，一方面，他们把业务扩展到一个非常有发展潜力的市场；另一方面，从伊比利亚美洲地区进入美国市场也更为便利。不可否认，美国的文化传播在该地区已呈现出蒸蒸日上之势，这样可以在很大程度上保留西班牙文化在该地区的竞争力。

然而，伊比利亚美洲当地的很多媒体行业的从业员工和广大受众并不买账。服务的成本，对待员工的方式，缺乏沟通的内部机制，员工的长期培养，都是一些西班牙在伊传媒企业的软肋。长此以往，这些企业非但没能完成在进入当地市场时给出的创造就业和财富的承诺，反而引发了一系列负面效应，这对西班牙的国家形象、企业的国际竞争力也带来进一步影响。有专家认为，西班牙和美国在伊比利亚美洲的利益争夺已有恶性竞争的苗头。为自己企业谋福利无可厚非，但把战略考量和不正当做法相挂钩则破坏了公众对传媒企业的认知，也让企业失去了新闻行业应有的专业素质、新闻热情和工作初心。传媒集团国际化可以提高话语权和知名度，但如果是不择手段的国际化，效果则适得其反。

西班牙媒体集团在伊比利亚美洲的扩张与渗透已经构成了所谓的"信息殖民主义"——即指在全球信息领域不对称发展、全球数字鸿沟不断加大的背景下，某些信息技术发达的"信息富国"利用其具有压倒性优势的资源和垄断地位，对技术相对落后的"信息穷国"的征服与控制。通过对一系列信息产品的控制，进而延伸至对其政治、经济、文化、科技等全方面、各领域的控制。这是互联网时代的一种典型的文化霸权主义。作为伊比利亚美洲的"信息宗主国"，西班牙媒体集团利用其垄断支配地位，借由以西语为语言载体的本土文化、自身的价值观和意识形态冲击着该地区人们原有的思想观念和文化基础。阿尔温·托夫勒（Alvin Toffler）在《权力的转移》中说："世界已经离开了依靠金钱与暴力控制的时代，而未来世界政治的魔方，将控制在信息强权的人手里，他们会使用手中所掌握的网络控制权、信息发布权，利用强大的语言文化优势，达到暴力与金钱无法征服的目的。"[①]

这样的信息优势是否无法撼动，文化霸权是否将继续世代延续？媒体

---

① 甘满堂.网络时代的信息霸权与文化殖民主义［J］.开放导报，2002（9）：29-30.

集团在海外的扩张不是单方面的，是需要和当地媒体集团互动合作中实现的。这免不了要对后者进行一定的扶植，当后者的力量积累到一定的量变，是完全有力量与前者相竞争的。在全球化的背景下，随着伊比利亚美洲信息社会的发展和诸如印第安社会运动的崛起，该地区自身的民族性开始被逐渐唤起，这为伊比利亚美洲自身土著文化的传播加上了一个维护自身文化和身份的色彩。这有利于构建他们自身族群发展和生活的空间，有利于加强自身的传播自主权，在多元文化和西语支配的环境中维护本民族的精神世界。

如何利用历史和文化的优势，如何走出殖民传统的局限，如何在利益优先和市场规则之间取舍，如何在新时期重塑自身的竞争力，这些考验着西班牙媒体集团的创新和智慧。殖民时代，军事的硬实力决定一切。现如今，传播的软实力将是征服受众的关键因素。当然，机遇与挑战是并存的，一方面，美国作为强大对手后来居上，攫取吸引大量当地受众；另一方面，民族意识的觉醒加上当地信息传播的发展使得伊比利亚美洲与传统的信息依赖逐渐脱钩，"信息宗主国"的地位遭遇"夹击"。自哥伦布发现新大陆的500年来，从军事输出到文化输出，从原始形态的殖民到传播形态的殖民，接下来对西班牙和伊比利亚美洲来说该何去何从？是回归"伊比利亚主义"抑或是走向"世界主义"？跨国资本和民族振兴、文化错位和利益矛盾，这些塑造着伊比利亚美洲的国际传播力量，也反映着西班牙对该地区关系的角色变迁。

第二节 强势近邻影响：美国传媒对伊比利亚美洲国际传播

由于殖民的历史遗留和文化传统，伊比利亚美洲国家的传媒体制和新闻文化深受伊比利亚半岛国家，尤其是西班牙的影响。近代以来，获得独立之后的伊比利亚美洲国家，在传播体系和传媒经营等各方面又受到近邻美国的深刻影响，传媒商业化趋势渐显、信息新技术普及、传媒私有化不断加深、国家对传媒体系的管制逐渐放松等。整体来看，美国传媒对伊比利亚美洲新闻传播的影响大致可分为两类渠道，一类为通过教育文化交流活动，包括国际访问者项目、新闻教育、新闻价值观交流等，实现的价值理念传播；另一类是通过具体信息活动实现的新闻信息传播，主要通过报刊、广播、电视和网络等途径实现。

一、价值理念传播

在探讨与美国的关系时，伊比利亚美洲国家经常会说到这么一句——"离上帝那么远，离美国这么近。"简单一句话，道尽了伊比利亚美洲对这个亲密近邻说不清理还乱的情愫。

在新闻价值观方面，伊比利亚美洲国家深深受到美国的影响。19世纪末20世纪初，"黄色新闻"在北美大陆处于发展顶峰之时，许多伊比利亚美洲国家的记者、编辑和出版商纷纷前往美国取经。美国哥伦比亚大学新闻学院学者约翰·林特（John Lent）曾指出，美国媒体在这一地区的影响力之深，足以让20世纪成为美国的"媒体殖民时期"。[①]

伊比利亚美洲传媒业的经营体制一度受到美国模式的"洗礼"，除了古巴等个别国家外，该地区大多数国家的传媒体制都为公私并存、私营为主。伊比利亚美洲报业在20世纪50年代后开始仿效美国报纸的独立经营模式，依靠广告收入，降低报纸售价，从而扩大了发行量，逐步成为大众获取信息的主要来源。商业报纸逐渐上升，占据伊比利亚美洲国家报业的主体位置。许多国家在商业竞争的过程中出现了报团，报业逐步趋于垄断，有些大报已经为富商或有权势的家族所控制。

---

① MICHACL S. Latin American Journalism [J] // 童清艳. 美国冲击与痛苦调整——南美洲新闻事业. 新闻与传播研究，1999，6（2）：58.

伊比利亚美洲地区的广播事业甫一诞生就受到北美商业模式的影响。墨西哥和乌拉圭率先于1921年办起私营商业广播电台，预示着这一地区广播时代的来临。随后，巴西、智利、阿根廷和古巴于1922年开办了广播。至40年代末50年代初，多数伊比利亚美洲国家都有了自己的广播，极少数加勒比岛国也于70年代有了自己的广播事业。[①]据统计，截至2017年，墨西哥全国共有1023家广播电台，几乎都是私营的商业台；巴西则有2695家商用电台，阿根廷的广播电台也大体归私人所有。[②]

伊比利亚美洲的电视产业同样借鉴美国的商业经营模式，以开放市场、自由企业、私有权和广告支持为主要特色。"二战"之后，伊比利亚美洲一些国家在民主化浪潮中经历了政治、经济和社会动荡，以至于媒体所有权集中化加剧，媒体垄断趋势日益加强。例如，墨西哥两大电视集团特莱维萨集团（Grupo Televisa）和萨利纳斯集团（Grupo Salinas）拥有全国95%以上的电视观众，几乎完全垄断了墨西哥的电视市场。而这些电视观众，几乎已经占到墨西哥免费电视市场的全部份额，同时也在新闻信息和娱乐节目市场占据绝对主导地位。根据调研数据，目前墨西哥共有863个电视频道，其中特莱维萨集团拥有321个频道，而萨利纳斯集团旗下的阿兹特克电视台（Azteca）则掌有大约211个频道，二者控制了墨西哥62%的电视波段。在墨西哥现有的五个全国性电视频道中，特莱维萨集团拥有三个，萨利纳斯集团则拥有另外两个。

二、新闻教育模式植入

伊比利亚美洲传媒业对美国新闻教育模式有很强的依赖性。早在20

---

① 中国社会科学院拉丁美洲研究所.新闻广播、电视与出版［R/OL］.中国社会科学院拉丁美洲研究所，2007-04-26.

② 金勇，贾静，王伟.拉美国家国际传播的历史、现状及启示［J］.传媒，2017（24）：64.

第四章　伊比利亚美洲的国际传媒市场竞争

世纪 30 年代，伊比利亚美洲国家的许多新闻工作者就从美国邮购相关资料与教材作为新闻专业教育的主要途径。1957 年，联合国教科文组织在对世界传播研究的调查中发现，伊比利亚美洲国家几乎不存在新闻传播的专业教育。在此背景下，1959 年 10 月，厄瓜多尔政府和基多大学联合成立了"拉丁美洲新闻研究国际中心"（CIESPAL），从此开始了新闻传播教育和科学研究在整个地区的制度化进程。这一中心每年举办为期 10 周的新闻工作者研讨班，邀请来自北美、欧洲、亚洲和拉美地区的知名学者任教，每届都有来自将近 21 个拉美国家的近千名新闻工作者参与培训。此后，整个拉美地区各国竞相设立专门的新闻教育机构，以进一步协调和整合本地区的新闻从业和传播研究。而各国高等院校开设的新闻课程近乎是美国新闻教育模式的直接翻版，重视与人文科学的联系，注重新闻技能以及新闻史学、理论等专业领域的研究。在新闻传播研究领域，拉美地区新闻传播研究奠基人之一的玻利维亚学者路易斯·贝尔特朗（Luis Ramiro Beltrán）就曾指出，拉美新闻传播学研究在理论本体方面主要受"北美取向"影响，具有实证主义、经验主义、系统论和功能论特色，主要涉及媒介结构和功能以及教育传播等方面。[①]

美国长期对拉美国家传媒业实施"援助"计划，对象包括拉美国家媒体机构、记者协会、高校新闻学系、新闻培训机构以及新闻记者等。[②] 美国著名的新闻从业人员进修奖学金——尼曼奖学金（Nieman Fellowship），从 1937 年起每年从美国和其他 88 个国家地区遴选 12 名（现增至 20 余名）资深报人作为尼曼研究员，资助其在哈佛大学下设的任何一个学院进修一年，其中有相当一部分均为来自拉美国家的新闻工作者。拉美国家首位获此殊荣的新闻从业人员，是阿根廷《布宜诺斯艾利斯先驱报》（*The*

---

① BELTRÁN L R. Investigación sobre Comunicación en Latinoamérica: Inicio, Trascendencia y Proyección [M]. La Paz: Universidad Católica Boliviana y Plural Editores, 2011: 48.

② 刘涵喆. 打造提高国际传播力的境外舆论平台——美国援助外媒计划对我外宣工作的启示 [J]. 军事记者, 2009 (11): 48.

Buenos Aires Herald）的新闻编辑罗伯特·考克斯（Robert Cox）。① 美国各大院校也会为拉美新闻工作者开设新闻培训课程、设立新闻职业奖金。例如佛罗里达国际大学（Florida International University）定期邀请美国各大出版商、媒体编辑或记者为来自拉丁美洲的新闻工作者进行培训、讲座；得克萨斯大学（University of Texas）新闻系骑士基金会（Knight Foundation）1991年还面向拉美地区开设新闻远程教育课程；科尔比学院（Colby College）2010年将洛夫乔伊新闻奖（Elijah Parish Lovejoy Award）颁给了《达拉斯晨报》（*The Dallas Morning News*）墨西哥分社社长艾尔弗雷多·科查多（Alfredo Corchado），以肯定他对墨西哥抗击毒品的调查报道。

伊比利亚美洲国家本土基金会也会和美国企业、政府机构合作，支持各国新闻工作者的素质提升以及业务培训。于1995年成立的伊比利亚美洲新新闻基金会（FNPI, Foundation for a New Journalism in Ibero-America）举办了超过300场工作坊和论坛，为8000名来自伊比利亚美洲不同国家的新闻工作者提供经验分享、实践交流的平台，成为全球最活跃的新闻职业教育培训发展中心之一。

三、报业发展附着依赖

美国学者利奥·博加特（Leo Bogart）在实地走访拉美21个国家的多家报社后，对该地区报业的总体特点做出以下概括：行业竞争激烈、家族所有制传统依然浓厚、读者队伍精英化、依赖逐份销售、经常开展促销活动、自给自足与技术革新、职业化程度在提高、调查性报道招惹是非、与政府压制的不懈斗争、使命感强烈。② 需要特别指出的是，伊比利亚美洲地区各国的报业市场结构和发展水平存在差异，但其中还是存在一定的相似性。尤其是在现代化报业体系的形成过程中，美国对各国发挥的影响作用极大，

---

① GILES B. Latin American Nieman fellows［J］. ReVista: Harvard Review of Latin America, 2011（2）: 7.
② 博加特, 展江. 拉美报纸的十个特点［J］. 国际新闻界, 1997（3）: 61-62.

因而之后的发展历程在很大程度上是相同的。

伊比利亚美洲国家报业对美国的依赖在"二战"前后尤为明显。1938年，美洲国家间文化合作会议召开，美国国务院成立文化关系司（Division of Cultural Relations），以期加强美国与伊比利亚美洲国家的文化关系和知识合作。① 文化关系司的主要活动包括在伊比利亚美洲国家主要城市设立美国文化中心、分发有关美国的文化资料；组织伊比利亚美洲国家新闻记者、评论家以及影响舆论的重要人物访问美国，体验美国的生活方式；同时还派出美国知名报刊的编辑、记者到伊比利亚美洲各国开展访问演讲。

随后，美国政府又在1940年设立美洲事务协调局（CIAA, Office of the Coordinator of Inter-American Affairs），明确规定协调局的任务就是综合利用电影、广播、新闻出版物等传播媒介在整个拉美地区展开宣传活动，扩大美国对这一地区文化产生的影响。同时，确定美国要夺取欧洲对拉美地区国际通讯的控制权，从而巩固自己在美洲的主导地位。② 从此之后，大多数拉美国家的报刊媒体出于便利往往选择直接刊登美洲协调局提供的专题新闻和新闻图片。据估计，协调局下属的新闻部成立伊始（1944年春），每周有500家左右拉美报刊使用美洲协调局提供的故事和图片，到1945年时，报刊数量飙升至1000多家。③ 协调局每天还会向里约热内卢和布宜诺斯艾利斯发送打印图片、字模等设备材料，再由两地分别送往其他国家；而逢重大事件或突发事件时，相关新闻图片则通过无线传真由纽约直接传送至伊比利亚美洲各处。此外，伊比利亚美洲报刊还向美洲协调局订阅专题评论服务，即所谓特殊杂志服务（Special Magazine Service）。每周由协调局组织编辑三篇文章，包括从美国主要杂志期刊发表文章中进行选取和翻

---

① THOMSON C. The cultural-relations program of the department of state [J]. Oxford: Journal of Educational Sociology, 1942, 16（3）: 137-138.

② 赫尔曼，麦克切斯尼. 全球媒体：全球资本主义的新传教士 [M]. 甄春亮，等译. 天津：天津人民出版社，2001：9.

③ SADLIER J D. Good Neighbor Cultural Diplomacy in World War II [M]. Austin: University of Texas Press, 2012: 119.

译、编辑，发送至整个伊比利亚美洲各国主要杂志。据统计，这项服务的发稿覆盖范围达到至少4000万伊比利亚美洲地区的民众。①

如今，美国的通讯社依然是伊比利亚美洲国家报刊的主要消息来源。许多研究表明，伊比利亚美洲国家多数媒体通常只采访和发布本国或本地区的新闻，国际新闻市场几乎完全被世界四大通讯社（塔斯社、美联社、法新社、路透社）垄断，其中尤以美联社渗透力最强。② 美联社在全世界有超过250个分支机构，全球编辑、传媒和行政雇员有3700名，其三分之二的员工是新闻采集人员。根据美联社网站统计，全球每天有超过半数的人通过美联社获取新闻。美联社每天生产大约2000条新闻故事、200条视频以及3000张图片，全天候为全球成千上万的报纸、电台、电视台和网络用户提供文字、照片、图片和音像信息。

四、广播传播强力控制

伊比利亚美洲广播事业诞生于20年代末30年代初，最初是一些小型私人无线电台开始放送节目。直到1930年，美国全国广播公司（NBC，National Broadcasting Company）和哥伦比亚广播公司（CBS，Columbia Broadcasting System）瞄准伊比利亚美洲广大的传播市场，与多家本土广播电台合作建立商业化广播网，推广美国"商业广播模式"。通过这些广播电台，每天发布大量伊比利亚美洲相关主题新闻节目、戏剧节目和教育节目等，并转录一些美国重要人物的演讲、访谈录以及其他重大活动。在此期间，美国一边为伊比利亚美洲各国提供广播节目，一边协助当地建设调频台、广播站等。"二战"期间，美洲协调局成立广播部，专门负责美国广告商、广播公司与当地超过700个广播电台之间的联系。

---

① ROWLAND W D.History of the Office of the Coordinator of Inter-American Affairs [M]. Washington D.C.： United States Government Printing Office，1947： 45.

② 童清艳.美国冲击与痛苦调整——南美洲新闻事业 [J].新闻与传播研究，1999，6（2）：59.

20世纪50年代，伊比利亚美洲主要国家墨西哥（1950）、巴西（1950）、阿根廷（1951）和委内瑞拉（1953）纷纷开始建立自己的广播电台，伊比利亚美洲广播事业的诞生很快就适应了商业模式的引导，趋向于广播电台以及广播网络的集中化。各国私营性质的广电服务商十分乐于与美国政府或商界合作，一方面获得在本土"扩张"的资金和技术支持，另一方面也可以借此回避各国政府对广播行业施加的管制措施。[①]

事实上，美国凭借其强大的经济实力和先进的信息技术，对全球的商业广播均产生过不同程度的影响，其中又对伊比利亚美洲地区影响程度最深。究其原因，综合看来有三点：其一，地理位置相近，早期没有能力独立生产节目的拉美私营广播公司或合法或非法地盗截美国卫星信号，后来则接受由美国正式提供的节目内容；其二，美国政府长期以来视拉美地区为其"文化帝国（Media Empire）"的一部分，具有十分重要的战略意义，对整个地区的广播传播也从未有过丝毫松懈；其三，伊比利亚美洲各国本土广播行业乐于与美国合作，以获得资金和技术支持。

五、电视传播辐射覆盖

长期以来，伊比利亚美洲电视市场一直处于美国电视媒体的辐射覆盖之下。在发展初期，伊比利亚美洲电视业没有力量独立出品本土节目，只能依靠外国的技术支持和节目引进。而美国作为邻邦和电视强国，一直致力于强化自身在整个拉丁美洲地区的文化影响力。由于各国传媒政策多元复杂，不能采取统一的战略方式进入。其中，部分国家对电视节目的引进和外资准入等采取较为宽松的政策，因而成为美国电视传媒进入伊比利亚美洲市场的首选门户。例如，智利对外国公民和外资机构进入广电领域一直没有任何法规政策限制，因而智利电视台（Chilevisión）被美国特纳广播

[①] SINCLAIR J. Latin American Commercial Television：Primitive Capitalism，A Companion to Television［M］. WASKO J（ed.）. Oxford：Black-well Publishing Ltd.，2005：504.

公司拉美网收购，已经成为美国时代华纳集团的一部分。此外，大多数国家则奉行文化保护政策，着力保护本国文化和广电行业的发展。比如说，墨西哥和委内瑞拉禁止外国公民和外资机构持有电视播出执照，也禁止拥有电视台等传播机构；巴西对于外国资本进入电视播出机构有诸多限制，巴西主要电视台也没有在任何股票交易市场上市；乌拉圭则出台相关法规，限制境外公司在乌拉圭运营直播卫星电视（DTH）业务。①尽管如此，美国在这一地区的渗透力和影响力依然不可小觑。

美国对伊比利亚美洲电视业的影响，一方面体现在跨国电视机构的节目强势输出。美国电视节目在整个拉美地区的流通从20世纪60年起迅速发展，主要通过国际版权贸易的方式实现跨越国界的流通。其中，专业的国际电视节目交易平台MIPTV、MIPCOM以及NATPE等，为美国电视节目在伊比利亚美洲的流通提供了广泛渠道。②1982年，总部设在亚特兰大的美国有线电视新闻网（CNN，Cable News Network）向伊比利亚美洲地区输送信号。1985年9月1日，有线电视新闻网正式创办国际新闻频道（CNNI，Cable News Network International），以英语为播出语言，主要面向在伊比利亚美洲地区经商、生活或旅行的美国人，当时的主要内容就是对有线电视新闻网国内两个频道CNN美国台（CNN U.S.）以及CNN头条新闻（CNN Headline News）新闻节目的重播与转述。如今，国际新闻频道仍然是美国主要的跨国电视网络之一，旗下拉美频道与其他地区频道实现内容同步播出，只在诸如天气预报等地区节目上有所差别。1991年，美国首个泛区域性电视频道"特纳广播电视拉美网"（Turner Broadcasting System Latin America）在拉美地区开播，使用英语、西班牙语和葡萄牙语三种语言24小时连续播放电影、电视等节目。除此之外，美国福克斯集团旗下的福

---

① PINON J. A multilayered transnational broadcasting television industry： the case of Latin America［J］.The International Communication Gazette，2014，76（3）： 211-236.

② STEVENSON N.Understanding Media Cultures： Social Theory and Mass Communication （2nd ed）［M］.London： SAGE Publications Ltd，2002： 103.

克斯儿童网（Fox Kids Network）也面向伊比利亚美洲地区以西班牙语、葡萄牙语和英语播出，还有专以西班牙语播出体育节目的福克斯美洲体育频道（Fox Sports Americas）在伊比利亚美洲地区十分受欢迎。

有调查显示，20世纪80年代在美国出口的电视节目中，有80%流向了与其有着密切地缘政治与历史文化关联的国家和地区。[①]而联合国教科文组织分别在1974年和1985年发布的两个关于全球电视流动的调查报告表明，全球电视节目市场的结构长期保持着"单行道（One-way Street）"的特征，即主要由美国流向其他国家，同时娱乐节目作为全球电视节目市场的主要形态，也恰恰是美国电视产业最大的优势。更大范围来说，全球的电视节目流动方向是从发达国家流向发展中国家。

美国学者克里斯·巴克（Chris Barker）认为，美国电视节目之所以拥有如此强大的拉美市场流通力，原因有三：一是，美国拥有较为发达的国内电视网络和节目市场，完全有实力消化制作精良电视节目的生产成本，以使低于生产成本的价格将节目销往海外市场；二是，美国电视节目具有成熟的类型化叙事模式，容易为全世界的观众所熟悉和认可，是一种相对稳妥的文化资源；三是，对于拉美地区来说，美国具有丰富的地缘文化资源，更容易被转化为拉美市场所需要的文化产品。[②]

除了强大的内容输出以外，美国对伊比利亚美洲电视业的影响还体现在大型传播集团的投资本土化以及内容在地化。本土化是美国传媒机构和传媒集团在伊比利亚美洲地区扩张的重要策略。在电视节目制作领域，哥伦比亚一些知名的电视节目制作公司都来自美国，例如 Fox Telecolombia 隶属于美国新闻集团，Teleset 隶属于美国索尼公司，RTI 隶属于美国康卡斯特公司。在电视覆盖运营领域，美资背景的拉丁美洲直播电视公司（DirectTV Latin America）在整个地区具有举足轻重的地位。近几年间，其

---

① WATERMAN D. World television trade: the economic effects of privatization and new technology [J]. Telecommunications Policy, 1988, 12（2）: 145.

② BAKER C. Television, Globalization and Cultural Identities [M]. Philadelphia: Open University Press, 1999: 52-53.

他美国传播机构和传媒集团也纷纷进驻拉美市场。2016年5月，美国自由媒体环球集团斥资74亿美元，收购拉美电信运营商"有线电视与无线通信公司"（Cable&Wireless Communication），集团业务范围扩展到了拉美地区20个国家，用户规模逾1000万。① 美国探索传播集团（Discovery Communications, Inc.）在全球纪实类节目领域颇具影响力，其探索频道（Discovery Channel）、动物星球频道（Animal Planet Channel）等多个频道的诸多电视节目在世界多个国家热播。2017年，美国探索传播集团旗下的拉美探索发现公司（Discovery Latinoamérica）购买了巴西绿意内容公司（Green Content）51.06%的股份，加上此前在2016年已经斥资327万美元购入了48.94%的股份，实现了对该公司的全资持有。即使一些国家的法规政策对外资进入本国传媒机构有所限制，但如果传媒机构是上市公司，外国资本还是能通过股票、期权交易等"中性投资"的方式进驻。但是外国投资者不能直接拥有这些传播机构或传媒集团，也不能享有表决权，仅能享有有限的投资权利。墨西哥的第一大电视传播机构特莱维萨集团在墨西哥证券交易所（BMV）和美国纽约证券交易所（NYSE）分别上市后，根据2012年度特莱维萨集团公布的股份构成情况，美国企业家比尔·盖茨个人持有股份就高达为7.4%。

如果说投资本土化是美国传媒集团对伊比利亚美洲传媒市场的直接接入，而在内容层面的在地化则是更加内在结构性的深层影响。跨国电视节目形态的输入方式大致可分为三种：一是外国节目的直接进口经过编译后播出；二是购买电视节目模式以制作本国版本②；三是对外国节目模式模仿、克隆并改编③。而这三种方式，都在美国电视节目对伊比利亚美洲传播市场输出的范围之内。

---

① 李宇.拉美地区电视业发展现状与展望[J].现代视听，2016（8）：82.
② 陈欣钢，田维钢.电视节目形态的跨国流动与本土重构——以真人秀节目为例[J].当代传播，2012（1）：100.
③ 陈阳.文化混杂、本土化与电视节目模式的跨国流动[J].国际新闻界，2009（10）：61.

第四章　伊比利亚美洲的国际传媒市场竞争

1999年，墨西哥第二大电视台阿兹特克电视台从美国购入儿童片《天线宝宝》（*Teletubbies*）的版权后，将自制版《电视宝宝》（*Tele Chobis*）搬上银幕。片中场景加入了许多墨西哥元素——例如四个宝宝用熟练的墨西哥西班牙语交流，剧集中反复出现墨西哥特有的龙舌兰仙人掌、帝王蝴蝶和瓜卡马亚鹦鹉等，配乐极具墨西哥特色，取景地也常常选择殖民地时期的大庄园。可以说，《电视宝宝》的在地化过程相对来说是比较顺利和成功的，对原来的内容进行改造，融入大量本地视觉符号和形象特色。但究其故事模式和思想内核来说，《电视宝宝》很大程度上还是对美国原版电视节目的照搬。

此外，在引入美国电视模式进行在地化传播的过程中，电视肥皂剧表现更为突出。当肥皂剧这种节目模式被出口到伊比利亚美洲地区以后，伊比利亚美洲国家的电视制作人员对其进行了成功改编——播出时间从白天转到晚上黄金时间段；目标受众从家庭妇女扩大至男性和女性兼顾；叙事方式加入当地人喜爱的主题和演员阵容；增加长度和集数，甚至制作成长达数百集的超长剧集等等。在此基础上，伊比利亚美洲电视传媒已经形成一种全新的内容形态——电视小说（Telenovela）。而墨西哥和巴西凭借向地区其他国家输出电视小说，崛起成为传播能力覆盖整个地区的主要传媒国家。到20世纪80年代时，包括墨西哥、巴西、阿根廷和委内瑞拉在内的伊比利亚美洲国家就都已成为电视节目生产国和输出国，而电视小说是其中最主要的输出形态，约占输出节目总量的70%。[①] 除了面向本地区其他国家的内容输出，电视小说的海外销售还延伸到了包括东欧、亚洲、中东在内的世界多数国家和地区，其中也包括对美国的反向输出。对此，有些伊比利亚美洲地区的文化传播学者提出，电视小说"在全球的文化市场上已经达到了一个显著的位置。它们的成功阐明了全球化的一条秘密渠道。对于那些对好莱坞和美国电视工业垄断和控制了全球化感到绝望的人来

---

① 罗格斯,安托拉.电视小说——拉丁美洲的成功［J］.斯洛,译.中外电视,1989（4）：53.

说，电视小说现象说明了一个道理，全球化仍然为一些意想不到的事物保留了空间。它的成功往往被赞美为反文化霸权的例子"。① 但是事实也证明，这样的内容输出并没能彻底扭转美国与伊比利亚美洲国家之间的信息传播结构和文化影响模式，所谓反向输出的电视小说也并未能够有效进入美国的主流内容消费市场，而仅仅是在美国西语裔人群的有限范围之内流通。

除了输出与反输出，近年来还有越来越多双方合作的节目内容形式出现。2017 年，美国家庭影院频道拉丁美洲公司（HBO Latin America）与阿根廷 Pok-Ka 公司合作，在阿根廷以超高清格式（4K）拍摄了八集原创剧《青铜花园》（*El Jardín de Bronce*）。该剧根据阿根廷小说改编，拍摄工作全部在阿根廷完成，并全部由阿根廷演员出演。《青铜花园》于 2017 年 6 月上线，并同时面向整个美洲地区播出。自 2004 年以来，美国家庭影院频道拉丁美洲公司（HBO Latin America）已经针对伊比利亚美洲国家制作了多部原创影视剧和纪录片，如《催眠师》（*El Hipnotizador*）、《宏伟的 70》（*Magnífica 70*）、《商战》（*El Negocio*）和《阿维拉先生》（*Sr. Ávila*）等。② 这样由美国资本推动，扎根本土文化的电视节目，接下来有可能成为进一步占据整个伊比利亚美洲西语市场的主要内容产品。

六、网络媒体绝对优势

作为互联网技术和全球贸易的新兴市场，伊比利亚美洲地区成为世界网民数量和社交网络用户增长最快的地区之一。互联网发展十分迅速，社交媒体应用非常活跃。根据美国皮尤研究中心 2019 年 3 月发布的《全球新兴经济体移动设备使用情况》报告数据显示，主要社交媒体平台在本地区的活跃度排行，依次为沃茨阿普（WhatsApp）67%、脸书（Facebook）

---

① 马蒂尼.拉丁美洲电视剧风靡全球的历程［J］.胡俊，李光，译.国外社会科学文摘，2006（7）：63.
② 李宇.新兴媒体时代电视国际传播的本土化策略——以美国家庭影院频道为例［J］.现代视听，2017（6）：83.

62%、油管（YouTube）30%、照片墙（Instagram）20%、推特（Twitter）14%、色拉布（Snapchat）10%、怀贝（Viber，音译）2%、探得（Tinder，音译）1%。值得注意的是，其中大部分都是美国的互联网公司。[①] 美国在伊比利亚美洲地区主要从事网络视频业务，通过网络平台提供视频点播、直播、包月订阅等服务。在网络媒体领域，美国已经在伊比利亚美洲西语市场占据了绝对优势。

美国奈飞公司（Netflix）是伊比利亚美洲地区的主要网络电视平台，在该地区网络电视用户中所占比例达到了15%，位居第一。另外，谷歌（Google Play）和苹果电视（Apple TV）在单次视频租赁业务领域位居市场前列。美国奈飞公司成立于1999年，2007年开始涉足网络视频订阅服务，目前已成为全球最大的网络电视公司之一。2017年，奈飞公司在全球的订户总数为1.04亿，其中国际订户约占一半。在整个拉丁美洲地区，奈飞公司的用户规模位居第一，约为350万。奈飞公司非常注重本土化，而且采取标准化的运营模式：与本土的付费电视运营商或电信运营商建立合作关系，采用本土化风格和当地语言界面，播出一定本土比例的节目内容，使用本土语言配音或字幕等。

本节从新闻价值观、新闻教育、信息活动三个层次出发，透视美国对伊比利亚美洲新闻传媒业的发展历史及市场现状的影响。美国凭借其强大的经济实力和先进的技术科技，向伊比利亚美洲国家输送自己的媒介经营模式和文化价值观念。20世纪后半期，美国新闻传播业在伊比利亚美洲地区进行"嵌入式"的全面占领。与报纸杂志等纸质媒体相比，广播、电影和电视的影响要大得多。电视甚至开始把整个拉丁美洲的人口都纳入以美国主导的西方文化影响之下。[②] 美国对伊比利亚美洲新闻传媒业造成冲击的同时，也在客观上带来一定的推动。一些实力雄厚的本土传媒集团相继

---

① 美国皮尤研究中心.全球新兴经济体移动设备使用情况［R/OL］.皮尤研究中心，2019-03-07.

② 拉兹洛.多种文化的星球：联合国教科文组织国际专家小组的报告［M］.戴侃，辛未，译.北京：社会科学文献出版社，2004：57.

成立，经过多年的本土经营和国际扩展，有些业已具备不可小觑的地区竞争力和国际影响力。

第三节　地区大国辐射：伊比利亚美洲大型传媒集团跨国传播

如上文所属，根据经济实力和传媒发展的不同，加之全球化和地区一体化的推动，伊比利亚美洲地区形成了"由三个层级构成的国家传播实力梯队：由传播实力最强的巴西、墨西哥和委内瑞拉构成第一层级，相对处于中等水平的阿根廷、智利、哥伦比亚和秘鲁为第二层级，最后一层为玻利维亚、中美洲国家、厄瓜多尔、巴拉圭和乌拉圭"。[①] 在此基础上，新闻信息和媒介产品呈现由高层级向低层级的流动，围绕第一层级的国家构成地区的媒介中心，尤以巴西、墨西哥、委内瑞拉和阿根廷在整个地区的影响力更为显著，媒介产品可以辐射到整个地区以及美国的西语族群。

与此同时，伊比利亚美洲国家的媒介产业基本都是私营企业且集中程度非常高，因而整个地区的新闻信息和媒介产品，与其说是按照传播实力层级在国家之间流动，不如说是以地区内传媒大国的主要媒体集团为中心呈现网状扩散式的传播。故此伊比利亚美洲地区国际传播的特点是：以跨国媒体集团为轴线，由欧美西方发达国家向拉美发展中地区辐射，同时在地区内又呈现出由核心传媒国家向周边其他国家辐射。在此基础上，整体形成一个两层维度的传播体系，这里将其简称为"西方国家辐射—核心国家辐射"模式。

本文选取巴西环球传媒集团、墨西哥特莱维萨集团、阿根廷号角集团

---

① FOX E, WAISBORD S R. Latin Politics, Global Media [M]. Texas: University of Texas Press, 2002: 18.

和委内瑞拉南方电视台为例，对地区主要传媒集团及其面向整个地区的传播予以介绍，借此管窥整个伊比利亚美洲的本土传媒集团在地区内国际传播中的角色和地位。

一、地区传媒巨头——巴西环球传媒集团

环球传媒集团是巴西最大的商业传媒机构，也是整个拉丁美洲的第一大传媒集团。旗下的核心媒体为环球电视网（全称为 Rede Globo de Televisao，简称 Rede Globo），播出范围可以覆盖到整个巴西的 99%，[1] 黄金时段的收视率可以达到 95%—98%。[2] 同时，环球电视网的规模仅次于美国广播公司（ABC），是全球第二大商业电视公司。[3] 而在整个拉丁美洲地区，环球电视网是当之无愧的电视行业龙头。

（一）历史沿革

在伊比利亚美洲地区最大的国家巴西，电视无疑是影响力最大的第一媒体。巴西从来就没有形成阅读传统，印刷出版业在 19 世纪之前都是非法的。从巴西印刷媒体的历史背景来看，大量文盲和对待阅读的文化态度，使得大多数巴西人在电视到来之际对媒体的认识还非常落后。对大多数巴西人而言，电视是了解地方、国内、国际信息的主要渠道（很多时候甚至是唯一渠道）。尤其对普通民众来说，电视是"村落通往全球化的主要入口"。[4] 巴西的电视业肇始于 1950 年，初时都是由政府颁发许可证，私人投资开办的小电视台。当年 9 月在圣保罗开播的图庇电视台（Tupi），是巴西的第一家电视台。然而，巴西电视业真正的发展，要从 1965 年正式开启，

---

[1] 张朴宽. 发展中国家广播电视概况［M］. 北京：中国广播电视出版社，2014：175.

[2] 胡晓娟. 巴西新闻传播业概况及特点［J］. 新闻前哨，2016（1）：92.

[3] 王明华. 国际传播论文集（第十五辑）［M］. 北京：中国国际广播出版社，2014：279.

[4] 科塔克. 远逝的天堂：一个巴西小社区的全球化（第四版）［M］. 张经纬，等译. 北京：北京大学出版社，2012：199-200.

环球电视网的发展历程一直代表并引领着巴西电视业的发展进程。

环球电视网的创办者是巴西传媒大亨罗贝尔托·马里尼奥（Roberto Marinho）。马里尼奥出身巴西富豪家族，他的父亲于 1925 年 7 月 29 日创办了《环球报》（O Global），但新报出刊仅 20 多天时，这位出版人便猝然离世。年仅 21 岁的马里尼奥继承父业，怀揣对新闻行业的热情，他决定让自己从最基础的岗位做起，开始在报社担任初级校对员和采访记者。直到六年后，积累了丰富新闻从业经验的马里尼奥才让自己坐上社长的职位。随着报纸发展越来越有声色，马里尼奥又进一步扩展公司媒体业务，于 1944 年开办了环球广播电台，并在此基础上获得了政府颁发的电视播出执照。1957 年 12 月 30 日，全国广播电视通讯委员会（Conselho Nacional de Telecomunicações，简称 CONTEL）向环球公司正式颁发了开办私营电视机构的执照。

罗贝尔托·马里尼奥手持由他掌管的《环球报》

1965 年 4 月 26 日，环球电视正式开播，通过第四频道播出节目。创办初期，马里尼奥只获得了在里约热内卢播出电视节目的经营许可证。受制于有限的市场，同时经营条件也相当简陋，开始几年一直处于入不敷出的状态。但是马里尼奥看好电视行业,对电视台的业务亲力亲为,经过几年的励精图治,环球电视的业务很快步上轨道。后来通过兼并 TV Paulista,环球电视的影响范围扩大到了圣保罗。与此同时,电视台开始在全国电视播出收视率排行上崭露头角。

1966年1月,环球电视派出采访摄制小组,第一次以电视直播的形式报道了里约热内卢遭遇洪水,在巴西的电视传媒行业发展历史上留下了新的第一。1967年,环球电视正式开始建设自己的全国性电视传播网络,将位于阿雷格里港的 TV Gaúcha 收为附属电视台,随后位于乌贝兰迪亚的 TV Triângulo 及位于戈亚尼亚的 TV Anhanguera 等多家地方电视台也相继加入。1968年,环球电视网的第一家分台环球电视米纳斯台(Rede Globno Minas)在美景城(贝洛奥里藏特)建成开播。1969年9月1日,环球电视网推出了首个全国播出的电视直播新闻节目"全国新闻报"(Jornal Nacional),通过分布全国各地的附属台和分台实现同时播出,迅速成为国内收视率最高的电视节目。"全国新闻报"的开场音乐,节目标识以及主持人每天以"晚安"作为结束语,都已为整个国家的时代记忆。时任环球电视网新闻部总编阿曼多·诺盖拉(Armando Nogueira)曾经说,"全国新闻"在当时对于整个巴西的国家认同起到了重要的作用,因为这个节目使得全国上下能够共享同样的信息。① 乘胜出击的环球电视网,又于1971年4月21日推出了"今日新闻"(Jornal Hoje),初时仅在里约热内卢地区播出,从1974年开始改为全国播出。1972年,环球电视网引进了彩色电视节目播出。1978年世界杯足球赛在阿根廷举办,环球电视网首次对这一世界性的体育赛事进行了转播。

1980年,巴西的第一家电视台图庇电视台正式关闭,大量原本图庇电视节目的拥趸开始转向环球电视网。与此同时,以开播15周年为契机,环球电视网推出了一系列优质的电视节目,包括电视长剧 Os Trapalhoes、以

---

① PORTO M P. Media Power and Democratization in Brazil: TV Globo and the Dilemmas of Political Accountability [M]. New York: Routledge, 2012: 61.

本地新闻为主的"环球本地闻"（Globo Rural）、面向女性观众的"女性电视"（TV Mulher）、喜剧节目 Viva O Gordo 等，以巩固受众的收视。在这些节目中，大多数都在各自播出时段获得了超高的收视率。到80年代中期，环球电视网已经成为巴西最大的电视广播机构，拥有31个分台、176个附属台，而且拥有包括"今日新闻"在内多个全国收视率最高的节目。[①] 与此同时，马里尼奥致力于开拓国际市场，对欧洲国家的电视私营化表现出浓厚的兴趣。1985年，马里尼奥买下了蒙特卡洛电视台的意大利分公司，到1989年又收购了蒙特卡洛电视台。[②]

1991年，环球电视网推出了环球卫星台频道（Globosat），作为电视网旗下的有线电视频道。同时，环球电视网开始同包括美国福克斯电视网在内的国外电视机构建立内容合作机制，当年环球电视网引进了由福克斯广播公司制作播出的动画系列片《辛普森一家》（The Simpsons），开始面向南美的葡语受众播出。1994年，环球电视网取得当年举办的世界杯足球赛的播出权，随着巴西国家队第三次问鼎大力神，环球电视的体育节目收视率达到历史高度。1995年，环球电视网的节目制作中心 Projeto Jacarepaguá（通常简称 Projac）建成并投入使用。这个中心是环球电视网最主要的节目制作基地，旗下大多数节目的拍摄、编辑、制作都在这里完成，后来逐步发展成为整个拉美地区最大的电视节目制作中心。1996年，环球电视网率先开播了环球新闻频道（Globo News），成为巴西首个全新闻电视频道。环球新闻以里约热内卢为新闻总部，在圣保罗也设有新闻编辑部，既播出来自环球电视网现有频道的主要新闻节目，也有大量自己采编制作的新闻报道和评论节目。

1999年6月，环球电视网开办了环球国际频道（Rede Globo International，后改称为 Globo TV International），通过卫星及 IPTV 面向美国、加拿大、日本和欧洲播出节目，为居住在世界不同地区的葡语受众提供新

---

① 王泰玄.巴西的新闻事业［J］.国际新闻界，1984（3）：42.
② 潘英毅.巴西媒介巨头马里尼奥［J］.国际新闻界，1991（3）：17.

闻信息和娱乐节目。这也成为巴西传媒业界首个面向国际的广播电视频道，次年5月巴西的官方对外传播频道巴西国际电视（International TV Brazil）才正式开播。环球国际全天24小时主要以葡萄牙语播出，节目来自整个电视网的电视剧、体育、儿童节目以及新闻，视角更加全球化。这个频道既是面向全球受众展示巴西的窗口，也是巴西观众探知世界的渠道。[①] 到20世纪末时，环球电视网已经发展成为拥有108家附属台，并且对巴西5043个市区实现了99%的覆盖率。

进入21世纪，环球电视网已经进入了世界一流电视传媒集团行列，在国际传播领域具有相当的影响力和代表性。2003年8月6日，环球电视网的创办人、巴西最有影响力的富商、拉美传媒业界巨擘，罗贝尔托·马里尼奥以98岁高龄离世。为了纪念这位资深媒体人，巴西总统路易斯·伊纳西奥·卢拉·达席尔瓦（Luiz Inácio Lula da Silva）宣布全国哀悼3天，国会也宣布在此期间停止一切内部活动。在马里尼奥去世之后，他的子女继承了环球电视网的领导职位。从2007年开始，环球电视的节目逐步该以数字信号播出，先从收视最好的热门电视剧集和新闻节目开始，目前大多数节目是以模拟信号和数字信号同步播出。

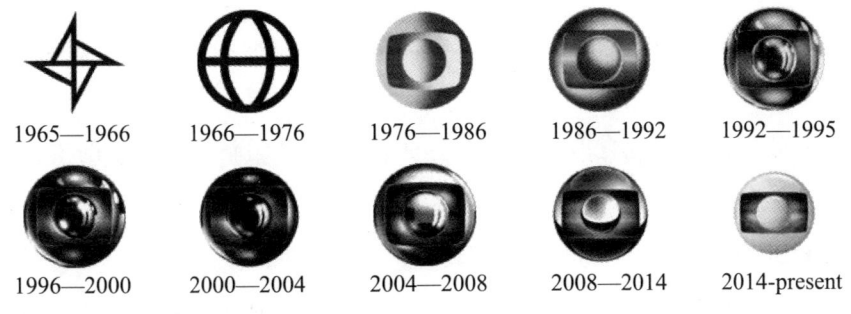

1965年至今，环球电视网的标识历经多次改变

（二）发展现状

目前，环球电视网是巴西最大的传媒集团，在整个拉美地区也是规模

---

① 周俊，毛湛文. 巴西国际传播的发展与特点[J]. 中国记者，2012（1）：118.

最大的电视网。从《环球报》开始,环球的业务已经广泛扩展到传媒行业的方方面面,涉及印刷出版、广播、电视和互联网等多个领域。

多年以来,环球电视网凭借与政府的紧密关系、对受众需求的准确把握以及雄厚的资金实力,一直在国内电视收视市场占据垄断地位,雄踞国内第一大电视网、最高收视率节目的位置几十年之久。近几年来,随着其他私营电视机构的崛起,巴西国内的电视收视市场竞争愈发激烈,尤其是受众市场出现趋于小众消费的分流,环球电视网的受众数量开始下滑,一些大热节目的收视率也大不如前。比如说,在20世纪80年代,环球电视网每年推出的主打剧集基本都能达到50%左右的高收视率,一些制作精良的作品经常造成万人空巷的收视热潮,而到了2010年以后,每年收视最高的电视剧集也不过在20%至25%左右。尽管如此,由于市场高度分流,环球电视网仍然是巴西收视最高、影响力最大的电视传媒,其龙头老大的位置一时仍无可撼动。

在国际传播市场,环球电视网的卫星频道环球国际已经在世界多个地区实现了落地,包括美洲、欧洲、中东、非洲以及亚洲的日本,拥有超过620000收视用户。环球国际频道的播出内容以娱乐、新闻和体育节目为主,并且针对不同地区的时差和受众收视习惯做出内容和播出上的调整。环球电视在葡萄牙首都里斯本开设有分公司,专门负责面向欧洲和非洲地区的节目编播。

环球电视网的综合网站环球网 Globo.com 是公司新媒体战略的重要组成部分。通过网站,环球电视网将大量经典节目内容搬上互联网,以供用户检索回顾。同时,新节目的内容也实时更新到网站上。2006年,环球网就开始网络直播世界杯足球比赛。除此之外,用户还可以通过环球网检索浏览来自公司下属其他媒体的内容,包括《环球报》及其他刊物的文章内容,以及环球广播电台的广播节目。目前,环球网已经发展成为葡语世界最大的综合新闻资讯网站之一,在世界范围内都是浏览量最高的新闻网站之一。

第四章　伊比利亚美洲的国际传媒市场竞争

环球网首页

（三）报道特色

自创办以来，环球电视网不仅重视播出节目的收视率和内容质量，而且非常注重产品附加的理念。而且，环球电视网强调的产品附加理念中处处透露着对受众群体的高度重视与深入调研。环球电视网经常就节目受欢迎程度做调查，在节目中设置互动收集受众反馈，以及通过邮箱向受众投递有奖调查问卷等。调查内容大致包括对节目的意见和建议，以及受众最喜欢看的节目形式、节目内容等等。基于常规性的受众调查，环球电视网会根据不同观众的需求制作适合他们口味的节目。例如，上午的电视观众多为妇女，环球电视网就在上午主要播出女性相关节目，内容多是女性更为关心的问题，如儿童健康、妇女权利、女性代言人和美容资讯等等。

与此同时，由于巴西是一个文化上非常多元化的国家。由于历史原因，巴西人口的种族构成十分复杂。既包括美洲原著的印第安人、16世纪开始进入的欧洲移民、17世纪大量到来的黑人，以及19世纪开始涌入的亚裔人口，巴西媒体面对的受众市场具有人口构成复杂而文化体系多元的特点。

环球电视台秉承"求同存异"的价值主导,致力于推动文化的发展进步,体现最符合多元文化氛围、最体现人文精神的节目。

多年以来,环球电视网形成了以新闻、体育和电视小说三大板块为主打内容的节目播出特色,这三类节目也构成了环球电视网的主要竞争力和收视率主力。

环球电视网的旗舰新闻节目"全国新闻报"标识

1969年9月1日,环球电视网开始播出具有划时代意义的新闻节目"全国新闻报"。当晚的节目中,主持人希尔顿·戈麦斯(Hilton Gomes)就宣称,"巴西环球电视网的'全国新闻报'将开辟为整合巴西新闻服务的平台:报道来自全国各地的图像和声音。"首播之后,"全国新闻报"就被确认为巴西的国家新闻广播节目,成为公众舆论的主要引导者。[①] 如今,环球电视网的新闻节目个性鲜明,在报道各地新闻时注重保留地方特色。在"每周评述"等新闻评论节目中,经常邀请国际评论员就国际、国内新闻时事展开评述,内容充实而观点新颖。

由于巴西是世界体育大国,全民的体育普及程度非常高,也相应地反

---

① 马瑞娜.巴西全国新闻播报若干问题思考[J].中国报业,2014,5(下半月):39.

映在环球电视网的电视节目设置中。很多年以来,环球电视网的全年收视率最高峰往往都成就于大型体育赛事期间。近些年来,环球电视网的各大频道每天从上午 11:30 至凌晨 03:30 都不时播出有体育节目,例如新闻频道的"环球体育新闻""体育赛事直播",体育频道的"体育教学""今日赛事评论与展望""体育大爆炸""今日重头戏""体坛今日""赛事直播""NBA 赛场""巴西足球甲级联赛直播""谁是大赢家"等。同时,环球电视网的体育节目很注重对地缘体育文化的挖掘,通过名人效应,既满足了观众的心理需求,也将其发展成为一种经济发展的契机。①

环球电视网的英文网站环球电视国际网

除了新闻节目和体育节目以外,造就环球电视网超高收视率的主要力量就是自制出品的电视小说。多年以来,巴西各大电视台每年数百部电视小说剧集,其中最受欢迎、收视最高的前十位基本全部都来自环球电视网。在黄金时间播出的电视小说,通常都由最受欢迎的演员出演,故事情节以家庭故事、爱恨情仇等等观众喜欢的体裁为主。经过几十年,环球电视网的电视剧制作不断发展,形成产业化规模后,又逐渐有了连续剧、系列短剧、舞台剧、喜剧、儿童剧等多种剧目形态。从 20 世纪 70 年代中后期开始的

---

① 黄小强,刘达.巴西电视体育节目的特点及成因分析——以巴西环球体育台为例 [J].现代传播,2013(10):144.

30年时间里,巴西的电视剧开始从拉美走向北美,再扩展至全球范围。以环球电视网为例,目前已经在世界范围内向130多个国家售出了300多部电视小说剧集。为了拓展电视剧的海外市场,在新媒体技术的发展环境下,环球电视网也开始逐渐将电视剧的推广平台向网站延伸,以进一步扩大影响。环球电视网已经建立了环球电视国际网(Globo TV International)的英语付费网站,汇聚了公司出品的各类电视剧视频,供全球各地喜爱巴西电视剧的观众点播观看。

二、西语影视巨擘——特莱维萨集团

"特莱维萨"在西语中意为"卫星传输电视",特莱维萨集团是墨西哥的第一大传媒集团,旗下的主要媒体特莱维萨电视台式墨西哥第一大商业电视机构,同时也是伊比利亚美洲的第二大电视机构(仅次于巴西环球电视台)。在整个世界新闻传播体系中,特莱维萨集团的地位也不容小觑,是整个西班牙语世界的第一大传媒集团。

(一)历史沿革

相对于现代报刊的后起晚发,墨西哥的电视产业很早就已兴起,不仅是拉丁美洲各国中最早开始发展电视业的国家,同时也是世界范围内第六个引进电视的国家。[①] 墨西哥的电视产业始于20世纪50年代,1950年8月31日开播的"第四频道"(XHTV Channel 4)是墨西哥第一家电视台,同时也是整个拉丁美洲的首家商业电视机构。随后,"第二频道"(XEWTV Channel 2,1951年开播)和"第五频道"(Channel 5,1952年开播)相继投入墨西哥的电视市场,历经几年的彼此竞争。1955年,这三家电视台合并组成墨西哥电视网(Telesistema Mexicano,简称TSM),强强联合大举推动了本国电视事业的迅猛发展。

---

① 卡伦,朴明珍.去西方化媒介研究[M].卢家银,等译.北京:清华大学出版社,2011:121.

第四章　伊比利亚美洲的国际传媒市场竞争

1973 年，墨西哥电视网又进一步与蒙特雷集团旗下的独立电视台"第八频道"（Television Independiente de México，简称 TIM）合并，组成一家全新的私营广播电视机构，并正式启用"特莱维萨"一名，借此开宗明义地表明要凭借先进的卫星通讯手段在电视传播领域大展拳脚的宏愿。特莱维萨集团的成立对于墨西哥的媒体产业发展具有历史性的意义，这一联合将墨西哥几大媒体人亨聚拢为一股强势的发展力量，包括阿斯卡拉加家族（Azcárraga）、阿莱曼集团（Group Alemán）、费瑞尔集团（Group O'Farril）等在内的垄断资本都汇聚到了新兴的广播电视产业当中。20 世纪 70 年代，特莱维萨已经发展成为拥有四个无线电视网、一个有线电视网和全国近半数广播电台的大型媒体集团。在此期间，特莱维萨在收视市场、广告盈利等各个方面都表现突出，旗下四大无线频道吸引了全国 93% 的观众，自制节目可以占到播出总量的 80%，[①] 实现对国内媒体市场的绝对优势性占有，成为墨西哥首屈一指的媒体巨头。

与此同时，特莱维萨还积极拓展国际市场，迅速崛起成为世界范围内最重要的跨国媒介公司之一。它的电视信号先是通过出口或转播实现覆盖整个拉丁美洲，之后更进一步传送到全世界范围。1961 年，特莱维萨在美国创办了西班牙语国际电视网 SIN（Spanish International Network），成为第一个打入美国腹地并站稳脚跟的外国传媒公司，继而牢牢掌握了美国的西语族裔受众市场。尽管在 1986 年，由于美国联邦通讯委员会裁定其违反对外国人拥有广播电视所有权的限制法令，特莱维萨被迫将 SIN 出售。目前，改组后的 Univision 仍是美国最大的西语电视网，特莱维萨不仅是其大部分播出节目的提供方，同时也是主要股东之一，长期持有 Univision 将近 40% 的股份。

---

① 李黎丹.西班牙语电视市场的巨擘——行进中的墨西哥 Televisa 集团[J].中国电视，2007（11）：73.

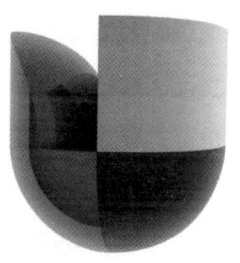

UNIVISION 公司标识

1988年9月，特莱维萨投资2亿美元创建了西语世界第一个24小时新闻频道ECO，面向全世界的西班牙语受众提供不间断的新闻节目。为此，特莱维萨特地租用七颗卫星覆盖包括西欧、东欧和北非在内的世界主要西语国家地区。到2001年时，由于营收问题，ECO频道停止播出，但其新闻报道班底继续为特莱维萨电视服务。基于对新闻节目长期以来的重视和投入，特莱维萨赢得了西语世界CNN的美誉。

1991年，特莱维萨在墨西哥证券交易所上市，两年后又在美国纽约证券交易所上市。2000年5月27日，特莱维萨旗下网站Esmas.com上线，迄今为止仍是拉丁美洲地区最大的门户网站，依托特莱维萨广泛的广播电视和出版资源，提供丰富的新闻信息和娱乐节目。2004年，特莱维萨在美国迈阿密建立了长期战略规划中心，随后成立Televisa Cine公司作为面向海外市场的节目制作和发行中心。

（二）发展现状

根据德国媒体与传播政策研究中心IfM（Institut fur Medien-und Kommunikations politik）发布的"2015国际媒体集团50强"，特莱维萨排名第38位，2014年的年度营收达到45.38亿美元。目前，特莱维萨最大的股东仍是传媒巨头阿斯卡拉加家族，现任集团总裁是艾米略·阿斯卡拉加（Emilio Azcárraga Jean）。特莱维萨电视台的主营业务包括电视节目的制作播映、付费电视节目、电视节目的国际发行、家庭卫星电视服务、有线电视以及专题电影的制作发行等。在此基础上，集团涉足的行业更加广泛，不仅包括广播、电影、电视、出版、音乐等传媒业务，还深入网络电讯、体育运动等周边产业中，形成了一个以传媒为中心的国际商业帝国。

特莱维萨四大频道节目定位

频道	频道标识	频道名称	节目特色
第二频道		Canal de las Estrellas	综合频道，黄金时间首播电视剧、体育赛事，晨间和下午播出新闻节目和综艺节目
第四频道		FOROtv	新闻频道，新闻评论、时事对话以及体育赛事等
第五频道		Canal 5	青少年频道，日间以教育类节目为主，夜间播出外国电影及引进节目
第九频道		Gala TV	影视频道，再播经典电视小说和连续剧，以及墨西哥自由摔角大赛（Lucha Libre）

目前，特莱维萨电视台的核心业务是四个国内电视网，即第二频道（XEW 2）、第四频道（XHTV 4）、第五频道（XHGC 5）和第九频道（XEQ 9），下辖近三百家电视台遍布全国。其中，第二频道是特莱维萨的旗舰电视网，24小时不间断节目播出，所有内容全部由特莱维萨制作；第四频道经调整后成为全新闻频道，所有的新闻时事类节目都在这一频道播出；第五频道则定位在儿童和年轻群体，白天播出儿童节目，晚上播出电影和真人秀节目，其中包括大量来自海外的引进内容，尤其是美国的电视节目；第九频道的名字"Gala TV"字面意思即"欢乐频道"，主要播出广受欢迎的经典剧目，同时负责转播在墨西哥广受欢迎的自由摔角大赛。

除了四个主要电视网之外，特莱维萨目前还有25套付费电视节目品牌，制作的节目经由下属分公司特莱维萨国际（Televisa Internacional）行销至全世界。根据集团发布的年报，2014年全年生产制作的节目内容就超过94000小时，当年的节目出口总计达到大约87000小时，出口目的地为世界范围80多个国家，而内容销售的营收额可以占到集团年度总收入的42.8%。[1] 从20世纪80年代至今，特莱维萨的电视节目已经行销至全世界100多个国家，出口量超过美国三大电视网节目出口量的总合，内容产品销售的收入通常可以占到集团总收入的一半以上。早期内容出口的主打产品是电视小说，现在主要出口产品还包括真人秀、动画电影以及版权模式。[2]

作为全世界最大的电视节目制作和出口商，特莱维萨的重要地位已经不仅仅是一家媒体机构，更在于它立足全球化发展的商业典范意义，很多电视媒体机构都以特莱维萨的发展路径为模板来规划自身的国际化蓝图。与此同时，特莱维萨集团还拥有下属104个电台的广播传播网络，旗下的Edivisa出版社是全球最大的西班牙语杂志出版商，还有唱片发行公司

---

[1] Grupo Televisa Transnational. 2014 Annual Report［R/OL］. 特莱维萨集团网站，检索时间：2015-07-10.

[2] Televisa Internacional. 频道介绍［EB/OL］. 特莱维萨国际公司网站，检索时间：2015-07-10.

Videocine。作为墨西哥天空电视台（Sky）的控股股东，特莱维萨通过与新闻集团的合作，进一步巩固了自身在全球有线电视和卫星电视市场的地位。同时，特莱维萨还是墨西哥有线电视集团 Cablevisión 和拉丁美洲卫星广播公司 Innova 的第一大股东。

（三）报道特点

特莱维萨集团总裁艾米略·阿斯卡拉加（Emilio Azcárraga）曾就电视台的特色说过，墨西哥的劳动人民是非常勤劳而忙碌的民族，他们的工作很辛苦。特莱维萨电视台的职责就是给劳动人民的生活带来快乐和笑声……特莱维萨的节目长期以来并将永远都是为最受欢迎的人民大众服务的。[①]

作为一个根植于墨西哥的国际性传媒集团，特莱维萨电视台能够长期稳坐国内市场头把交椅，制作推出的节目多年来风行世界各地，主要归功于它的一下几个特点。

第一，特莱维萨一直将自制原创内容产品作为立身之本。在特莱维萨旗下的所有电视台，播出节目的主体必须是特莱维萨出品的自制原创内容，即便是在以播出引进节目为特色的第五频道，引进节目的播出占比也限制在 40% 左右。近几年，特莱维萨每年制作的节目总时数都可以达到九万多小时，涉及各种节目形态，包括新闻、体育、音乐、喜剧和综艺等。其中，特莱维萨得以风靡世界的拳头产品是电视小说（telenovela）[②]。特莱维萨从 20 世纪 60 年代开始制作电视小说，80 年代开始走出国门进入国际市场。到目前为止，电视小说是世界上受众最多的电视节目种类。特莱维萨的电视小说非常注重品质，平均每部剧集的制作费都在 400 万美元以上。电视小说的主题集中于家庭、亲情、爱情等情感，讲究情节的曲折跌宕。目前，精品层出的电视小说已经成为特莱维萨电视台行走世界的一大标志。

---

① 唐世鼎，黎斌.世界电视台与传媒机构［M］.北京：中国传媒大学出版社，2005：11.
② 电视小说 telenovela，即电视长剧，风行拉丁美洲的电视剧形式。电视小说源起于播讲长篇连载文学作品的广播剧，通常被认为与美国肥皂剧类似。电视小说在题材、主题和风格上都突出体现拉美国家的社会文化，已经成为一种独有的电视节目类型。

2015年特莱维萨电视台热播剧集《再爱一次》

第二，特莱维萨的节目承担着对内社会舆论引导和对外传播本国文化的重要角色。一方面，从20世纪70年代开始，特莱维萨出品的电视节目就开始有意识地在故事内容中融入积极健康的生活理念，向受众传递诸如"抽烟是不好的""你需要接受教育来改变自己的生活"等思想，乃至更为深刻的社会主题。特莱维萨前副总裁米格尔·萨维多（Miguel Sabido）曾明确提出"edutainment"（寓教于乐）的理念，"我们的目的是在商业的电视小说中产生社会效益，在观众中绝大部分需要得到更好的告知，我们要提供给那些观众他们可以用来提高自身生活的工具"。[①] 另一方面，作为面向世界发行的内容产品，特莱维萨的电视节目还承担着展现墨西哥风貌、拉美风情的对外传播功能。特莱维萨引人关注的原因不仅在于它对墨西哥政治和社会生活的重大影响力，还在于把墨西哥文化输出到世界的每个角落。特莱维萨前任副总裁阿尔弗恩索·德·安格伊第（Alfonso de Angoitia）曾经评价称，"我们把自己的文化产品卖到了世界上100多个国家，中间不仅仅有电视小说还有西语儿童教育节目、真人秀、世界杯和其他足球比赛等等。特莱维萨电视的节目深刻影响了世界上其他国家的人看待墨西哥

---

① 李黎丹.西班牙语电视市场的巨擘——行进中的墨西哥Televisa集团[J].中国电视，2007（11）：74.

的方式。"①

第三，作为一家以制作西班牙语节目产品为主的传媒公司，特莱维萨电视台很早开始就将目光落在了面向国际的整个西语市场。按照使用人数，西班牙语是世界第三大语言（仅次于汉语和英语），同时也是第二大非母语的通用语（仅次于英语）。在拉丁美洲，就有18个国家使用西班牙语，其他国家也很多有过西班牙殖民、西语文化输入的历史。除了西班牙，在美国境内也有大量的西语族裔。特莱维萨电视台采取的是一种延伸战略，即将本国国内的区域优势延伸到国外市场，把在国内有竞争力的资产移至国外，把国内成功的产品拓展到国外的同类市场。② 根据特莱维萨集团2013年的年报，总结了2003—2013十年间的国际化发展历程，其中特别提到，特莱维萨的节目模式出口延伸到了包括中国、巴西、美国、哥伦比亚、阿根廷、法国在内的世界多个国家，节目内容出口则覆盖了包括北美洲、拉丁美洲、亚洲、欧洲和非洲在内的广泛国际市场。③

三、阿根廷传媒旗舰——号角集团

阿根廷媒体通过不断的并购，传媒市场最终形成高度垄断的寡头格局，其中最重要的垄断集团便是号角集团。号角集团是阿根廷最大的传媒集团，不仅在报纸和广播电视领域拥有众多品牌媒体，在互联网领域也已成为传媒巨头。可以说，研究阿根廷的新闻传播，必须从号角集团开始说起。

（一）集团概况

号角报集团旗下，除了旗舰媒体《号角报》以外，还经营有阿根廷最

---

① 阿格塔米尔.世界是新的——新兴市场崛起争锋的世纪［M］.蒋永军，等译.北京：东方出版社，2007：241.
② 唐世鼎，黎斌.世界电视台与传媒机构［M］.北京：中国传媒大学出版社，2005：118-119.
③ Grupo Televisa Transnational. 2013 Annual Report［R/OL］.特莱维萨集团网站，2015-07-10.

历史、格局与竞争

大的新闻纸生产公司 Papel Prensa、国内最大的有线电视和互联网服务提供商有线电视集团（Cablevisión），以及主要经营广播电视业务的阿特赫媒体公司（Artear）等媒体，广泛涵盖包括报纸、广播、电视、网络等在内的多种业务。

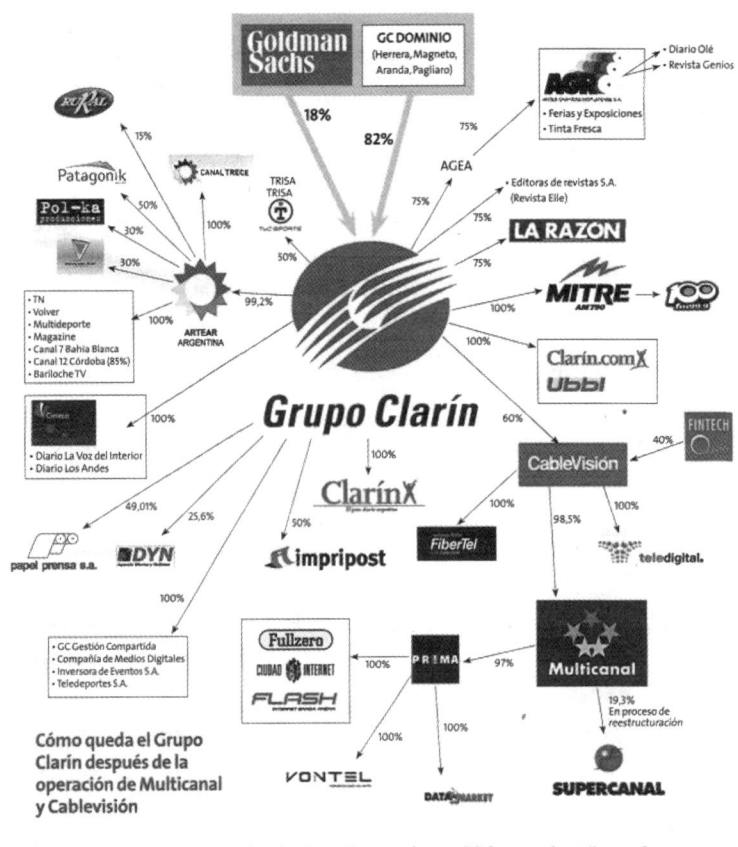

《号角报》集团旗下主要媒体和公司业务

号角集团一向标榜拥护新闻自由，提倡财政独立，以实现报道公平。作为媒体巨头，它有责任以专业精神提供信息，履行其社会承诺，协调利益各方的关系。在号角集团看来，媒体不是必须要为政府服务，这也是在克里斯蒂娜执政时期，号角集团与政府"唱反调"的重要原因。但是如今，号角集团在政治上已经是现任总统马克里的拥趸。2015 年上任后，马克里

第四章　伊比利亚美洲的国际传媒市场竞争

总统及着手对公有和私有媒体结构做出了重大调整，修改了《视听传播服务法》（Law of Audiovisual Communication Services），减少或取消了对传媒领域集中化和不同媒体间交叉所有权的限制，号角集团由此成为最大获利方之一。

媒体是号角集团的业务核心，《号角报》、TN 新闻频道和 Mitre 电台是旗下最受欢迎的传统媒体品牌。此外，旗下三家网站 Clarín.com、TN.com、ar 和 Olé 体育新闻是号角集团最重要的互联网品牌阵地。

在号角集团的发展历程中，最初以及最为重要的品牌奠基要归功于《号角报》。在 1945 年成立后，《号角报》作为中间派报纸，在国内大获成功。在 19 世纪末，《号角报》开始向广播、电视、互联网领域扩张。1989 年以前，《号角报》拥有 6 家下属机构，主要是平面媒体。1989 年私有化政策实施后，《号角报》一举将 15 个媒体企业纳入旗下，其中包括报纸、出版社、电台和电视台。另据不完全统计，1997 年到 1998 年，《号角报》至少实施了 36 项收购，花费了 12 亿美元。

1999 年，通过收购《新闻报》、《民族报》和《真理报》，并购 Cablevisión 有线电视、Artear 媒体公司以及其他小媒体，号角集团正式成立了。到 2002 年，该集团所属的报社发行量占全国报纸发行总量的 56.9%。到 2007 年，号角报集团已经成为整个拉美地区最大的跨媒体集团之一。

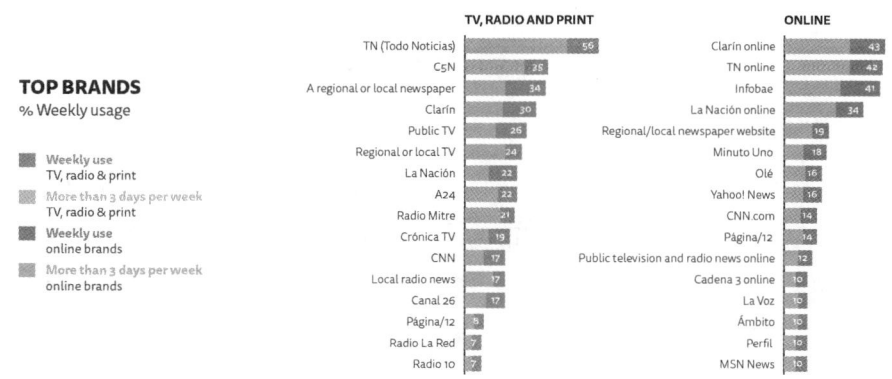

2017 年阿根廷民众使用最多的媒体品牌

图源自牛津大学路透新闻研究院，检索时间为 2019-07-14

（二）集团旗舰——《号角报》

《号角报》（Clarín）是阿根廷最具影响力的大报，以西班牙文出版，是国内读者最多的四开日报。该报在布宜诺斯艾利斯出版，信息量大、专刊数多，读者主要为中产阶级。据2012年的统计数据，《号角报》的日均发行量为270444份，占阿根廷所有报纸发行量的21%左右。①

1945年8月28日出版的《号角报》创刊号

《号角报》创刊于1945年8月28日，由阿根廷著名律师兼记者罗伯托·诺夫莱（Roberto Noble）在首都布宜诺斯艾利斯创办。诺夫莱曾出任阿根廷的全国众议员，后期改为专门从事新闻工作。《号角报》是阿根廷第一份以小报形式出版的报纸，创办之初正值该国社会急剧变革的年代，办报宗旨被设定为"一声警号求得对阿根廷问题的阿根廷式解决办

---

① Télam.Clarín vende un 32% menos que en 2003 y reduce su presencia en el mercado de diarios. 阿根廷国家通讯社 Télam 网站，2013-08-30.

法"，故取名为《号角报》。在政治上，《号角报》在当时反映总统阿图罗·弗朗迪西（Arturo Frondizi）和经济学家罗赫利奥·弗里赫里奥（Rogelio Frigerio）的发展主义派观点，主张依靠外资发展本国工业，促进经济发展。①到1965年时，《号角报》已经成为阿根廷发行量最大的日报。1967年，《号角报》推出了周日专刊。

1969年，报纸创办人诺夫莱去世。在此之后，由其夫人埃雷斯蒂纳·诺夫莱（Ernestina Noble）接任了《号角报》的社长。1976年，《号角报》开始进入彩色印刷时代。在20世纪80年代中期，报纸的发行量一度达到高峰，甚至登顶成为拉丁美洲发行量最大的西班牙语报纸。当时的统计数据显示，该报平日的发行量为48万份，周日专刊的发行量更是高达85.6万份。②

1994年，《号角报》周日专刊更名为《万岁》（Viva），独立刊发并一直延续至今。1996年，《号角报》推出了自己的官方网站Clarin.com。据2011年4月的统计数据显示，《号角报》网站的日访问量为600余万人次，在阿根廷所有网站中排名第五，而在新闻资讯类网站中更是处于领先地位。

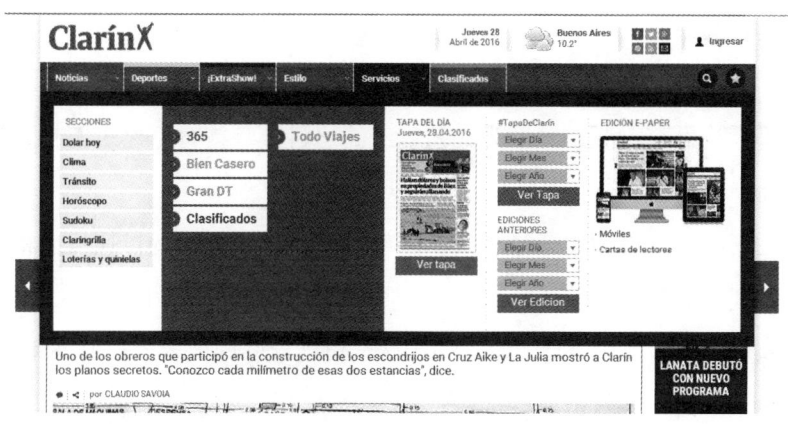

《号角报》网站首页服务选项

① 陈大斌，王玉成.国际大众传播媒介简介[M].南京：东南大学出版社，1999：309.
② 中国大百科全书出版社编辑部，等.中国大百科全书(新闻出版)[M].北京：中国大百科全书出版社，1990：423.

近几年来，《号角报》的发行量有所下降，市场份额也从1985年的35%下降到2012年的21%，但它依然是阿根廷发行量最大的报纸。多年以来，《号角报》在社会各层次人士中一直保持着较好的声誉和稳定的发行量，报纸的代销点和广告代办处遍布全国各地，上到政府机关、下至普通居民，都长期订阅该报，甚至还向邻国的乌拉圭、巴拉圭和巴西大量发售。

《号角报》是一份综合性的日报，及时准确报道国际国内重大时事新闻，并设有专门的体育、商业财经和即时评论版块。《号角报》每期出刊近100版，其中几乎有一半的版面均为广告。广告的内容无所不有，包括人们的衣食住行、求职、雇工、征婚、求医、寻人等等，难怪当地对《号角报》有着"一报拿在手，万事不发愁"的说法。[1]

具体到版面设置上，《号角报》每天以"常规版加专版"的形式发行。周一至周六出刊大约90个版，逢周日加出至120版。常规版主要有三个叠次：第一叠次以国内外政治和社会新闻、社论、评论、官方公告和政治漫画等为主；第二叠次是文化和体育新闻，主要栏目有文艺欣赏以及电影、电视及各类演出预告等，辅以航班、船次信息以及漫画、卡通和连环画等内容；第三叠次为广告专刊，分为工商产品广告及个人广告两大类别。另外，该报每天均设有专版，分别为文艺、经济、科技、体育、建筑工程、农村以及周日版。

在新闻采集方面，《号角报》内部有一套比较健全的快速反应机制，因而其刊载的新闻相较其他报纸，内容上也更丰富一些。目前，《号角报》拥有职工1300人，其中编辑记者680人，包括常驻国内各省市的外派记者。在阿根廷国内，《号角报》在全国20多个城市均派有常驻记者。[2] 在外派记者方面，"巡回记者"成为《号角报》的一个创举，目前只在欧洲派有。

---

[1] 焦敬铎，孙玉江，王正先.名利双收——广告世界探秘[M].昆明：云南科学技术出版社，1993：325.

[2] 宋晓平.列国志——阿根廷[M].北京：社会科学文献出版社，2010：275.

出任"巡回"的记者主要以法国巴黎为基地，负责整个欧洲的重大新闻报道工作。因此，他们经常要奔波于数个国家之间，哪里发生重大新闻，他们便会很快出现在那里。此外，《号角报》的国际新闻也主要来自美联社、埃菲社、路透社和安莎社，该报同时也同新华社签有供稿协议。①

四、地区传播新范式——南方电视台

南方电视台（TeleSUR）是一家总部设在委内瑞拉首都加拉斯加的泛拉丁美洲电视台，其背后支持力量还包括阿根廷、古巴以及厄瓜多尔等多个拉美国家。南方电视台是世界上第一家跨国公共电视台，致力于向全球报道"我们的美洲"，是拉美国家挑战发达国家媒体霸权积极尝试。同时，南方电视台的建立，也是拉美一体化不断深入在媒介领域的重要体现。

（一）历史沿革

南方电视台由乌拉圭记者亚兰·阿罕罗尼安（Aram Aharonian）于 2005 年建立。在创立该台之前，阿罕罗尼安迫于乌拉圭国内的右翼势力压力而出走他国，也正是因为阿罕罗尼安之前的经历，才促使其将南方电视台的创办理念设定为"面对真实的自己"（to see ourselves as we truly were），这也是其本人坚定秉持媒体观点多样化观点的一个表现。

在阿罕罗尼安的努力下，南方电视台的建立得到了时任委内瑞拉总统乌戈·拉斐尔·查韦斯·弗里亚斯（Hugo Rafael Chávez Frías）的鼎力支持。在媒体和宣传方面一向以精明强干著称的查韦斯，将南方电视台的建立称作"拉丁美洲社会主义对 CNN 的有力回应"，同时还为电视台提供了 70%的运作资金和齐全的播送设备。在各方的努力下，2005 年 7 月 24 日，亦即拉丁美洲传奇领导人西蒙·玻利瓦尔（Simón Bolívar）222 岁诞辰之际，南方电视台开始了每日 4 小时的试验性限时广播。10 月 31 日，电视台进

---

① 徐耀魁.世界传媒概览［M］.重庆：重庆出版社，2000：2.

入正式运营阶段,开始进行全时段的节目播送。①

随着南方电视台影响力的不断扩大,玻利维亚、厄瓜多尔和尼加瓜拉等过也在 2006 年和 2007 年先后加入。

(二)发展现状

如今南方电视台的标签已经不仅仅是世界上第一家跨国公共电视台,而也是拉丁美洲乃至整个世界最有影响力的电视台之一。财务方面来看,从南方电视台 2010 年发布的财报可以看到,公司 2010 年净收入超过两亿九千一百二十万苏元,相比 2009 年得到了大幅增长,财务状况良好。②

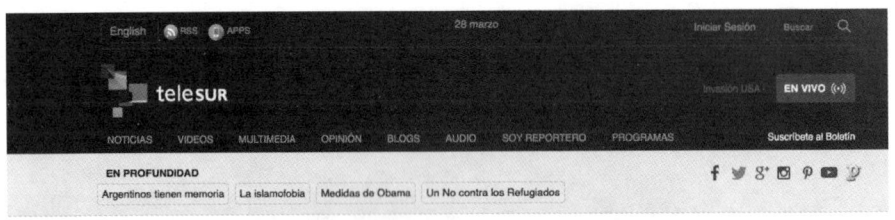

南方电视台网站首页

目前,南方电视台以西班牙语和葡萄牙语双语 24 小时不间断地向拉美、欧洲、北非和中东的部分地区播出节目,其在拉丁美洲的潜在观众有约 6500 万人,在世界其他国家和地区的观众也达到了 550 万人。作为拉

---

① TeleSUR. 电视台简介[EB/OL]. 南方电视台网站,2015-12-30.
② 张建中. 拉美的声音:从战略传播视角看南方电视台的崛起[J]. 中国电视,2013(1):78-82.

丁美洲国家向发达国家媒体霸权挑战的重要尝试，南方电视台正在形成一种能够抗衡国际大型传媒集团的信息传播模式，成为具有国际性影响力的媒体之一。[①]

（三）报道特点

"我们的北方在南方"是南方电视台一句非常旗帜鲜明的宣传口号，在其建立至今的十余年中，南方电视台致力于向全球报道"我们的美洲"，并以"南方"为指导口号，力求更为彻底而全方位地报道拉丁美洲地区，让世界了解拉美，并推动拉美各民族一体化发展，其传播方式受其自身定位的影响，也有着鲜明的特点。

在节目选择上，南方电视台不播出电视剧，而是以新闻报道和时事性评论为主，新闻节目占比达到40%—60%，其余部分由体育类和文化类节目进行补充，在节目的选择上也注重教育性，而非娱乐性。

同时，在新闻节目的编排上，南方电视台非常注重新闻节目内容上的长短、深浅结合，也就是一般的新闻快讯和深度的新闻评论、综述相结合，通过这样的形式，让观众获得全面而又富有深度的新闻信息。在体育节目和文化节目的选材上，南方电视台更注重对拉丁美洲本地事件的报道，并希望以这种方式推动拉美各族文化认同感的增强，并让世界认识、了解拉丁美洲。

[①] 李菡. 浅析拉美的另类传媒——以南方电视台为例[J]. 拉丁美洲研究，2011（6）：49-53.

第五章 中国对伊比利亚美洲的国际传播

在中国的对外传播发展历程中，经历了1949年后的初步发展阶段，改革开放后又走过了快速发展（20世纪80年代）、曲折发展（20世纪90年代到21世纪初）、全面发展（21世纪初到2012年）和稳定发展（2013年以后）四个阶段，对伊比利亚美洲的传播也伴随着这几个时期有着不同的表现和特点。历经几代，中国媒体目前已经在伊比利亚美洲西语国家初步构建了从平面到广播电视的完整传播体系，成体系的传播产品也已日臻成熟，传播特色体现在内容特色、传播方式、呈现方式、与受众及当地政府与媒体的关系等方面，落地覆盖与传播效果也在不断提升。

第一节 中国对伊比利亚美洲传播历程

早在16世纪下半叶，中国和墨西哥之间就开辟出了一条"太平洋丝绸之路"，从中国东南沿海港口出发的货船满载丝绸、香料等远赴墨西哥地区，这条"海上丝路"不仅连通了中国—伊比利亚美洲的商贸往来，也是两地的民间交往和文化交流的早期纽带，中国对伊比利亚美洲的传播亦起始于此。

一、华人媒体初探路

虽说，中国与伊比利亚美洲的渊源颇深，但在新中国成立前，两地之间并没有太多官方媒体上的往来，中国对伊比利亚美洲的传播主角大多是当地华侨和来访的游客或商人。

伊比利亚美洲的第一批华文报纸诞生于20世纪初期，出现在早期中国移民聚集较多的国家，如加勒比地区的古巴、南美洲的秘鲁、中美洲地区的巴拿马和北美洲的墨西哥，今天这批报纸大多已不存在。

新中国成立后，中国政府逐步加强与伊比利亚美洲的联系，此时的华人办报热情也持续高涨，并且报纸大多延存至今。巴西主要的华文报刊有《南美侨报》和《美洲华报》。《南美侨报》前身为《巴西侨报》，始建于1960年3月29日，发行人王之一。1999年10月1日更名为《南美侨报》，其发行网络遍布巴西各地和阿根廷、乌拉圭、巴拉圭、智利、玻利维亚、秘鲁等大部分南美国家。

《美洲华报》于1983年10月4日正式创刊，1996年起开始使用网络资讯，2000年开始使用电脑排版，目前除"巴西新闻"三个版仍为手排版外，其余都为电脑排版。该报发行范围包括巴西、巴拉圭、阿根廷、智利、乌拉圭、中国台湾、香港地区等国家和地区。

阿根廷首家华侨民办报纸创刊于1984年，此后先后有十余家华文报刊问世，目前仍在继续发行的周刊有《新大陆周刊》《世界新闻》《新阿根廷通讯》《台湾周报》《台阿新闻》。秘鲁的代表华文媒体主要有《秘华商报》《公言报》《侨报》《东方月报》等。

巴拿马最为出名的《拉美快报》创刊于1992年7月1日，由著名华商岳枫先生、胡晋光先生、白能通先生共同出资创办。办报的宗旨是弘扬中华文化，坚持一中立场，促进巴中友好，维护侨社团结，传播政经信息，服务于海外华人社会。此外巴拿马还有《拉美侨声报》和《新报》等华人报纸。随着时代的发展，当地的华人华侨还创立了巴拿马中文广播电台和巴华网。

2000年6月1日，秉承着"爱国护侨，服务侨胞，弘扬中华文化，促进中委友谊"的理念方针，一班旅委的老文化人创办了委内瑞拉的中文报刊《委华报》。自创刊以来，《委华报》发行量逐年增加，发行面不断扩大，除少数小城市外，全国的大小城市均已覆盖。

与巴西、阿根廷交界的巴拉圭目前有两份中文报纸：一份叫《传薪日报》，创刊于1991年9月3日；另一份叫《城市新闻》，创刊于1993年7月3日，现为周刊，面向公众免费发行。

位于中美洲的古巴现有一份中文报纸《华光报》，创刊于1928年，原名《工农呼声》，主要版面包括"中国要闻""古巴要闻""国际新闻""古巴华社动态""小说连载"等。

20世纪末至21世纪初期的十几年中，伊比利亚美洲大多数华文媒体平稳发展，其中几家媒体在增加版面、扩大发行量、融入主流社会、服务侨胞等方面做出了努力，取得了成绩，如巴西的《南美侨报》、阿根廷的《新大陆周刊》和巴拿马的《拉美快报》等。

到2007年时，伊比利亚美洲大多数华人华侨人数较多的国家就都已经有了自己的华文媒体，但形式上仍以传统的平面媒体为主，没有华文电视台。华文电台和网络媒体刚刚出现，尚未形成规模。在此后的十年间，华文媒体维持在一个平稳状态，电台和互联网相对于传统平面媒体有所发展，但随着两地官方媒体互动合作的增强，华文媒体也不再是中国与伊比利亚美洲之间的主要信息传播平台。近年来，拉丁美洲的中国移民迅速增多，给华文媒体创造了生存发展的空间，具有一定历史基础的传统华文媒体纷纷开办网站、微信公众号、微博以及音视频等业务，发展势头良好。[1]

二、官方媒体紧跟上

如果说新中国成立前中国对于伊比利亚美洲的传播主要还是依靠华人

---

[1] 中国白皮书网.海外华文媒体呈现融合发展新格局——《公共关系蓝皮书：中国公共关系发展报告（2018）》［R/OL］.中国白皮书网，2018-12-12.

华侨的民间力量,那随着公共外交策略的逐步成型,中国政府也日益加大了对伊比利亚美洲的传播。以华人华侨为主推动的公共外交是中国对伊比利亚美洲外交战略布局中不可或缺的因素,在新中国成立之初的20余年里发挥了中国和伊比利亚美洲最初接触的桥梁作用,为中国同伊比利亚美洲关系在20世纪70年代后的全面发展奠定了基础。从改革开放以来,尤其是进入21世纪以来,伴随着中国与伊比利亚美洲关系的"跨越式"发展,中国政府积极主导布局对伊比利亚美洲的公共外交,以官方媒体为主力的对伊比利亚美洲国际传播全面推进。

1956年9月3日,中国国际广播电台西班牙语广播正式开播,当时对外传播的主要目标对象是西班牙,同时也为对伊比利亚美洲的传播打下了基础。次年12月17日,中国国际广播电台开通对拉美地区的西语广播,为伊比利亚美洲国家了解中国打开了一扇窗口。国际台西语广播使用统一呼号"北京电台"(Radio Pekín),多年来成为众多西语国家短波爱好者公认的最早漂洋过海的中国声音。1961年,国际台成立了专门的拉美部,专职负责面向整个拉丁美洲地区的广播业务。从1963年开始,国际台西语部大力提升节目的时效性和评论性,并且加强了内容的自编自采。1981年,西语部进一步推进消息源建设,开设驻外记者站实现国际新闻消息的自给。1988年11月,国际台驻阿根廷布宜诺斯艾利斯记者站建立。自此,国际台西语部在伊比利亚美洲的两大常驻记者站——墨西哥站和阿根廷站均已建立。常驻记者站和重大新闻事件的派出记者一起,通过大量一线现场报道共同见证了伊比利亚美洲国家的发展和中国与这些国家之间的友好交往。

20世纪90年代以来,伊比利亚美洲在中国外交战略布局中的地位越来越突出,中国对拉美公共外交开始转型。80年代末90年代初,格林纳达、伯利兹和尼加拉瓜同中国台湾开展所谓"外交关系",导致中国同这些国家断交。虽然这对中国在中美洲与加勒比地区的影响力造成了一定影响,但在这一时期,中国仍对伊比利亚美洲的公共外交采取了诸多新举措:中国国际广播电台增加了西班牙语频道的播出频率，努力向伊比利亚美洲国家介绍中国改革开放的伟大成就；新华社、中国国际广播电台等对外媒体加大了对整个拉美地区的宣传力度，文化外交成为公共外交的重要内容。[①]随着互联网技术的成熟，中国媒体也将对伊比利亚美洲的国际传播布局延伸到了网络世界。1998年12月，中国国际广播电台旗下网络媒体国际在线正式推出西班牙文版网站，标志着国际台西班牙语对外传播开始向新媒体渠道拓展，时任阿根廷总统费尔南多·德拉鲁阿（Fernando De La Rua）还曾专程到访国际台视察该网站的运营情况。

进入21世纪，伊比利亚美洲地区实力不断上升，进入经济发展的"黄金十年"，堪称世界上最具发展潜力的地区之一。中国与伊比利亚美洲之间的关系在经历了较长的"渐进式"发展历程后，在21世纪迎来了突破性的"跨越式"发展，呈现出全方位、宽领域、多层次的发展态势。与人文、社会、科技、旅游等公共外交资源相比，新闻媒体的显著标识为"新闻"信息的传达，时效性更强，受众也更为广泛。在这一时期，中国积极通过电台、电视台、互联网、报纸、杂志等新闻媒介，全面提升该地区公众对当前中国政策理念的认识和了解。

作为中国对伊比利亚美洲外交中最有针对性的报刊资源，《今日中国》继20世纪60年代创立西文版之后，从2004年4月开始在阿根廷正式发行拉美版。同年10月，《今日中国》在墨西哥首都墨西哥城设立拉美分社，从此之后开始在墨西哥城出版发行专门面向伊比利亚美洲推出的西语版，这是中国首家在伊比利亚美洲本土出版发行的西班牙语刊物。如今，《今日中国》进一步加强了在伊比利亚美洲的本土化发展，在创新期刊运作方式的基础上，还加强了与本地有影响力、有市场运作能力的媒体间合作，一步步开拓伊比利亚美洲地区市场，实现了在本土市场的深植扎根。

2001年5月，中央电视台成立了总编室网络宣传处，将网站纳入了节

---

① 宋晓丽，韩召颖. 中国对拉美公共外交的演进、活动与效果[J]. 拉丁美洲研究，2017（3）：123-139+157-158.

第五章　中国对伊比利亚美洲的国际传播

目宣传部门。① 同时，央视网 CCTV.com 的建设也开始全面推进，取得了较快的发展。这一时期，网络媒体不仅报道了一些重大事件，而且创办了英语、法语、西班牙语和中国台湾频道，其中的西语频道则面向伊比利亚美洲进行了有效传播。② 除了央视，各大主流媒体都纷纷开办西语网站，例如，人民网西语版就是人民网下属的西班牙语频道，于 2000 年创立。就电视传播来说，2004 年 10 月，中央电视台针对西班牙语和法语的海外受众，又开办了第三个国际频道 CCTV-西·法频道，该频道是 24 小时播出的新闻综合频道，采用西班牙语和法语播报发生在中国和世界各地的新闻。③ 这个呼号为 CCTV-E&F 的频道信号通过 5 颗卫星覆盖全球，并在伊比利亚美洲地区的古巴和阿根廷率先落地。2007 年 10 月 1 日，为了适应中国与伊比利亚美洲西语国家之间不断增长的经贸往来与人文交流，中央电视台对原有西法语混合频道进行频道拆分，开通西班牙语国际频道（呼号为 CCTV-E），24 小时不间断地用西语播出相关的新闻、文化、经济、娱乐、汉语教学等栏目。④ 为了推广西班牙语频道，中央电视台积极走出国门同伊比利亚美洲国家相关机构开展合作，实现西班牙语节目在伊比利亚美洲的落地播出。比如，2010 年 11 月，中央电视台和阿根廷有关公司签署合作协议，向伊比利亚美洲部分国家推广其西班牙语频道的节目。⑤ 此外，中国电视长城（拉美）平台也在央视西语节目的落地覆盖方面起到重要推动作用。长城（拉美）平台于 2008 年 1 月 1 日开通，经由长城平台共有

---

① 中央广播电视总台央视国际.央视国际网络大事记［EB/OL］.中央广播电视总台网站，检索时间：2019-12-08.
② 董年初，熊艳红.视听新媒体概述［J］.中国广播电视学刊，2007（3）：92-94.
③ 中央广播电视总台央视网.CCTV-E&F（西法频道）频道简介［EB/OL］.中央广播电视总台央视网，检索时间：2019-12-08.
④ 中央广播电视总台央视网.中央电视台西语、法语国际频道将于十月一日开播［EB/OL］.中央广播电视总台央视网，2007-09-27.
⑤ 中华人民共和国外交部.中国同阿根廷的关系［EB/OL］.中华人民共和国外交部，2019-08.

15个国内电视频道实现在伊比利亚美洲的落地播出。

在推进频道节目直接落地的同时,中国电视媒体还通过加强与伊比利亚美洲本土电视媒体机构的交流与合作,实现中国对伊比利亚美洲的国际传播。在阿根廷电视台播出的系列拉美电视节目中,中阿合作制作的新闻报道多次出现。2001年到2002年期间,金融危机以及随之而来的货币贬值对阿根廷的经济带来了巨大的冲击,当地媒体在内容制作商开始由文化娱乐为主向凸显新闻性的新闻导向模式转变。电视台充分借助广告收入,把制作资金投到合作节目产品的宣传上。这一做法逐渐流传到了其他伊比利亚美洲国家,墨西哥第一电视台此前为满足投资商的要求,一直不愿意改变其传统的媒体表现手法,让不少节目不得不转向低收视率媒介。当其开始采用中墨媒体新闻共享的新闻导向模式时,受众又逐渐重新回归。巴西自从1973年播出中巴合作型节目以来,优质的电视节目在巴西发展非常迅速,很多著名主持人在电视节目中出现,电视台也因此获益匪浅。2016年前后开始,巴西加强了媒体合作的投资力度,并计划在近期尝试与中方媒体进行更多领域的深度合作。[①]

除《今日中国》和中央电视台以外,对伊比利亚美洲传播主力媒体仍然是中国国际广播电台。进入21世纪以来,中国国际广播电台制定了"多媒体融合、全媒体发展"的战略方针,坚持传统广播、广播节目落地和新媒体创新并重,力争实现构建现代、综合、新型国际传媒的目标。在此总体框架指导下,国际台西语部不断推陈出新、更新换代,切实提升对伊比利亚美洲国际传播的质量和实效。在广播节目方面,西班牙语部坚持优化节目安排,改进节目生产流程,提高节目的贴近性和可听性,使传统短波广播节目焕发出新的生机。同时,西班牙语部积极开拓落地节目资源,相继在巴拿马、墨西哥等地实现节目落地播出,取得了良好的传播效果。2002年11月1日起,国际台西语节目在巴拿马中文广播电台(Radio China

---

① 李阳.拉美媒体在社会发展中的作用及中拉媒体合作[J].拉丁美洲研究,2016(3):129-140+157.

Visión 1180 AM）落地，是西语节目首次在西语国家电台实现整时段播出，播出时间为当地时间早上七点到八点。自 2005 年 3 月 1 日起，西语部节目的播出时间进一步增加到两小时。

2003 年 12 月，国际在线西语网站第三次改版，网站内容日渐丰富，栏目划分日趋成熟。从这一阶段开始，西语网站有了第一批境外合作伙伴，包括哥伦比亚佩雷拉理工大学（UTP）以及古巴百科电台（Radio Enciclopedia）和时钟电台（Radio Reloj）等。[①] 半年之后，西语网站上线文字、图片之外的多媒体内容形式，网友可以在网页上收听流媒体格式的广播节目，极大扩展了受众群体。2004 年，西语网站的月页面浏览量达到 10 万，西班牙语部开始聘用专门人员来增强新媒体的制作能力。2005 年 10 月再次改版，采用全新的配色和页面设计，引入留言板和即时性专题报道。开辟了与网友直接交流的渠道平台，成为获得受众反馈的重要途径之一。专题作为网络新闻报道特有的形式，充分发挥了网络容量大、采集广、时效快等优势，对包括世界汉语大会、西藏自治区成立 40 周年等专题报道的推出，大大提升了网站的新闻传播自主性，扩展了网站作为广播节目网络传播渠道以外的即时传播功能。同年，国际在线旗下各子网站共同推出统一策划、用近一年时间制作的《中国百科》栏目，至今仍高居西语网站点击量最多的页面前列。2006 年，国际在线西语网站最受欢迎的栏目"中文教室"推出，内容包括了语音、语法、常用对话以及音频教程等。2007 年网络电台的发布是国际台西语网站发展的里程碑，从形式上实现了分频道节目点播，更加符合网友收听习惯；从内容上不仅涵盖了社会、文化等传统栏目，还增加了音乐节目的比重，更加贴近网络传播的娱乐特质。当年，网络电台为西语网站的音频流量带来了 110% 的年度增长。到 2008 年时，国际在线西语网站推出了面向移动互联网设计的多媒体移动网站，节目形态适用于智能手机或其他手持终端。从 8 月上线试运行到 2009 年 7 月，

---

① 商务部驻古巴经商参处（调研）.古巴是个什么样的国家？［EB/OL］.商务部网站，2015-08-06.

一年时间移动国际在线吸引了来自世界168个国家和地区的5000多个城市的访问者。

整体来看,中国在这一时期对伊比利亚美洲公共外交立足于国际传播和教育与文化交流两个层面,通过多种渠道展开,且目标各有侧重。在国际传播领域,尤其以电视台、电台、互联网和报纸杂志为主要新闻媒介,努力传递信息、澄清事实,增强中国对伊比利亚美洲民众的新闻信息传播。通过对伊比利亚美洲开展公共外交,中国塑造了在该地区的良好国家形象,有效缓解和消弭了西半球的"中国威胁论"论调,为中国与伊比利亚美洲的政治经济关系快速发展创造了良好的舆论环境。

第二节　中国对伊比利亚美洲传播现状

走过21世纪第一个十年之后,中国对伊比利亚美洲的国际传播进入了新的发展阶段。经过60余年的发展,中国对伊比利亚美洲公共外交体系日趋完备,在媒体传播和文化交流领域均取得了显著成效。尤其是在党的十九大之后,习近平总书记在十九大报告中强调,要"推进国际传播能力建设,讲好中国故事,展现真实、立体、全面的中国,提高国家文化软实力……推动中国文化走出去,是增强国家文化软实力,在综合国力竞争中赢得主动的迫切需要,同时也是营造良好外部环境、塑造良好国家形象的战略选择",为中国的国际传播工作奠定了基调、指明了方向。

一、媒体传播发展迅速

进入2010年以后,中国的主要国际传播媒体均已实现在伊比利亚美洲地区的实际落地和市场布局,对伊比利亚美洲国际传播进入提升传播实效、建立传播新格局的全新发展阶段。中国媒体开始致力于适应分众化、差异化的传播新趋势，努力构建国际舆论引导新格局。不同新闻媒体立足于自身特色，基于各自的精准受众定位，形成传播内容丰富、传播渠道多元的全方位、多层次、多声部的中国对伊比利亚美洲传播矩阵。

2010年1月，《今日中国》秘鲁版在秘鲁首都利马正式出版，时任总统加西亚为创刊号题词，第一副总统亲自在创刊号撰写文章。此后，《今日中国》逐步与当地新闻机构建立日益密切的合作关系。《今日中国》拉美分社与墨西哥国家通讯社、秘鲁安第斯通讯社先后建立了战略合作关系，这些合作伙伴不仅大量转载《今日中国》刊登的中国新闻消息，同时还向分社提供反馈对中国新闻有关的本土舆情。如今，《今日中国》已经被墨西哥总统府和外交部新闻司列入新闻发布的对象单位。自2013年以来，今日中国杂志社还非常重视运用微传播手段扩大传播渠道，加强与海外本土化机构的联动，充分发挥海外社交媒体的作用。举例来说，2014年和2015年的两会期间，今日中国杂志社拉美分社在海外社交媒体平台脸书（Facebook）上开设两会专题报道页面，对两会开幕式进行了视频直播。①

进入2010年，中国国际广播电台的西语新媒体业务也继续不断创新，积极推进"可视化广播"的尝试，以小成本、平实简单的原创视频风格赢得受众欢迎。在当年上海世博会期间，国际台派出的报道团队拍摄制作了大量原创视频节目，一举填补了西语网站在这一领域的空白。4月21日，玉树地震全国哀悼日当天，国际台语言广播制作特别广播节目予以配合，②成为广播媒体在突发事件新闻评论领域的积极拓展。视频节目从无到有有力拉动了西语网站多媒体流量的猛增，全年流量达到12.9G字节。11月2日，中国国际广播电台在墨西哥建立了蒂华纳AM1470中波台，作为国际台在海外的第50家分台，同时也是国际台在伊比利亚美洲开设的第一家整频

---

① 安薪竹. 期刊本土化出版的探索与挑战——以《今日中国》为例［J］. 新闻世界，2015（5）：85-87.

② 宁夏在线. 中国国际广播电台大事记（2001—2010）［N/OL］. 宁夏在线，2017-03-28.

率落地电台。自此,国际台西语广播在伊比利亚美洲实现实际落地。蒂华纳位于墨美边境,距美国的圣迭戈仅 19 公里。AM1470 电台覆盖人口超过 600 万,在蒂华纳和周边地区都有一定的影响。国际台西语部节目在当地时间 18:00 至次日 06:00 播出,每天播出共计 12 个小时。蒂华纳中波电台的开播,大大提升了国际台西语节目在该地区的播出覆盖率,开始推进真正意义上的"有效传播"。自此,国际台西语对外传播开启了"本土化"的全新时代。

2010 年底,国际台西班牙语部在脸书(Facebook)开设了官方账户,早于在国内社交媒体开展传播互动。[①] 通过海外社交媒体平台,国际台不仅大大提升了信息发布传播的时效性,同时也增强了中国媒体与当地受众的联系交流,大大拉近了媒体与受众之间的情感距离。2018 年 11 月,国际台的西语移动客户端正式上线,为伊比利亚美洲广大受众了解中国、认识世界提供了更为直观、贴近和互动的全媒体服务,实现了基于移动互联网的国际传播。截止到 2018 年底,国际台西语脸书账号的粉丝数量已经超过 200 多万,中国形象在伊比利亚美洲西语社交网络用户眼中变得愈发清晰、生动、鲜活起来。除了网络传播和社交媒体以外,国际台西语部也开始尝试建立立体的精深传播体系。2013 年,国际台西语部开始在阿根廷首都布宜诺斯艾利斯发行《视点中国》杂志。自此,《视点中国》本着"连接你与中国"的创刊理念,逐步成为伊比利亚美洲各国驻华大使、友华学者等精英受众群体的案头读物,大大提升了中国对该地区传播的层次和深度。

自从 2015 年首届金砖国家媒体峰会在北京成功举办以来,中国与伊比利亚美洲媒体的合作与交流呈现出积极的良性发展势头。中国与伊比利亚美洲各国将进一步加强媒体之间的交流与合作,更全面、深入地报道双方各领域新闻,从而增进中拉民众之间的相互了解。以中国国际广播电台为例,国际台西语部制定了全新的对外传播发展策略,强调要在节目内容

---

① 国际台西语部的新浪微博于次年开设,晚于脸书等海外社交媒体平台。

和传播手段上不断创新，推进可视化广播、社交平台直播、网络互动等新媒体形式，打造适合受众喜好的新媒体传播产品。要把握温故知新、推陈出新和新益求新的三原则，牢固树立品牌意识，构建融通中外的对外话语体系。为此，国际台西语部注重新闻的时、度、效，推出了全年每日播出的新闻专题节目《每日资讯》，内容涵盖中国新闻、国际新闻及对象国家新闻三个版块，同时辅以深度时事评论，坚持以"中国立场、世界眼光、人类胸怀"彰显中国价值。在借助社交媒体和网络技术的基础上，国际台西语部深入研究海外受众群体特征，精确描绘受众群体画像，更加精准地制定具有针对性、实效性的内容策略和传播方式。举例来说，多年以来国际台西语部组织的中国知识有奖问答是与海外受众开展积极互动的品牌活动。随着受众群体的年轻化、渠道的网络化以及市场需求的多元化，国际台西班牙语部借助社交媒体平台推出了全新的受众互动形式。比如，2014年世界杯期间"我为足球狂"的线上线下互动、与四川大熊猫基地合作推出的"提问大熊猫"交互式线上问答、第四届乌镇世界互联网大会期间上线的"互联网之光"体验式直播等等，这些活动一方面提升了中国在社会文化、发展进步等领域新闻信息的对外传播，另一方面也有效推动了国际台本身的媒体品牌传播，在互动中实现与海外受众"你中有我，我中有你"的立体传播效果。在传播内容创新上，国际台西语部推出了一系列全新的广播节目和纪录影片。其中，微纪录片《体验中国》讲述了西语国家青年人在中国留学、工作和生活的故事，最大吸引力在于引发了国外受众对同乡在中国的生活状态及其融入中国社会情况的关注。[①] 这样的故事题材和内容形式，不仅主题鲜明、贴近实际，经由社交媒体和网络传播易于受众的搜索、观看和进一步扩散传播，适于信息时代的新媒体传播，取得了非常好的传播效果。

就传播内容来说，除了传统的新闻信息传播之外，大量来自中国的电

---

① 尹晓通.新时代西班牙语对外传播的新思路——以中国国际广播电台为例[J].对外传播，2019（2）：34-35.

视剧、纪录片等优质节目内容也开始进入伊比利亚美洲受众的视野。2019年1月，精品古装剧集《琅琊榜》西班牙语版登陆阿根廷主流电视媒体，并且很快赢得当地受众欢迎受到热捧。此后，包括现代剧《恋爱先生》等国产电视剧的西班牙语版纷纷销往古巴、秘鲁等众多伊比利亚美洲西语国家。伊比利亚美洲大众媒体频现中国声音，使伊比利亚美洲国家人民能更直观地认识中国文化，了解中国人文社会。此外，中国电视媒体向伊比利亚美洲电视媒体提供的纪录片内容也多种多样。其中，伊比利亚美洲各国电视媒体尤其对于来自中国的美食、体育及旅游风光等相对更加"软性"题材的纪录片更加热衷。例如，由央视西班牙语频道（现为中国环球电视网 CGTN 西语频道）制作的《学做中国菜》节目在古巴播出之后，一直广受当地受众欢迎，成为当地媒体一再重播的经典中国节目。相比之下，关于中国的社会、历史等题材的纪录影片，在当地的受众市场更为受限。

与此同时，节目联合制作也是增进中国与伊比利亚美洲国家电视媒体深度交流的重要手段。在联合制作的内容题材上，多数伊比利亚美洲媒体均表达了对于展现中国以及本国自然风光、社会发展和人文风貌的期望，认为不能仅仅满足于报道中国及本国的新闻消息。2016 年 8 月起，央视西语频道与委内瑞拉南方电视台共同合作推出《文化之约》（西语名为 Prisma），开创了中国与伊比利亚美洲电视媒体合作开办电视栏目的先河。该栏目以介绍中国与拉美地区之间的文化交流动态为主，通过对国际社会上有影响力的文化界人物的访谈等内容，搭建中拉文化对话平台。2017 年初，以中阿建交 45 周年以及马克里总统访华为契机，CGTN 西语频道与阿根廷美洲传媒集团旗下英特格拉文化公司合作，制作了名为《跨越》的系列专题片，介绍中阿两国的经济文化交流情况，收视效果良好。2018 年，央视纪录片频道与阿根廷国家电视台通过深度合作，彼此在对方国家拍摄纪录片《魅力阿根廷》和《魅力中国》，并于当年年底在本国电视媒体播出。在此过程中，阿根廷多家媒体机构都对与中国媒体的深入交流合作展现出了极大的热情，希望在向阿根廷民众介绍中国的同时，也将"南美明珠"

阿根廷推介给中国观众。除此之外，巴西、阿根廷等南美足球强国的媒体，也积极保持与中国展开体育节目，特别是足球节目合作的强烈意愿。①

此外，在双方交流合作逐步深入的基础上，中国与包括伊比利亚美洲在内的整个拉丁美洲地区新闻媒体之间在新闻报道业务领域的深层交流也在持续推进。2016年底，习近平主席在中拉媒体领袖峰会上宣布，在设立中拉新闻交流中心、邀请拉美部分媒体记者赴华工作学习的基础上，中方还将在未来五年为拉美和加勒比国家培训500名媒体从业人员，实现双方媒体事业共同繁荣。②2017年，在中国公共外交协会框架下，中国-拉丁美洲和加勒比新闻交流中心（China LAC Press Center，简称CLACPC）正式成立，由中心负责邀请拉美和加勒比地区国家记者来华参加采访、交流、学习及文化体验等活动，帮助记者在华开展新闻报道工作。同年5月，第一期拉美记者班在北京外国语大学开办，来自拉美地区八个国家的11名知名媒体新闻工作者来到北京，进行了为期四个月的集中学习调研。此后在2018年和2019年，拉美媒体访华项目持续推进。通过会议研讨、文化学习、人文参访、实地调研等多种方式，拉美各国的媒体从业人员得以深入了解中国的发展与现状，大大增强了双方之间的人文社会层面的深层互通理解。

近年来，随着"一带一路"倡议的进一步延展和深化，中国对伊比利亚美洲的新闻传播更上一个台阶，《人民日报》、《中国日报》、新华社、中央电视台等主流媒体纷纷制定针对策略，传播"一带一路"倡议及其相应合作机制和具体进展。在"一带一路"框架之下，中国与伊比利亚美洲地区各国媒体之间的交流合作也全面提升到战略机制层面。2018年，中拉媒体论坛在阿根廷首都布宜诺斯艾利斯举行。来自中国、拉美和加勒比地区20多个国家、100余家媒体的近200名代表共聚一堂，围绕"深化媒体

---

① 李伟林.拉美主流电视媒体对华合作需求分析与对策[J].国际传播，2018(3)：81-89.

② 李伟林.拉美主流电视媒体对华合作需求分析与对策[J].国际传播，2018(3)：81-89.

合作传播,助力打造中拉命运共同体"的主题,共同探讨媒体在中拉务实合作中的角色,共同探讨以新媒体合作打造中拉媒体传播平台,为构建中拉命运共同体建言献策、凝心聚力。来自墨西哥通讯社、巴西金融资讯集团、阿根廷《号角报》、中国《环球时报》等20多家中拉媒体的负责人均在论坛上发言,发表了对双方未来合作的设想和期待。论坛结束时,各国媒体共同发表了《2018年中拉媒体论坛公报》,倡议中拉媒体机构把握新兴科技带来的机遇,有效应对竞争和挑战,发挥自身优势、强化创新引领,不断开拓新的发展空间。①

技术是国际媒体合作交流的助推器,也是中国国际媒体提升对外传播能力的重要保障。5G时代的到来,也从技术层面推动着中国同伊比利亚美洲的媒体交流走向纵深发展。中宣部副部长、中央广播电视总台台长慎海雄表示,中央广播电视总台正在按照习近平总书记关于推进媒体深度融合的重要讲话精神和总书记对总台工作的重要指示,加快推进融合传播,形成"4K+5G+AI"智能化全媒体格局,努力打造具有强大引领力、传播力、影响力的国际一流新型主流媒体。②在此背景下,2019年,中国同巴西媒体的合作在金砖国家框架下取得了最新成果。2019年11月11日,中央广播电视总台与巴西旗手传媒集团和巴西环球传媒集团分别签署了合作文件。11月13日,中央广播电视总台与巴西国家传媒公司在巴西利亚签署合作协议。根据协议,双方将在视听素材交换、内容共享、联合制作、合作传播、人员交流、广播电视和5G新媒体技术等领域开展全方位合作。签约仪式上,中宣部副部长、中央广播电视总台台长慎海雄在致辞中表示,在两国元首的共同推动下,中巴全面战略伙伴关系不断深化,已经成为南南合作的典范,相信中央广播电视总台与巴西国家传媒公司的合作将为增进两国民心相通,促进人文交流和经贸往来等增添新动力,注入新能量。

---

① 李晓骁.深化媒体合作传播——中拉媒体人共话"命运共同体"[N/OL].环球网,2018-11-21.
② 中央广播电视总台央广网.马兴瑞调研总台5G新媒体实验平台[N/OL].中央广播电视总台央广网,2019-03-11.

三天内，中央广播电视总台与巴西三大主流媒体牵手合作，开启了中巴两国主流媒体全面合作的新篇章。①

根据环球时报社下属的环球舆情调查中心的统计数据显示，仅2017年一年，中国媒体和拉美十国媒体对相互国家/地区的报道量分别为158071篇和85448篇。截至2018年11月16日，拉美十国媒体对中国相关报道的数量达到137384篇，西语和葡萄牙语为报道主要用语。中国媒体方面，以中英文为报道语言，与拉美十国相关的消息、文章数量达到241090篇。中国与伊比利亚美洲国家之间在媒体层面的互相关注和交流合作，已经日益成为常规渠道，为增进双方互相了解、促进双边合作起到重要的推动作用。

二、人文交往全面铺开

如果说新闻信息是国际传播中的硬通货，新闻媒体是国际传播中的传统渠道，那么以文化交流、内容合作为主的人文交往，就是国际传播当中的软流通。如今随着中国与伊比利亚美洲交往日益密切频繁，双方在人文领域的传播交流也更上层楼，中国对伊比利亚美洲的"软"传播也大大加强。

孔子学院/课堂在伊比利亚美洲开设情况

国家	孔子学院数	孔子课堂数
墨西哥	5	
秘鲁	4	
哥伦比亚	3	1
古巴	1	
智利	2	
阿根廷	3	

---

① 中央广播电视总台央视新闻.中央广播电视总台与巴西国家传媒公司签署合作协议［N/OL］.中央广播电视总台央视新闻，2019-11-01.

（续表）

国家	孔子学院数	孔子课堂数
哥斯达黎加	1	
玻利维亚	1	
厄瓜多尔	1	1
委内瑞拉	1	
巴拿马	1	
乌拉圭	1	
多米尼加	1	
萨尔瓦多	1	
总计	26	2

过去几年间，以对外汉语教学为主要功能的孔子学院在推动中国文化对外传播方面起到越来越重要的作用。截止到2019年9月30日，全球已经有158个国家/地区设立了535所孔子学院和1134个孔子课堂。其中，在伊比利亚美洲西语国家地区，已经在14个国家开始了26所孔子学院和2个孔子课堂。通过长期的汉语教学和文化交流，孔子学院/课堂受到了当地政府和普通民众的广泛欢迎。2017年11月21日，时任智利总统米歇尔·巴切莱特·赫里亚（Verónica Michelle Bachelet Jeria）在智利圣托马斯大学孔子学院成立十周年庆典上表示，"明年3月卸任总统以后，我也想来孔子学院报名上课"。[①] 在秘鲁、墨西哥等其他伊比利亚美洲西语国家，汉语课程已经逐渐被列入中学、高校的学分制课程体系。除了学分制课程外，各国的孔子学院/课堂还针对不同需求的民众开设了内容丰富、主题多元的语言文化课程，包括中国文化体验班、汉语水平考试（简称HSK）培训班等。在授课时间上也相对更为灵活，有早晚班、周末班、短期密集

---

① 环球网.智利总统巴切莱特：我想去孔子学院学汉［N/OL］.环球网，2017-11-23.

强化班、长期班等，还定期举办中国文化宣传讲座等活动。在孔子学院/课堂和当地教育机构、中文学校的大量工作推动下，中国文化学习已经在伊比利亚美洲遍地开花，培养了一批亲华、友华，并且对中国语言文化充满热忱的汉学力量。

在此过程中，还有大量的中国精品书籍也经翻译成西班牙语传播至伊比利亚美洲国家。近几年来，孔子学院拉美中心通过组织"中国作家论坛"系列活动，已将多位中国作家及其作品引入伊比利亚美洲各国，获得热烈反响。经由译介走进伊比利亚美洲的图书品质优良、种类丰富，既有《文心雕龙》《西厢记》等经典著作，也有钱钟书、巴金、鲁迅、莫言、麦家、王安忆等现当代作家的优秀文学作品，尤其是《习近平谈治国理政》等反映时代主题、介绍中国发展理念的作品，广泛涉及中国的历史、文化、社会和政治经济发展等各领域。这些译介书籍和文化活动为伊比利亚美洲国家人民进一步深入了解中国历史文化、了解当代中国发展奠定了良好的基础，也推动了中国文化在伊比利亚美洲国家的传播。

另一方面，在当今以社交媒体为资讯首要渠道的"自媒体"时代，全世界范围的网民数量持续增长，包括社交媒体在内的网络传播在国际传播中发挥的作用越来越重要。相较于报纸、电视等传统媒体，网络传播尤其符合国际传播的需求。当前国外各类社交媒体、视频网站、直播网站都已成为中国面向伊比利亚美洲国家开展人文交流、文化传播的重要阵地渠道。尤其，在大多数国家地区，由于网络使用的核心特征，主要用户都倾向于年轻群体，代表着各国的发展力量、未来趋向，他们对事物的认知往往决定着一个国家或地区对该事物的长期态度取向。Sensor Tower 商店情报平台数据显示，抖音、微信等各类手机视频和社交软件在拉美西语国家日益盛行，软件下载量日渐增长。[①] 新媒体时代，我国青年一代正在用青年人自己的方式向伊比利亚美洲国家传播中国文化。

---

① 许硕.中国文化对拉美西语国家传播的新策略[J].常州大学学报（社会科学版），2019（4）：109-116.

结语：提升中国对伊比利亚美洲传播力

传播力，是指实现有效传播的能力。在国际传播及对外传播的语境下，即指传播能够有效到达目标受众并产生影响的能力。因而，对传播力的考察不仅仅在于传播覆盖的到达率，更在于传播产生预期影响的效度，即传播力的量化指标和质性指标两个方面。

就目前而言，中国媒体在对伊比利亚美洲传播方面已经取得了一定的成绩。主要特点在于已经建立起了包括报刊、广播电视、网络及新媒体的传播矩阵，通过节目落地、媒体交流和文化宣介等多种渠道开展传播，在落地覆盖和传播到达方面也不断有新的突破和进展。尤其自2009年主流媒体的国际传播能力建设计划实施以来，中国的国际传播能力已经大为提高，建立起了全球报道体系和传播网络，具备了重大事件的全球报道能力。在此背景下，中国媒体对包括伊比利亚美洲在内的对外传播已经在覆盖到达方面有了长足进步，在传播力的量化指标方面有着突出表现。与此同时，也要看到中国媒体在国际传播领域仍然面临的问题和亟待突破的困难。尤其在伊比利亚美洲这样的地区，既有深植于欧洲的深厚殖民文化传统，又在与美国比邻而处的强力辐射影响之下，中国媒体不仅进入当地国际传播体系较晚，还面临着语言文化的巨大差异。在经由传播产生预期影响的能力方面，仍有待进一步的深化提高。因而，对当地传媒市场、受众特点的深入研究和系统考察就显得尤为重要。为了达到这一目的，在此次调研中还特别设置了相关问题，以了解当地受众对于中国媒体的直观印象和意见反馈。

根据本次项目所开展的《伊比利亚美洲主要西语国家传媒市场调查》所得调研数据反馈，当地受众普遍认为，在需要了解中国相关的消息时最有意向通过中国媒体获取相关资讯。其中，又以与中国文化相关的消息，是当地受众最为关注的中国资讯，占比达到32.7%，而与中国有关的时政类新闻消息达到27%。由此可见，与中国有关的资讯信息在当地受众有着较高的关注需求，属于传媒市场中较为受欢迎的信息资源，这也为中国媒体的进入提供了市场可能性。

什么情况下更倾向于选择中国媒体百分比（多选）（单位：%）

想了解与中国相关的文化消息时	32.7
想了解与中国相关的时事政治消息时	27.0
想了解不同国家的观点时	24.9
想了解国际大事时	24.6
想了解与中国相关的经济消息时	24.0
想了解到中国旅游的相关信息时	20.0
无论如何都不会有接触中国媒体的意愿	15.9
本国领导人出访中国时	15.8
中国领导人来访时	12.7
想了解与中国相关的军事消息时	10.2

当被问及可能影响选择中国媒体作为资讯渠道的因素时，大多数受访者提出"不知道应该看什么中国媒体"（36.5%），可见中国媒体在伊比利亚美洲国家受众中的认知度还不够，远远未能形成明确的品牌认知。除此之外，"西班牙语表述不够地道"是位列第二的因素，占比达到22.7%，伊比利亚美洲西语在很大程度上与西班牙本国的西班牙语有着明显的差异，在中国媒体的西语传播中，往往以西班牙式标准西语为范本，在伊比利亚美洲式西语的使用上难免仍有一定距离。排在第三的因素是"已经有

习惯的媒体渠道"，占比也达到两成以上。由此可见，在国际同业竞品已经占据一定市场基数的情况下，中国媒体要进入当地的国际传播体系，面临的市场竞争异常激烈。

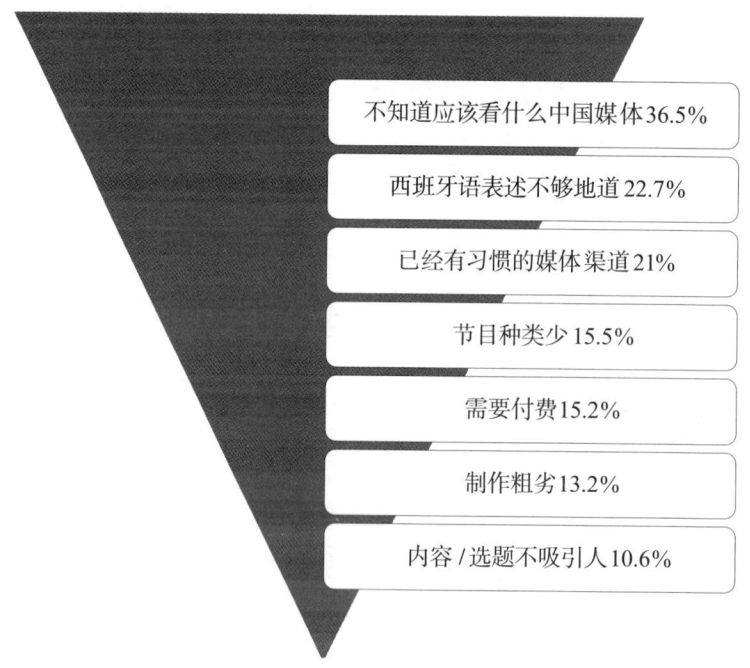

影响选择中国媒体作为资讯渠道的因素（多选）

上述这些数据只是从直观层面凸显了中国媒体在进入伊比利亚美洲传媒市场、参与国际传播竞争所面临的现状困境。从根本上说，提升中国对伊比利亚美洲传播力，应从大处着眼、从融通话语体系的宏观命题入手，在加强渠道建设的基础上，增进内容、渠道和语境的三位协同一体，在动态传播中探寻对外话语的适度原则。

第一，融通话语体系。

"话语"一词源于法国哲学家米歇尔·福柯（Michel Foucault）的"话语即权力"命题。在福柯看来，"话语"（Discourse）并不完全等于或被简单地理解为一种"声音"（Voice），"话语是制造和再造意义的社会化过程"。围绕国际关系格局、全球发展秩序等概念，以西方主导的国际传媒已经建立起了一套长期以来行之有效的话语体系。而在包括伊比利亚美洲在内的世界其他地区,也已经在现有话语体系当中习以为常,在对很多新闻事件和国际议题的报道传播中直接沿用西方传媒建立的话语结构。因而,要推进对外传播的深化升级,务须推动实现国际话语体系的重构。而实现这一重构的正确路径,就是在包容创新之中,建立融通中外的话语体系。

要实现中国与世界其他国家和地区的话语体系融通,需要经过一个长期积累的话语传播过程。发展路径就是从"自说自话"到"我说你听",再到"我话你说";从在具有相同历史际遇、文化情感和国际处境的非西方国家范围内说,到包括西方国家在内的世界范围去说;要能说,还要会说。① 在国际传播领域,中国要作为"当代国际体系的参与者、建设者、贡献者",在当代复杂的世界中构筑和平发展的话语体系,实现中外之间在价值观念和话语传播上的融通。

对此,习近平提出的"同心打造人类命运共同体"的新世界主义理念,以"一带一路"倡议引领和重塑新一轮全球化,通过"包容互鉴"涵化不同文明之间的差异和冲突,为全球化的进一步发展带来了创新范式,同时也为中国媒体的对外传播开创了新的话语体系。在此背景下,中国媒体应致力于构建及传递以"构建人类命运共同体、共同建设美好世界"为价值追求,以"共商、共建、共享"为基本原则,以"一带一路"倡议为实践路径,以全球传播为助推力量,坚持走和平发展、共同繁荣之路,着力构建相互尊重、公平正义、合作共赢、整体互动的新型国际话语体系,实现中国与包括伊比利亚美洲在内的国际社会之间的融通。

第二,加强渠道建设。

融通话语体系是从宏观层面着手,夯实中国对外传播的根本理念基础,具体抓手即在于加强对渠道的建设。近年以来,国内很多优质的内容产品,在走出去进入海外受众视野的过程中,受到了极大关注和热烈欢迎。由此

---

① 刘笑盈.中国与国际秩序转型中的话语体系建构[J].现代国际关系,2014(7):40-42.

可见，中国并不缺乏对外传播的精品内容，但是在精品内容与实际抵达受众之间，渠道资源的稀缺成为主要瓶颈。这里的渠道稀缺，不但是指中国媒体在海外的覆盖情况，更重要的是能够有效抵达当地受众市场的触达渠道。根据大量调研数据显示，各国受众普遍倾向于以本国媒体以及长期接触的国际媒体为首要信息获取渠道，而中国媒体作为"异文化""新渠道"要进入当地受众的媒介消费视野当中，相对来说难度要大得多。

在中国的传统对外传播体系中，主要以报刊、广电为核心的传播渠道，相对来说平台小、渠道窄、覆盖有限，传播效果也难以落实。而在互联网技术推动下，如今新闻传播已经进入融合传播的全媒体时代，不断推进的传播技术前沿和加速升级的传播渠道融合，为有效推进中国的对外传播体系建设带来了新的机遇。尤其是移动网络的进一步普及和发展，使得中国媒体对外传播可以实现：（1）打破落地难题，实现内容即时直达；（2）提供多元内容，开展针对性传播；（3）精确测量效果，便于后续跟进。从2009年9月，中国对外传播的旗舰媒体《中国日报》率先推出苹果iOS系统客户端开始，国内主要对外传播媒体陆续上线自己的海外客户端，随后国内对外传播媒体又陆续在海外社交媒体平台开设官方账号，主要通过社交媒体进行媒体推广和内容传播。如今在国家宏观战略推进和网络技术的助推下，包括外文网站、海外客户端、海外社交媒体平台等多元渠道的建设也已经走过了广泛铺开的基础阶段，开始进入深入实效的攻坚阶段。

目前，中国媒体已经完成了对外传播体系的基础建设，全业态、全媒体的矩阵传播体系已经基本形成。在推进有效触达方面，应该广泛借鉴国际传媒的经验模式，增强在资本、平台和内容领域的合作，使得渠道落地能够进一步扎根目标属地。首先，可以在国外政策允许的范围之内，在境外通过投资创办、参股控股等方式，实现海外直接落地入户。这一点在中国的商业平台企业已经有成功案例，例如"今日头条"和"抖音"的东家字节跳动公司，就是通过对Musical.ly的收购实现了"抖音"国际版TikTok在海外成功上线，经由Musical.ly积累的市场渠道直接实现了用户触达。其次，可以通过与本土媒体的合作，实现在当地传媒市场的实际传播和品牌积累。经由本土媒体的实践经验和市场操作，提升中国对外传播在平台和内容方面的市场适应性，打造符合当地传媒市场特点的传播平台和内容产品，进一步积累当地受众对中国媒体的品牌认知。通过打通本土媒体、社交媒体和自主平台之间的间隔，加强不同渠道之间的协同效应，广泛扩大受众缘，定制符合属地受众特点的精品内容，打造符合属地市场规律的优质平台，联通带动中国媒体的品牌传播，为后续的对外传播推进打好基础。

第三，融汇三位一体。

这里的"三位一体"，指的是对外传播中的内容、渠道和语境。

在提升传播效果的讨论中，常常涉及内容与渠道之间的关系。"内容为王、渠道致胜"的说法，更是将二者并置于传播效果能否达成的关键因素之上。可以说，两者之间的协同优化是实现最大传播效果的前提。尤其在对外传播的框架下，内容与渠道的重要性尤为需要专门讨论。面对不同国家不同文化背景的海外受众时，对外传播的内容不能单单以所谓"精品"而论。当前媒介技术的衍进，已经在极大程度上抹平了内容产品在"呈现"上的客观差异性。如何在内容的精神内核和文化价值上突出中国的特色化和面向目标受众的针对性，成为对外传播媒体务须考虑的核心问题。而在渠道建设上，又要切实贴近本土受众的媒介消费习惯和传播市场特色。就伊比利亚美洲地区来说，当地受众习惯于经由"明星效应"扩散的本土化资讯以实现对媒介信息的接触和消费。一位具有较高口碑和知名度、信誉度的明星主持人本身，就已经为传播效果加上了一道保险。国际媒体同行在这一点上也有成功经验可取，今日俄罗斯电视台就是通过聘用有线电视新闻网知名电视主持人拉里·金（Larry King）担纲美国频道主要节目，不仅一举吸引话题度和关注度，更是成功进入美国新闻传播市场。通过与本土媒体开展深度合作、采用本土内容团队，谋求渐进式"本土化"，把选题策划、生产制作、营销发行等环节前移，实现传播渠道的嵌入式延伸。

与内容和渠道相对应，传播语境的重要性也尤为突出。"语境"是系统功能语言学中的核心概念，指影响交流者交流的各种主客观因素。马林诺夫斯基（Bronislaw Kaspar Malinowski）将语境分为三大类：话语语境、情景语境和文化语境，其中话语语境是传播内容的上下文关系，情景语境指向传播内容的产生环境，而文化语境则更深入植根于文化本身的语义和传播的环境。在对外传播的框架下，更进一步成为一个国家的价值体系和文化理念的传播。"不论哪种政治传播，其效果都不仅仅是由讯息的内容决定，内容甚至都不是主要的决定因素，讯息出现的历史语境，特别是当时普遍的政治氛围同样对讯息能达到怎样的传播效果至关重要。"[①]因此，在推进对外传播的过程中，始终要将国际社会的历史和现实语境作为考量因素，不仅要在传递中国声音、讲好中国故事的过程中主动说，更要注重何时说、怎么说。要在融通中外的话语体系中寻求符合当时当地语境的"新概念、新范畴、新表述"，在提升内容品质、拓宽受众渠道的前提下，实现适境的精准传播和有效到达。

第四，寻求适度传播。

长期以来，中国的对外传播工作一直强调并遵循"内外有别、外外有别"的基本原则。然而，现实的对外传播局面已经超出了这一原则的根本范畴，不仅国内国外在新闻信息传播上的界限已经越来越难以厘清，原本属于国内新闻范畴的事件可能几无时差地出现在国际媒体的中国报道当中，同时国外在涉华议题上也呈现出高度的同频共振甚至论调协同。究其原因，一方面是因为中国的国际地位日益显著，对中国的关注与日俱增，涉及中国的相关议题已经成为世界各国新闻媒体普遍关注的核心要闻；另一方面则是由于国际舆论场主导的涉华舆论，仍以"中国威胁""文明冲突"等传统论调为主。尤其在涉及中国的国际争端、全球问题等议题的报道中，对中国的质疑、诘责更是甚嚣尘上。

在面对这样的国际传播局势时，中国媒体的对外传播从避冲突矛盾而不谈到被动阐释应对，再到主动设置议程、构建积极话语体系，经历了一

---

① 麦克奈尔.政治传播学引论［M］.殷祺，译.北京：新华出版社，2005：33.

个本质上的根本转变。在此过程中，如何在这种转变中做到有理有据、有礼有节的对外传播，如何在坚持立场的前提下以客观、准确、公正的共通语言说服受众，如何在国际舆论纷繁多元的交织场域中赢得信任和采纳，就体现在度的把握。

在此过程中，首先，要把握好积极正面报道与报道中国问题之间的适度。传统上，中国的对外传播以宣传性报道为主，以展示中国成就、传扬中国文化为出发点，强调积极正面报道才是"塑造良好国家形象"的途径。但是事实却证明，在国际传播的竞争中，单纯片面推开积极正面报道是不可行的，也越来越不可能。中国在发展过程中出现的一些情况、遇到的种种问题，中国媒体不说不报，其他媒体更会把握舆论主导。适度报道中国存在的问题，或者说通过建设性的报道阐释中国的问题，既有利于中国媒体的公信力和品牌建立，也有利于塑造全面健康的国家形象。真实而有生命力的国家形象，应该涵盖国家取得的辉煌和面临的挑战。

其次，要把握好新闻时事报道与文化价值传播之间的度。传统上，由于受到宣传意识的影响，意识形态色彩浓重，成就报道、中外友谊和对西方不实报道的反击是对外传播的三大主题。对此，中国媒体一方面要增强新闻报道的新闻性，用真实、贴近的方式讲述中国正在发生的事情、普通中国人的精神面貌和生活状态。另一方面，在面向不同国家的海外受众时，文化价值传播的重要性可能更为突出。文化差异是国际传播巨大的驱动力，文化的多样性和差异性使人类文明的表现形式丰富多彩，也因彼此不同而产生了交流融通的欲望和动力，而文化正是在这种交流和相互吸取中得以发展。而文化的传播，最终都是价值观的传递。因此在对外传播中，核心的根本还是要实现文化的中外交流、价值理念的中外融通。

最后，还要把握好"报道中国"与"报道世界"之间的度。以往，中国的对外传播侧重在"介绍中国情况、阐释中国立场"，以及应对国际舆论中的不友好声音。如今作为世界大国，中国媒体还要注重"传递中国声音"。立足于国际传媒的基点，在国际大事上积极发出中国声音，从"向世界说明中国"向"世界说明世界"转向。"当今世界正在经历百年未有之大变局……在讲好中国故事的同时，也要讲好世界的故事。在当前西方普遍陷于舆论分化、方向迷茫，处于'后西方''后真相''后秩序'的时代，报道世界不仅是我们大国对外传播战略的需求，也是国际舆论场填补空缺的需要。"①

---

① 刘笑盈.中国对外传播：从报道中国到报道世界[J].对外传播，2018（11）：4-7.

参考文献

[1] ROWLAND W D. History of the Office of the Coordinator of Inter-American Affairs [M] .Washington D.C.: United States Government Printing Office, 1947.

[2] SADLIER J D. Good Neighbor Cultural Diplomacy in World War Ⅱ [M] . Austin: University of Texas Press, 2012.

[3] ELI M.Noam and the International Media Concentration Collaboration.Who owns the world's media—media concentration and ownership around the world [M] . London: Oxford University Press, 2016.

[4] SINCLAIR J. Latin American Commercial Television: Primitive Capitalism, A Companion to Television [M] .WASKO J (ed.) .Oxford: Black-well Publishing Ltd., 2005.

[5] STEVENSON N.Understanding Media Cultures: Social Theory and Mass Communication (2nd ed) [M] .London: SAGE Publications Ltd, 2002.

[6] BAKER C.Television, Globalization and Cultural Identities [M] . Philadelphia: Open University Press, 1999.

[7] SALLIE H. Newsroom in Conflict: journalism and the democratization of Mexico [M] .Pittsburgh: University of Pittsburgh Press, 2006.

[8] FOX E, WAISBORD S R.Latin Politics, Global Media [M] .Texas: University of Texas Press, 2002.

[9] SINCLAIR J.Latin American Television [M] .New York: Oxford

University Press, 1999.

[10] ADAM P.Television and Democratization in Mexico: Media Markets, TV Content and Voter Behavior in Mexico [M].Düsseldorf: VDM Verlag Dr. Müller, 2008.

[11] GUTIÉRREZ R M.The Media Industry in Mexico, The Handbook of Spanish Language Media [M].New York: Routlege, 2009.

[12] FERREIRA L.Centuries of Silence: The Story of Latin American Journalism [M].Westport: Greenwood Publishing Group, 2006.

[13] WHITTEN-WOODRING J, DOUGLAS A. Historical Guide to World Media Freedom: A Country-by-Country Analysis [M].Chicago: American Library Association, 2014.

[14] PERRONE C.Chile - Culture Smart! The Essential Guide to Customs &Culture [M].London: Kuperard, 2018.

[15] VOLTMER K.Mass Media and Political Communication in New Democracies [M]. London: Psychology Press, 2006.

[16] BELTRÁN L R.Investigación sobre Comunicación en Latinoamérica: Inicio, Trascendencia y Proyección [M].La Paz: Universidad Católica Boliviana y Plural Editores, 2011.

[17] Asociación de Radiodifusores del Valle de México.Inversión en Medios: Del Manjar a dieta // GUTIÉRREZ R M.The Media Industry in Mexico from: The Handbook of Spanish Language Media [M]. New York: Routlege, 2009.

[18] MASTRINI G, BECERRA M.50 years of media concentration in Latin America: from artisanal patriarchy to large-scale groups [C].Panamerican Colloquium Culture Industries and Dialogue between Civilizations in the Americas, 2002.

[19] ENTMAN M. Framing: Toward Clarification of a Fractured Paradigm [J]. Journal of Communication, 1993, 4（43）: 51-58.

［20］VARELA M.Media History in a "Peripheric Modernity": Television in Argentina 1951—1969［J］.Westminster Papers in Communication and Culture, 2007, 4（4）: 84-102.

［21］SCHIMITTER P C.Still the Century of Corporatism［J］.The Review of Politics, 1974, 36（1）: 86.

［22］CARLOS F.The Development of The Media and The Public Sphere in Mexico［J］.Mexican Law Review, 2011, 5（2）: 313.

［23］MADRIGAL M S, GIL L J.Use and Appropriation of Virtual Social Networks: Mexico and Spain, a Cross-Culture Study［J］.International Journal of Marketing Studies, 2017, 9（1）: 85.

［24］GILES B.Latin American Nieman fellows［J］.ReVista: Harvard Review of Latin America, 2011（2）: 6-8.

［25］PINON J.A multilayered transnational broadcasting television industry: the case of Latin America［J］.The International Communication Gazette, 2014, 76（3）: 211-236.

［26］THOMSON C.The cultural-relations program of the department of state［J］.Oxford: Journal of Educational Sociology, 1942, 16（3）: 137-138.

［27］WATERMAN D.World television trade: the economic effects of privatization and new technology［J］.Telecommunications Policy, 1988, 12（2）: 141-151.

［28］Reuters Institute and University of Oxford. Digital News Report: Mexico［R/OL］.路透社新闻研究所网站, 检索时间: 2019-07-15.

［29］Reuters Institute and University of Oxford. Digital News Report: Chile［R/OL］.路透社新闻研究所网站, 检索时间: 2019-09-26.

［30］Reuters Institute and University of Oxford. Digital News Report: Argentina［R/OL］.路透社新闻研究所网站, 检索时间: 2019-08-28.

［31］Freedom House. Freedom in the World — Argentina Country Report［R/

OL]. 自由之家网站，检索时间：2019-09-15.

[32] UNESCO. International Association of Mass Communication Research. Foreign News in the Media，International Reporting in 29 Countries [R/OL]. UNESCO，1985.

[33] Deloitte. Investing in Argentina-Industry Approach [R/OL]. Financial Advisory Services Argentina，2017.

[34] BECERRA M，MARINO S，MASTRINI G. Mapping Digital Media：Argentina [R/OL]. Open Society Foundations，2012.

[35] WAN IFRA.World Press Trends 2014 [R/OL]. 世界报业趋势数据库，2014-10-07.

[36] WAN IFRA.World Press Trends 2011 [R/OL]. 世界报业趋势数据库，2011-10-13.

[37] LLOYDS BANK. Foreign direct investment in Argentina [R/OL]. 劳埃德银行，2020-05.

[38] CARDENAS E A，MÉNDEZ E L. The National Television Channels Public Biddings 2014 [EB/OL]. 全球传媒法网站，检索时间：2019-09-08.

[39] Internet World Stats. Latin American Internet Usage Statistics [DB/OL]. 互联网世界统计，2019-11-27.

[40] Internet World Stats. Internet Usage in Asia [DB/OL]. 互联网世界统计，2020-03-26.

[41] Internet World Stats.World Internet Users and 2019 Population Stats [DB/OL]. 互联网世界统计，2019-06-30.

[42] Futuro Digital. 2013 Brazil Digital Future in Focus [DB/OL]. comescore 互联网数据统计网，2013-03-15.

[43] Statista.Internet user penetration in Latin America from 2011 to 2017 [DB/OL].Statista 全球统计数据库，2019-03.

[44] CASTRO SAMMARTINO ME. Argentina：Foreign Investments in

Argentina：Legal Framework and Basics［EB/OL］.Mondaq 网站，2017-11-13.

［45］GODOY S，GRONEMEYER M E. Mappping Digital Media：CHILE［EB/OL］.开放社会基金会网站，2012-10-23.

［46］SINCA. Cuenta Satélite de Cultura［EB/OL］//Noam E Mand the International Media Concentration Collaboration. Who owns the world's media—media concentration and ownership around the world［M］. London：Oxford University Press，2016：575.

［47］MÁRQUEZ R M，LARROSA FUENTES J S. Mexico-Media Landscape［EB/OL］.欧洲新闻中心，检索时间：2019-07-15.

［48］阿格塔米尔.世界是新的——新兴市场崛起与争锋的世纪［M］.蒋永军，等译.北京：东方出版社，2007.

［49］奥尔敦.美国驾驭拉丁美洲［M］.韩志先，译.北京：世界知识出版社，1957.

［50］贝瑟尔.剑桥拉丁美洲史：第 1 卷［M］.中国社会科学院拉丁美洲研究所，译.北京：经济管理出版社，1997.

［51］波斯特.第二媒介时代［M］.范静晔，译.南京：南京大学出版社，2000.

［52］布朗.阿根廷史［M］.左晓园，译.上海：东方出版中心，2010.

［53］陈-罗德里格斯.拉丁美洲的文明与文化［M］.白凤森，等译.北京：商务印书馆，1990.

［54］赫尔曼，麦克切斯尼.全球媒体：全球资本主义的新传教士［M］.甄春亮，等译.天津：天津人民出版社，2001.

［55］亨廷顿.文明的冲突与世界秩序的重建［M］.周琪，等译.北京：新华出版社，2010.

［56］加莱亚诺.拉丁美洲被切开的血管［M］.王玫，等译.南京：南京大学出版社，2018.

［57］卡伦，朴明珍.去西方化媒介研究［M］.卢家银，等译.北京：清华大学出版社，2011.

［58］吉布森.帝国的十字路口：从哥伦布到今天的加勒比史［M］.扈喜林，译.北京：社会科学文献出版社，2018.

［59］科塔克.远逝的天堂：一个巴西小社区的全球化（第四版）［M］.张经纬，等译.北京：北京大学出版社，2012.

［60］拉兹洛.多种文化的星球：联合国教科文组织国际专家小组的报告［M］.戴侃，辛未，译.北京：社会科学文献出版社，2004.

［61］兰德斯.国富国穷［M］.门洪华，等译.北京：新华出版社，2001.

［62］里瓦罗拉.美洲西班牙语及其历史［M］.巴拉多利德：巴拉多利德大学出版社，2001.

［63］罗哈斯.拉丁美洲：全球危机和多元文化［M］.王银福，译.济南：山东大学出版社，2006.

［64］马克思，恩格斯.马克思恩格斯选集：第1卷［M］.中共中央编译局组，译.北京：人民出版社，1995.

［65］麦克奈尔.政治传播学引论［M］.殷祺，译.北京：新华出版社，2005.

［66］奈.硬权力与软权力［M］.门洪华，译.北京：北京大学出版社，2005.

［67］皮达尔.西班牙语史［M］.马德里：桑蒂亚纳出版社，2008.

［68］斯塔夫里阿诺斯.全球通史（第七版）［M］.吴象婴，译.北京：北京大学出版社，2013.

［69］泰勒.原始文化［M］.连树声，译.上海：上海文艺出版社，1992.

［70］汤因比.文明经受着考验［M］.沈辉，等译.杭州：浙江人民出版社，1988.

［71］威亚尔达.拉丁美洲的精神：文化与政治传统［M］.郭存海，等译.张森根，审校.杭州：浙江大学出版社，2019.

［72］陈力丹.世界新闻传播史［M］.上海：上海交通大学出版社，2002.

［73］陈日浓.中国对外传播史略［M］.北京：外文出版社，2010.

［74］董经胜，高岱.拉丁美洲的殖民化与全球化［M］.南昌：江西人民出版社，2010.

［75］董经胜，林被甸.冲突与融合——拉丁美洲文明之路［M］.北京：人民出版社，2011.

［76］郭存海."一带一路"和拉丁美洲：新机遇与新挑战［M］.北京：朝华出版社，2018.

［77］韩琦.拉丁美洲文化与现代化［M］.北京：社会科学文献出版社，2013.

［78］胡正荣.全球传媒产业发展报告（2012）［M］.北京：社会科学文献出版社，2012.

［79］康秋洁.拉美媒体看中国——墨西哥《改革报》中国报道研究［M］.北京：中国广播影视出版社，2017.

［80］富恩特斯.我相信［M］.张伟劼，李易非，译.南京：译林出版社，2007.

［81］李春辉.拉丁美洲史稿（上、下）［M］.北京：商务印书馆，1983.

［82］李良荣.当代西方新闻媒体［M］.上海：复旦大学出版社，2004.

［83］李舒东.中国中央电视台对外传播史（1958—2012）［M］.北京：人民出版社，2013.

［84］林被甸，董经胜.拉丁美洲史［M］.北京：人民出版社，2010.

［85］刘笑盈.国际新闻传播［M］.北京：中国广播电视出版社，

2013.

［86］刘笑盈.国际新闻史：新闻的世界化与全球化［M］.北京：中国广播影视出版社，2018.

［87］刘笑盈.国际新闻学：本体、方法和功能［M］.北京：中国广播电视出版社，2010.

［88］刘笑盈.中外新闻传播史（第三版）［M］.北京：中国传媒大学出版社，2017.

［89］明安香.传媒全球化与中国崛起［M］.北京：社会科学文献出版社，2008.

［90］牛军.中华人民共和国对外关系史概论（1949—2000）［M］.北京：北京大学出版社，2010.

［91］彭伟步.海外华文传媒概论［M］.广州：暨南大学出版社，2007.

［92］邵宇，秦培景.全球化4.0：中国如何重回世界之巅［M］.桂林：广西师范大学出版社，2016.

［93］腾讯传媒研究院.众媒时代［M］.北京：中信出版集团，2016.

［94］王晓燕.列国志——智利［M］.北京：社会科学文献出版社，2004.

［95］徐世澄.绚丽多彩的现代拉丁美洲文化［M］.昆明：云南大学出版社，2017.

［96］袁军，哈艳秋.中国新闻事业史教程［M］.北京：中国广播电视出版社，2001.

［97］展江，张金玺，等.新闻舆论监督与全球政治文明［M］.北京：社会科学文献出版社，2007.

［98］张家唐.拉丁美洲简史［M］.北京：人民出版社，2009.

［99］张建中.大众媒介与社会转型：墨西哥个案考［M］.上海：上海三联书店，2013.

[100] 张长明.传播中国：二十年电视外宣亲历[M].北京：人民出版社，2011.

[101] 赵雪波.世界新闻法律辑录[M].北京：社会科学文献出版社，2010.

[102] 郑曦原，李方惠.通向未来之路：与吉登斯对话[M].成都：四川人民出版社，2002.

[103] 中共中央文献研究室，新华通讯社编.毛泽东新闻工作文选[M].北京：新华出版社，1983.

[104] 中国社科院拉丁美洲研究所《拉丁美洲丛刊》编辑部.拉丁美洲列国志[M].重庆：重庆出版社，1985.

[105] 周东元，亓文公.中国外文局五十年史料选编（一）[M].北京：新星出版社，1999.

[106] 康立.阿根廷投资环境研究[D].太原：山西师范大学，2016.

[107] 刘倩.西班牙媒体责任体系探析[D].北京：中央民族大学，2008.

[108] 王季艳.墨西哥政党统合制度研究[D].武汉：武汉大学，2014.

[109] 袁东振.论墨西哥经济转型时期的政治变革[D].北京：中国社会科学院研究生院，2002.

[110] 阿斯图迪略.拉丁美洲与"一带一路"倡议[J].孙铭晨，译.朱伦，校.江苏师范大学学报（哲学社会科学版），2017，43（3）：42-48.

[111] 马蒂尼.拉丁美洲电视剧风靡全球的历程[J].胡俊，李光，译.国外社会科学文摘，2006（7）：60-63.

[112] 安薪竹.期刊本土化出版的探索与挑战——以《今日中国》为例[J].新闻世界，2015（5）：85-87.

[113] 陈继静.阿根廷报业的历史与现状[J].国际新闻界，2012

（7）：122-128.

［114］陈泉.拉美西班牙语的形成与特点［J］.外国语（上海外国语学院学报），1994（1）：63.

［115］陈涛涛，陈忱.拉美投资环境：区位优势、竞争和战略选择——基于西班牙企业投资拉美的实践［J］.国际经济合作，2014（2）：9.

［116］陈欣钢，田维钢.电视节目形态的跨国流动与本土重构——以真人秀节目为例［J］.当代传播，2012（1）：100-102.

［117］陈阳.文化混杂、本土化与电视节目模式的跨国流动［J］.国际新闻界，2009（10）：61-65.

［118］成美，孙聚成.阿根廷新闻传播事业发展演变的教训与启示［J］.国际新闻界，2005（3）：15-19+76.

［119］程曼丽.国际传播能力建设的实践研究与意义——兼评《新媒体跨文化传播的中国实践研究》［J］.新闻与传播评论，2019，72（1）：123-128.

［120］程曼丽.中国对外传播的历史回顾与展望（2009—2017年）［J］.新闻与写作，2017（8）：6.

［121］崔保国，何丹嵋.世界传播体系重构下的中国传媒发展战略机遇［J］.传媒，2017，6（下）：10-15.

［122］董锦瑞.墨西哥政治经济改革对传媒业影响探微［J］.国际新闻界，2004（5）：30-34.

［123］冯燕玲.强势文化与弱势文化的关系——西班牙在拉美殖民的反思［J］.海淀走读大学学报，2004（2）：47.

［124］甘满堂.网络时代的信息霸权与文化殖民主义［J］.开放导报，2002（9）：29-30.

［125］管彦忠.阿根廷新闻业一瞥［J］.国际新闻界，1988（1）：21-25+65.

［126］华文.墨西哥的新闻出版业［N］.中国新闻出版报，2004-

12-08（4）.

［127］姜红.特莱维萨：西班牙语世界最大的传媒公司（下）［J］.电视研究，1998（4）：59-61.

［128］金勇，贾静，王伟.拉美国家国际传播的历史、现状及启示［J］.传媒，2017（24）：63-65.

［129］李黎丹.西班牙语电视市场的巨擘——行进中的墨西哥Televisa集团［J］.中国电视，2007（11）：72-75.

［130］李伟林.拉美主流电视媒体对华合作需求分析与对策［J］.国际传播，2018（3）：81-89.

［131］李阳.拉美媒体在社会发展中的作用及中拉媒体合作［J］.拉丁美洲研究，2016（3）：129-140+157.

［132］李宇.拉美地区电视业发展现状与展望［J］.现代视听，2016（8）：79-82.

［133］李宇.新兴媒体时代电视国际传播的本土化策略——以美国家庭影院频道为例［J］.现代视听，2017（6）：82-85.

［134］博加特，展江.拉美报纸的十个特点［J］.国际新闻界，1997（3）：61-62.

［135］刘国发.墨西哥独立媒体研究［J］.武汉科技大学学报（社会科学版），2014，16（1）：71-75.

［136］刘涵喆.打造提高国际传播力的境外舆论平台——美国援助外媒计划对我外宣工作的启示［J］.军事记者，2009（11）：48-50.

［137］刘笑盈.解读媒介融合的世界地图［J］.新闻战线，2017，4（上）：134-137.

［138］刘笑盈.中国与国际秩序转型中的话语体系建构［J］.现代国际关系，2014（7）：40-42.

［139］龙小农.非洲传媒集团化经营及其影响［J］.青年记者，2014，9（25）：89-91.

[140] 陆经生,陈旦娜.语言测试与语言传播:以西班牙语全球传播战略为例[J].外语教学与研究,2016,48(5):752.

[141] 路燕萍.西班牙新闻传播的发展脉络及当代传媒格局[J].国际新闻界,2012,34(4):114-118.

[142] 罗格斯,安托拉.电视小说——拉丁美洲的成功[J].斯洛,译.中外电视,1989(4):53-56.

[143] 潘芳.对阿根廷考迪罗的文化解析——以曼努阿尔·德·罗萨斯为例[J].世界历史,2015(2):25-34.

[144] 冉继军.中国在拉丁美洲的软实力建设[J].拉丁美洲研究,2014,36(3):35-39+55.

[145] 宋晓丽,韩召颖.中国对拉美公共外交的演进、活动与效果[J].拉丁美洲研究,2017(3):123-139+157-158.

[146] 滕辉,卢子芳.西班牙电信跨国经营的经验及启示[J].世界电信,2003(7):9-10.

[147] 王春良.莫雷诺和阿根廷独立运动[J].拉丁美洲研究,1983(10):50-53.

[148] 王晓德.试论拉丁美洲国家现代化步履维艰的文化根源[J].史学集刊,2004(1):68-72.

[149] 王云飞,熊利娟.拉美政治、经济与社会发展不协调的文化因素分析[J].河南工业大学学报(社会科学版),2016,12(4):145.

[150] 魏春洋,穆国华,顾晶琳.阿根廷电视行业的历史与现状[J].电视研究,2006(9):77.

[151] 相德宝,张文正.新媒体时代全球媒体传播格局及其社交网络影响力研究[J].当代传播,2017(4):45-48.

[152] 谢文泽.阿根廷经济:燃起新的希望——2003年阿根廷经济形势述评[J].拉丁美洲研究,2004(1):20-24.

[153] 徐锋华,杨琰."他者"笔下的中国——爱泼斯坦与中国共产

党的对外宣传［J］.史林，2018（5）：122-130+220.

［154］徐鸣.墨西哥的政策调整与民主转型［J］.陕西行政学院学报，2011，25（1）：81-85.

［155］许硕.中国文化对拉美西语国家传播的新策略［J］.常州大学学报（社会科学版），2019（4）：109-116.

［156］杨瑞明.空间与关系的转换：在多维话语中理解"传播全球化"［J］.新闻与传播研究，2014（12）：107-111.

［157］杨仲林.墨西哥的政治改革和政党制度的发展［J］.拉丁美洲研究，1989（4）：31-36.

［158］尹晓通.新时代西班牙语对外传播的新思路——以中国国际广播电台为例［J］.对外传播，2019（2）：34-35.

［159］游长江，张何平.西班牙《国家报》及其编辑守则［J］.新闻战线，1981（1）：46.

［160］臧晋.西班牙电信的国际化之路［J］.通信企业管理，2007（3）：38.

［161］展江.阿根廷记者与新闻法制改革［J］.新闻爱好者，2005（12）：19-20.

［162］张丽萍.拉美媒体的转型与发展——世界系统理论的视角分析［J］.拉丁美洲研究，2016，38（3）：117-128+157.

［163］赵新利.改革开放以来中国对外传播历程探析［J］.公共外交季刊，2018，夏（2）：33-39.

［164］郑保卫，李玉洁.美国新闻专业主义观念发展史的评述与反思［J］.新闻与传播研究，2013（8）：78-91.

［165］朱振明.拉美电视产业的历史变迁与发展前景［J］.现代传播（中国传媒大学学报），2015，37（3）：63-67.